FICTION

Federico Rampini

# ALL YOU NEED
# IS LOVE

*L'economia spiegata con le canzoni dei Beatles*

**MONDADORI**

Dello stesso autore
nella collezione Strade blu

*Il secolo cinese*
*L'impero di Cindia*
*L'ombra di Mao*
*La speranza indiana*
*Slow Economy*
*Occidente estremo*
*Alla mia Sinistra*
*Voi avete gli orologi, noi abbiamo il tempo*
*Banchieri*
*Vi racconto il nostro futuro*

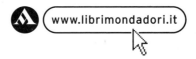

*All You Need Is Love*
di Federico Rampini
Collezione Strade blu

ISBN 978-88-04-64590-0

© 2014 Arnoldo Mondadori Editore S.p.A., Milano
I edizione ottobre 2014

# Indice

# All You Need Is Love

# I
# Strawberry Fields Forever

STRAWBERRY FIELDS FOREVER

Let me take you down,
'cause I'm going to Strawberry fields.
Nothing is real and nothing to get hungabout.
Strawberry fields forever.

Living is easy with eyes closed,
misunderstanding all you see.
It's getting hard to be someone but it all works out,
it doesn't matter much to me.

Let me take you down,
...

No one I think is in my tree,
I mean it must be high or low.
That is you can't you know tune in but it's all right,
That is I think it's not too bad.

Let me take you down,
...

Always, no sometimes, think it's me,
but you know I know when it's a dream.
I think I know I mean a 'yes'
but it's all wrong, that is I think I disagree.

Let me take you down,
...

*«Niente è reale, niente di cui preoccuparsi. / Campi di fragole per sempre...»*

È il vicino di casa che non ho mai avuto, perché è morto troppo giovane, in un'America che sembra lontanissima dalla mia. Aveva 40 anni, oggi (mio Dio...) ne avrebbe 74. Gli piacerebbero le passeggiate nel parco con la luminosa fioritura primaverile o l'esplosione di colori autunnale.

Quando corro a Central Park passo sempre vicino a Strawberry Fields. Non ci sono campi di fragole, naturalmente, ma rose, calicanti e rododendri, alberelli di alloro e magnolie, circondati da sequoie ancora giovani e che un giorno diventeranno imponenti. Per terra c'è un mosaico regalato da alcuni artigiani di Napoli, s'intitola *Imagine*, come una delle sue canzoni più belle. Tra i suonatori di chitarra che si radunano lì dall'alba a mezzanotte ci sono i miei coetanei e quelli dei miei figli.

John Lennon era ormai un ex Beatle quando nel 1971 decise di trasferirsi a New York. Con la sua compagna Yoko Ono presero un appartamento al palazzo Dakota, tra Central Park West e la 72ª strada. Pochi isolati più a nord di casa mia, il Dakota è uno degli edifici più antichi dell'Upper West Side, risale al 1884. Perciò è insolitamente basso per Manhattan, solo dieci piani, ma con soffitti da cattedrale. Lo stile è quello dell'Inghilterra vittoriana, con un sovrap-

più di decorazioni gotico-germaniche che possono render-
lo sinistro. Che una maledizione pesi sul Dakota, sembra
confermarlo Roman Polanski: ci girò alcune scene del film
horror *Rosemary's Baby* un anno prima che sua moglie Sharon Tate venisse ferocemente assassinata dalla setta satanica
di Charles Manson. Ma il Dakota ha sempre attirato le celebrità: ci hanno vissuto Lauren Bacall, Leonard Bernstein,
Judy Garland, Rudolf Nureyev.

La sera dell'8 dicembre 1980, alle 22.50, John e Yoko stavano rientrando a casa quando un fan dei Beatles che qualche ora prima aveva ottenuto il suo autografo, Mark David
Chapman, gli sparò quattro colpi alla schiena, uccidendo-
lo. Yoko decise di spargere le ceneri di John lì di fronte, a
Central Park. Il giardino-memoriale fu inaugurato dal sindaco cinque anni dopo, da allora è un luogo di pellegrinaggio dal mondo intero.

*Strawberry Fields Forever*, intitolano quel giardino alla sua
memoria. Composta da John nel 1966, è considerata uno dei
capolavori dei Beatles, una sintesi dello «spirito degli anni
Sessanta». Arriva dopo che il quartetto ha dato l'addio definitivo ai concerti dal vivo, inaugura il periodo surrealista e
psichedelico, influenzato da droghe pesanti (Lsd). C'è dentro anche un pezzo dell'infanzia di John. A Liverpool abi-
tava vicino a un orfanatrofio dell'Esercito della Salvezza,
chiamato Strawberry Field. La zia Mimi non voleva che lui
andasse a giocare coi bambini dell'istituto, e John disubbi-
diva. «Non c'era nulla che meritasse l'impiccagione», reci-
ta (letteralmente) una strofa della canzone.

Prima ancora dell'omicidio, la sola presenza di Lennon a
New York ha fatto scandalo. L'ex Beatle arriva in America
nella fase più trasgressiva e sovversiva della sua vita. Da
solo compone le canzoni più politiche: *Working Class Hero*,
*Power to the People*, *Imagine*, *Give Peace a Chance*. Diventa un
simbolo della contestazione contro la guerra del Vietnam. Al
punto che il presidente Richard Nixon lo fa spiare dall'Fbi
e avvia una procedura per espellerlo dagli Stati Uniti. La

sua richiesta di Green Card (permesso di residenza permanente) viene bloccata per cinque anni. L'accanimento contro un cantautore sembra incredibile. Gli archivi presidenziali desecretati rivelano un Nixon ossessionato dall'idea che Lennon aizzi i giovani contro di lui in piena campagna elettorale, e che le proteste possano costargli la rielezione. I documenti interni alla Casa Bianca evocano l'espulsione di Lennon come una «contromisura strategica». L'Fbi raccoglie un dossier di 281 pagine, per dimostrare la pericolosità di quei... campi di fragole eterni.

Ma che cos'è quello «spirito degli anni Sessanta», di cui *Strawberry Fields* è un concentrato? Perché quel decennio resta così importante, ancora oggi esercita un fascino misterioso, seducente o malefico? E perché i Beatles ne sono diventati un simbolo intramontabile?

I Beatles non sono tra gli «ideologi» degli anni Sessanta. Ben altre erano le teste pensanti di quel tempo: da Marcuse a McLuhan, da Foucault a Barthes, da Allen Ginsberg a Timothy Leary. Molti di quei nomi, però, oggi sono scivolati nell'oblio o nelle biblioteche per specialisti. I Beatles rimangono. Per la qualità intramontabile della musica, linguaggio universale. Ma anche per il loro eclettismo, il fiuto istintivo con cui raccoglievano gli stimoli, le idee, le tendenze che formavano «l'aria di quel tempo». E anche ai loro tempi, si sentirono «obbligati» ad analizzare il fenomeno Beatles alcuni dei più grandi intellettuali di sinistra (Susan Sontag) e di destra (Allan Bloom), quest'ultimo magari per associarli a Andy Warhol come malefici propagatori di una decadenza della cultura occidentale. Bloom, che fu il profeta dei neoconservatori americani, scrisse questo della loro musica rock: «Ha un solo fascino, un fascino barbarico, il desiderio sessuale. Non l'amore, non l'eros, il sesso arcaico e selvaggio». Christopher Lasch inventò per descrivere quei tempi l'etichetta di «età del narcisismo».

Nel loro «carnevale sovversivo», nel loro carattere istintivo e non razionale, i Beatles erano come delle spugne: assorbivano il mondo e le idee del tempo, con avidità, curiosità e nonchalance, senza prendersi troppo sul serio. L'unico tra loro che a un certo punto sposò un «sistema di valori» compiuto fu George Harrison dopo la scoperta dell'induismo: ed ebbe una grande influenza nell'alimentare una nuova ondata di «orientalismo di massa» tra i giovani. I Beatles come quartetto sono stati paragonati nei loro metodi di composizione al Picasso dei collage, la fase in cui ritagliava strisce di carta, a volte giornali, che diventavano materiali di composizione nei suoi dipinti. *Strawberry Fields* con i suoi versi accavalla immagini, pensieri e sensazioni senza un filo logico: «Nulla è reale ... Sta diventando difficile essere qualcuno ... Ma non me ne importa molto...». Ian MacDonald definiva questa composizione «lo studio di un'identità incerta, mescolato con la solitudine di un ribelle contro le istituzioni; d'altra parte, una struggente nostalgia per un'infanzia passata a nascondersi nei boschi e arrampicarsi sugli alberi».

I Beatles partivano quasi sempre dalla musica. Le parole venivano dopo. Non ebbero mai la pretesa di essere parolieri-poeti come Bob Dylan, Leonard Cohen o Fabrizio De André. Il primato della musica fece sì che i testi delle canzoni affluissero spesso come la «scrittura automatica» dei surrealisti, magari con l'influenza subliminale di Lewis Carroll (*Alice nel paese delle meraviglie*) di cui Lennon era un divoratore. Già, per uno scherzo del destino le statue di Alice, del cappellaio matto, del coniglio stanno a Central Park, esattamente dal lato opposto di Strawberry Fields.

«Half of what I say is meaningless / But I say it just to reach you...» Sono due versi struggenti di *Julia*, che John dedica alla mamma di cui era innamorato e che vide troppo poco: «Metà di quel che dico non ha alcun senso, ma lo dico solo per raggiungerti...». Però è anche un invito a non prendere troppo sul serio le parole dei Beatles. Sono solo canzonette, davvero. Ma allora perché intere generazioni cercarono lì dentro un senso nascosto? Qualcuno perfino con un accanimento esoterico, patologico, fino alla follia criminale: ecco un'altra tragica coincidenza, stavolta legata al Dakota dove morì Lennon; Charles Manson, il folle capo della setta satanica che ordinò il massacro di Sharon Tate e altri nella villa di Polanski, era ossessionato dalle canzoni dei Beatles, in *Helter Skelter* vedeva dei messaggi cifrati, codici di accesso a una religione sanguinosa. In maniera più innocente, ma non priva di pericoli, milioni di giovani vollero trasformare i Beatles in modelli di vita, magari seguendoli sulla china autodistruttiva dell'Lsd. Oppure cercarono nei loro brani dei messaggi politici, da condividere o da contestare. Del resto, i capi dell'Unione Sovietica e la Cina di Mao fecero la loro parte: vietando i dischi dei Beatles, potenziarono il loro fascino proibito per la gioventù russa e cinese, polacca o ungherese di quegli anni. *Back in the U.S.S.R.* (Di ritorno in Unione Sovietica), un titolo che era nato per scherzo e per caso, divenne una bandiera per la gioventù irrequieta e dissidente dall'altra parte del Muro di Berlino. E noi, noi che le usavamo per ballare e rimorchiare, ci siamo detti che doveva esserci davvero qualcosa di profondo in quelle canzoni, se in mezzo mondo erano censurate...

A casa nostra, cioè in Occidente, molti avevano prefigurato l'esplosione di cambiamenti degli anni Sessanta. Se cerchiamo delle correnti culturali trasgressive, antigerarchiche, che avessero preparato il ribellismo giovanilista, possiamo risalire fino al romanticismo tedesco, per arrivare al movimento letterario della Beat Generation, agli esistenzialisti francesi, fino al *Giovane Holden* di Salinger. Con James Dean e Marlon Brando come icone cinematografiche, Elvis Presley come star musicale. Tutto questo, dunque, era già accaduto prima. Ma non aveva determinato sconvolgimenti sociali, proteste diffuse, mobilitazioni di massa come quelle degli anni Sessanta.

Perché gli anni Sessanta sono speciali? Perché vanno studiati oggi, da tutti quanti, a prescindere dalla nostalgia della mia generazione? Qui l'economia c'entra eccome, insieme con la demografia. La rottura vera degli anni Sessanta è fatta di due boom, economico e demografico. La ricostruzione postbellica solo negli anni Sessanta arriva a diffondere un benessere di massa tale da alimentare il consumismo alla portata di tutti, o quasi (in Occidente). Un nuovo strumento di comunicazione, la televisione, trasforma la cultura popolare e il marketing. Il boom delle nascite, rovesciando una vasta popolazione giovanile dentro un'economia più ricca, crea un fenomeno senza precedenti: gli adolescenti come mercato. Gli anni Sessanta diventano il crocevia di tensioni molto diverse tra loro, e piene di contraddizioni. C'è la rivolta studentesca contro i padri e i padroni, l'antiautoritarismo. Nei paesi dell'Europa continentale con forti tradizioni socialcomuniste (Italia e Francia) si ispira anche alla lotta di classe. In America il risveglio giovanile si sovrappone alla battaglia dei neri per i diritti civili, e alla protesta pacifista contro la guerra del Vietnam.

E i Beatles, in tutto questo? Loro si trovano in un incrocio geografico particolare. La Swinging London degli anni Sessanta assorbe quello che viene dall'Europa continentale e dall'America, ma ci aggiunge qualcosa di suo: l'allegria, l'euforia creativa, l'invenzione di mode. La minigonna, simbolo di liberazione sessuale e anche di business della moda giovanile, nasce con la stilista Mary Quant. Michelangelo Antonioni in *Blow-up* (1966) descrive la Londra sexy e glamour di quegli anni. Più ironica di Parigi, più frivola di Berkeley, più ricca di Milano. I Beatles, quindi, sono nel luogo dove i grandi temi delle rivolte giovanili americana ed europea confluiscono con un terzo fenomeno tipico degli anni Sessanta: l'«Età dell'Io», l'individualismo sfrenato, la ricerca di un appagamento qui e ora, che si accompagna con la crisi della religione, il rigetto di ogni morale conservatrice e austera che predicava la rinuncia, il sacrificio, in nome di una ricompensa futura. Il futuro è oggi, e ce lo prendiamo. Ciascuno per sé. Questa è l'ambiguità centrale degli anni Sessanta. Da una parte il decennio di rivolte antiautoritarie e antigerarchiche scuote i poteri costituiti e fa sperare in una società più giusta. Dall'altra è il trionfo del consumismo, di una gioventù che spende come non mai per dischi e vestiti, viaggi e droghe. I Beatles ventenni alla guida delle loro Rolls-Royce sono i divi perfetti per una generazione che di colpo rifiuta l'austerity e abbraccia con entusiasmo un modello di sviluppo diametralmente opposto, la rivincita dei figli cicale contro i padri formiche. Poi le contraddizioni di quella generazione si avviteranno su se stesse, producendo anche gli anni di piombo, che in America cominciano molto prima: con il terrorismo delle Black Panthers e degli Weathermen. Oppure l'altra deriva, quella californiana, verso una cultura hippy che si chiama fuori dalla società moderna, fugge verso le comuni agricole, e verso l'oblio distruttivo delle droghe.

Alla fine, nel consumismo gioioso e spensierato degli anni Sessanta s'intravvedono i germi dell'«edonismo reaganiano»: la generazione che da adolescente balla al ritmo dei Beatles, da adulta vivrà l'era del neoliberismo trionfale.

Ho deciso di riprendermi le canzoni dei Beatles come tanti le hanno usate prima di me: giocando con quelle parole, con i ricordi, con il contesto in cui nacquero, con i doppi sensi che già allora eccitavano la nostra immaginazione. Per parlare di economia, a volte uso la vera storia dei Fab Four (i «favolosi quattro»), i quali furono anche un business, un'industria, una start-up che nasce nei pub di Liverpool e diventa... Apple, letteralmente (sì, quello era il nome della loro casa discografica, fu scopiazzato da Steve Jobs, un loro fan).

Altre volte uso le parole dei Beatles come faceva Picasso componendo i suoi collage: per associazioni di idee. Ecco, in *Strawberry Fields Forever*: «Living is easy with eyes closed / misunderstanding all you see» (vivere è facile con gli occhi chiusi, fraintendendo quello che vedi). Sembra la descrizione perfetta di tanti economisti.

Da qui dobbiamo partire. Aprendo gli occhi sul fallimento della scienza economica di fronte alla grande crisi iniziata nel 2008. Rivisitando i dibattiti e gli scontri anche furiosi tra le scuole di pensiero economico nei decenni prima di questa crisi, l'australiano David Gruen ha detto: «È come se sul *Titanic*, avviato alla collisione finale contro l'iceberg, tutti quelli che avrebbero potuto e dovuto avvistare il disastro fossero rimasti chiusi dentro una cabina senza oblò, impegnati a disegnare una nuova nave meravigliosa, fatta per un mare senza iceberg».

John Quiggin ha coniato questa sentenza spietata: «La crisi finanziaria globale non ha né confermato né confutato le dottrine concorrenti. Le ha rese irrilevanti». E descrive questo fallimento con un titolo perfetto: *Zombie Economics*. Una scienza che alla prova dei fatti si è rivelata come un morto che cammina.

L'economia insegnata nelle università è stata per decenni caratterizzata da una «deriva matematica»: sempre più sofisticata, sempre più complessa e sempre meno utile a rispondere ai veri problemi.

Un'altra perversione si è diffusa nell'economia divulgativa, premiata dalla popolarità di massa. È il fenomeno *Freakonomics*, il super best seller degli ultimi anni in America, un libro venduto quasi ai livelli di Dan Brown o delle *Cinquanta sfumature di grigio*, un'opera che ha portato l'economia nelle case di tutti. In *Freakonomics* un giovane economista davvero geniale usa dei metodi scientifici per rispondere ai quesiti seguenti: è vero che i lottatori di sumo a volte barano? Perché tanti giovani spacciatori di droga vivono ancora a casa della mamma? Ecco, di questo si occupava il brillante Steven Levitt, mentre il mondo si avvitava nella crisi più grave dai tempi della Grande Depressione.

Dunque, una considerevole differenza dalla Grande Depressione è quella sottolineata da Philip Mirowski nel saggio *Never Let a Serious Crisis Go to Waste* (Non sprecare una grave crisi). Mirowski osserva: questa crisi non ha ancora generato un «pensiero forte» alternativo. Ma è proprio così? O qualcosa sta spuntando all'orizzonte?

L'economia è il territorio sul quale si sta combattendo una guerra di conquista, uno scontro fra ideologie. Dietro queste ideologie ci sono interessi potenti. Questo non lo scopriamo oggi: è così almeno dai tempi di Karl Marx. Ma oggi la sua centralità è ancora più evidente. La logica economica ha invaso ogni angolo dell'esistenza umana: la cultura, l'arte, l'ambiente naturale, la genetica e la riproduzione, la medicina sono subordinati a imperativi economici. Interi continenti che un tempo vivevano quasi ai margini del sistema capitalistico, oggi ne sono protagonisti: e i governanti della Cina mandano i loro figli a studiare nelle Business School (università economiche) degli Stati Uniti. Chi vuole influenzare il sistema di valori che comanda le nostre vite deve «convertirci» a un'ideologia economica. Che lo vogliamo o no, magari inconsapevolmente, tutti noi interpretiamo il mondo attraverso una rappresentazione delle sue regole economiche. Chi riesce a imporre la «propria» rappresentazione ha vinto.

Per questo la categoria degli economisti è diventata così importante, visibile: anche quando vengono criticati duramente, sono comunque degli opinion leader. Oggi il record mondiale per un onorario come relatore a una conferenza non spetta più a Bill o Hillary Clinton, neppure a Tony Blair. In testa alla classifica dei più pagati ora c'è un economista. Ben Bernanke, ex presidente della Federal Reserve, in un weekend nel Golfo Persico per parlare a una conferenza internazionale ha guadagnato oltre 200.000 dollari, cioè l'equivalente del suo stipendio annuo quando era alla guida della banca centrale americana. L'economia, che lo storico scozzese Thomas Carlyle nell'Ottocento aveva definito «la scienza triste», può rendere molto allegro chi la pratica. Se riesce a diventare una «eco-star», una celebrità, l'economista ha un seguito di fan, un pubblico mondiale, festival a lui dedicati, e ricche parcelle nei convegni. Il termine «pop economia» è diventato di uso corrente in America proprio dopo il boom editoriale di quel libro del 2005 *Freakonomics* (pubblicato in Italia da Sperling & Kupfer), che ha lanciato Steven Levitt, appena trentottenne all'epoca della sua consacrazione di massa. Al compimento del decimo anniversario, il libro continua a vendere e punta verso il traguardo dei 10 milioni di copie. Nel frattempo, da *Freakonomics* sono germinati un popolare programma radiofonico e due sequel in libreria. Eco-star per eccellenza, Levitt era stato un enfant prodige dell'accademia, nella stessa University of Chicago dove insegnò il padre del neoliberismo Milton Friedman. Ma è fuori dall'università che ha trovato la chiave del successo: per aver trasformato l'economia in un metodo, un gioco intellettuale divertente e creativo, con cui risolvere dilemmi extraeconomici, possibilmente trovando risposte provocatorie e poco politically correct («Perché è scesa la criminalità in America? Risposta delle statistiche: grazie alla pillola e all'aborto, perché le ragazze che hanno potuto interrompere la gravidanza sono quelle che più probabilmente avrebbero visto i propri figli diventare dei delinquenti»).

Di tutt'altro genere è la celebrità di uno come Paul Krugman. Il premio Nobel per l'economia aveva già alle spalle una carriera accademica eccezionale quando accettò la sfida di scrivere sul «New York Times» almeno un editoriale a settimana. Ne ha scritti ormai 750, e gli si è aperto dinanzi un nuovo mondo. Progressista, ha appoggiato la più difficile sfida di Barack Obama, la riforma sanitaria. Ha condannato aspramente l'austerity europea. Non esita a usare la sua verve polemica per demolire quella che lui chiama «economia vudù» della destra americana o europea (vedi Angela Merkel). Si è trasformato in un guru militante, sempre sulle barricate. Il suo blog scatena controversie così furibonde da dividere l'opinione pubblica fra «krugmaniani» e «antikrugmaniani». Il «Financial Times» lo ha definito «l'economista più amato e più odiato d'America».

Il fenomeno delle eco-star ha diritto al suo sito: www.superscholar.org, dove si può trovare la classifica aggiornata dei «venti economisti più influenti del momento». Balza all'occhio che le eco-star si dividono in correnti, la loro popolarità è legata al fatto che s'identificano con un pensiero militante. Vi figurano celebrità accademiche decisamente progressiste come i due Nobel Amartya Sen (Harvard) e Joseph Stiglitz (Columbia), insieme con Jeffrey Sachs. Sul versante liberista, un altro ex presidente della Federal Reserve, Alan Greenspan, Hernando de Soto e Gary Becker (morto il 3 maggio scorso). L'outsider è Nassim Nicholas Taleb, autore della teoria del «cigno nero» (quando eventi improbabilissimi diventano possibili).

In fatto di business, un'eco-star che si è trasformata in una impresa multinazionale è Nouriel Roubini. L'economista turco-americano di formazione italiana, oggi cinquantaseienne, è esploso come celebrità già nel 2007, per avere previsto i disastri della bolla speculativa dei mutui subprime. Da allora ha creato una società di consulenza che porta il suo nome, fornisce analisi e previsioni ai governi di tutto il mondo. Vip della tecnocrazia globale, Roubini ormai spende più tempo in aereo e a cavallo di fusi orari intercontinentali che nella sua casa newyorchese. Quest'ultima gli serve, però: per organizzare dei party hollywoodiani, frequentati dalle top model più in vista del momento. Non tradisco un segreto: a Manhattan tutti conoscono «casa Roubini» come uno degli indirizzi dove si svolgono le feste notturne più goderecce e trasgressive. Lui non fa nulla per nasconderlo, anzi si direbbe che questa leggenda gli faccia gioco. Nell'era dell'eco-star, anche il tecnocrate impara a gestire la propria immagine come Beyoncé e Lady Gaga.

All'estremo opposto ci sono le eco-star «povere», risolutamente alternative: dal teorico della decrescita Serge Latouche all'economista indiana Vandana Shiva, avversaria dell'agribusiness, insignita con quel «premio Nobel alternativo» che è il Right Livelihood Award. Loro non incassano cachet stratosferici, però sono in grado di riempire le sale nei festival sempre più numerosi dedicati proprio all'economia. Capostipite in Italia è il Festival di Trento, che nel 2015 celebra la sua decima edizione, capace di attirare premi Nobel da tutto il mondo e un pubblico appassionato che viene da ogni regione d'Italia. Il successo di Trento è stato tale da ispirare emuli e imitatori, talvolta dedicati a tematiche più specifiche o alternative come l'economia dell'ambiente. Il fenomeno della pop economia e delle eco-star genera curiosi incroci con il mondo dello spettacolo. Un brillante divulgatore come Robert Reich (economista di Berkeley ed ex ministro del Lavoro di Bill Clinton) si è lanciato nei documentari cinematografici, con successo nel caso di *Inequality for All*. E tra i più entusiasti fan della Modern Monetary Theory, la nuova scuola monetaria che ha i suoi festival e i suoi congressi, scopri degli artisti italiani come Valeria Golino e Riccardo Scamarcio.

Scienza triste? Dipende dall'uso che ne viene fatto, e da come viene raccontata. Di certo negli ultimi anni la grande crisi occidentale ci deve rendere più consapevoli dell'impatto che le scelte economiche hanno sulle condizioni di vita di intere nazioni. Le pareti delle aule universitarie sono diventate troppo strette per «contenere» una scienza che ci riguarda tutti. È il caso di adattare un detto famoso: se non ti occupi di economia, è lei a occuparsi di te.

Intervistato da «Playboy» nel 1980 poco prima della sua morte, John Lennon commenta così le parole di *Strawberry Fields Forever*: «Sembra che io veda le cose in modo diverso dalla maggior parte della gente». Oggi dobbiamo tutti imparare a vedere le cose in modo diverso, se non vogliamo essere condannati a girare in tondo, ripetendo gli errori che ci hanno portato qui.

# II
# Penny Lane

PENNY LANE

In Penny Lane there is a barber showing photographs
Of every head he's had the pleasure to know
And all the people that come and go
Stop and say hello

On the corner is a banker with a motor car
The little children laugh at him behind his back
And the banker never wears a mac
In the pouring rain
Very strange

Penny Lane is in my ears and in my eyes
There beneath the blue suburban skies I sit
And meanwhile back

In Penny Lane there is a fireman with an hourglass
And in his pocket is a portrait of the Queen
He likes to keep his fire engine clean
It's a clean machine

Penny Lane is in my ears and in my eyes
A four of fish and finger pies in summer
Meanwhile back

Behind the shelter in the middle of the roundabout
A pretty nurse is selling poppies from a tray
And though she feels as if she's in a play
She is anyway
In Penny Lane the barber shaves another customer
We see the banker sitting waiting for a trim
And then the fireman rushes in
From the pouring rain
Very strange

Penny Lane is in my ears and in my eyes
There beneath the blue suburban skies I sit
And meanwhile back
Penny Lane is in my ears and in my eyes
There beneath the blue suburban skies
Penny Lane

*«A Penny Lane c'è un barbiere che mostra le foto/di tutte le teste che ha avuto il piacere di conoscere./Tutti quelli che vanno e vengono/Si fermano e dicono ciao…»*

Liverpool, Penny Lane: quella via era il capolinea degli autobus 46 e 99, vicino alla casa dove John Lennon aveva vissuto da bambino. John e Paul McCartney s'incontravano lì, da adolescenti, sotto la tettoia alla fermata dell'autobus. Il testo della canzone descrive frammenti di ricordi, la vita di quartiere nella Liverpool dove sono cresciuti i Beatles: il barbiere (un immigrato italiano, si chiamava Bioletti), il bancario, l'infermiera e il pompiere sono personaggi di un piccolo mondo antico, pezzi di un tessuto sociale scomparso, che oggi ci sembra quasi arcaico, un luogo preglobalizzazione. Il «four of fish» della canzone è la porzione di «fish and chips» (pesce fritto e patatine) da 4 pence, un pranzo frugale, la porzione per sfamarsi, cibo pessimo, roba da poveri.

Oggi, dei Beatles ci rimane l'immagine del successo, la celebrità, la ricchezza. Quattro ragazzi adorati nel mondo intero, idolatrati come leggende, inondati dalle royalty per le vendite dei loro dischi. Da anni a Las Vegas sta andando in scena tutte le sere uno spettacolo del Cirque du Soleil dedicato a loro: *Love*.

«Il mio modello di business? I Beatles.» Così parlò Steve Jobs, uno che di business qualcosa capiva. Lui si riferiva soprattutto alla formula del collettivo che lo ispirava: vedeva i Beatles come un prodigioso moltiplicatore dei talenti individuali. Il quartetto più indimenticabile della cultura pop fu anche una start-up (come vengono chiamate le neoaziende innovative) di successo. Anche oggi che Jobs non c'è più, all'università interna di Apple nella Silicon Valley i docenti formano i neoassunti citando due modelli per l'innovazione: Picasso e i Beatles. Nell'estate del 2014, cioè ben quarantaquattro anni dopo il loro scioglimento, la rivista americana «The Atlantic», al termine di un'inchiesta fra esperti di creatività, ha messo in copertina John e Paul, i due leader della band. Gli studiosi ancora oggi esaminano la dinamica particolare che si creò fra quei due, che esaltarono la loro vena artistica lavorando a stretto contatto. Soprattutto nella prima fase della loro carriera, quando ancora facevano lunghe tournée con i concerti dal vivo, i due vivevano e componevano in simbiosi. Diversissimi, conflittuali, con sensibilità quasi opposte, proprio per questo si sfidavano e si criticavano, gareggiavano, si completavano e si miglioravano a vicenda.

Le loro musiche continuano a vendere mezzo secolo dopo, anche se le royalty adesso finiscono nelle casse di una multinazionale giapponese, la Sony. Scherzi del capitalismo contemporaneo: tra un po' avremo i titoli derivati sui brani dei Beatles?

Ma prima della loro fiaba magica c'era stata la miseria, la miseria vera. E la sofferenza: l'amicizia di John e Paul è cementata anche da una tragedia comune, tutti e due perdono la madre quando sono ragazzini. Quella di John è la Julia che lui rievocherà nell'omonima canzone. Julia lo aveva trascurato affidandolo alla zia Mimi; viene investita da un'auto e uccisa nel 1958 quando il figlio ha 17 anni. La mamma di Paul è la Mary di *Let It Be*; è morta di malattia due anni prima, quando lui è appena quattordicenne.

Una chitarra da 5 sterline, regalo della mamma di John, diventa l'àncora di salvezza, a cui si aggrappano dei ragazzi poveri per costruire un futuro meraviglioso, che poi gli franerà addosso.

La storia dei Beatles è anche la nostra storia. La spiegazione del loro trionfo non si esaurisce nel talento, certo eccezionale. Prima di loro c'era stato Elvis Presley, insieme a loro o poco tempo dopo arrivano anche Bob Dylan, i Rolling Stones e gli Who, i Led Zeppelin e i Pink Floyd, i Nirvana e gli U2 e tanti altri. Ma la beatlemania resta un fenomeno irripetibile, perché loro si trovano un po' per caso a interpretare un appuntamento con la storia. La beatlemania incrocia le speranze e i dolori, i sogni e le illusioni dei nostri genitori, della nostra generazione, perfino dei nostri figli. Nella parabola dei quattro ragazzi di Liverpool c'è il passaggio veloce, quasi violento, da un mondo in bianco e nero fatto di stenti e privazioni al boom degli anni Sessanta e Settanta. C'è la fase eroica in cui l'Europa si trascina fuori dalle macerie del conflitto più atroce. C'è l'euforia del primo consumismo, che ben presto si accompagna alla rivolta generazionale, alla furia iconoclasta che travolge l'autorità parentale, i dogmi e i valori secolari. C'è la fase della disillusione, la rottura dell'incantesimo, il benessere che tradisce le promesse, l'esperienza delle droghe pesanti. Finirà in tragedia, tra separazioni e morti precoci, quasi con un ritorno al punto di partenza, quel mondo penoso e ostile dove tutto era cominciato.

La miseria iniziale: oggi facciamo fatica a immaginare le condizioni di vita nell'Inghilterra del dopoguerra. Le ha descritte a perfezione il grande intellettuale inglese Tony Judt nel suo libro intitolato *Dopoguerra* (Mondadori). Nel 1945 la Gran Bretagna esce dalla seconda guerra mondiale stremata, dissanguata, incredibilmente più povera delle nazioni che ha sconfitto. Sì, certo, la Germania è un cumulo di macerie, e in certe zone dell'Italia meridionale si muore ancora di malaria. Ma né l'Italia mussoliniana né la Germania nazista hanno accumulato i debiti che Winston Churchill ha dovuto fare per finanziare lo sforzo bellico. Londra è insolvente, in uno stato di bancarotta non dichiarata ma reale. Ha perso un quarto della sua ricchezza nazionale. Gli aiuti americani del Piano Marshall, che altrove servono alla ricostruzione industriale, in Inghilterra devono essere usati esclusivamente per ripagare i debiti in dollari con gli Stati Uniti.

Per onorare quei debiti il popolo inglese deve sottoporsi a restrizioni e penurie feroci. «L'orgogliosa e vittoriosa Gran Bretagna» scrive Judt «sembrava in qualche modo più povera, lugubre e triste di tutti i paesi sconfitti, occupati e saccheggiati al di là della Manica. Tutto era razionato, limitato e controllato.»

Simbolo di quell'atmosfera è la Londra dipinta da un altro scrittore britannico, Cyril Connolly: nulla che lasci presagire la Swinging London creativa e cool di Carnaby Street, che avrebbe portato i Beatles in trionfo in un delirio isterico di ragazzine sull'orlo dell'orgasmo. Negli anni Cinquanta, Connolly descrive Londra come «la più vasta, triste e sporca di tutte le grandi città, con le sue lunghe miglia di case spoglie, mezze disabitate, le sue rosticcerie prive di carne da arrostire, i suoi pub senza birra».

È l'età dell'austerity, quella vera. Tra la fine della guerra e l'inizio degli anni Cinquanta, ricorda Judt, «quasi ogni cosa era razionata o semplicemente non disponibile: carne, zucchero, vestiti, automobili, benzina, viaggi all'estero, persino le caramelle. Il razionamento del pane, mai imposto durante la guerra, fu introdotto nel 1946 e abolito soltanto nel luglio 1948. ... Il razionamento del cibo fu definitivamente abolito soltanto nel 1954. ... L'atmosfera che si respirava nelle strade delle città sarebbe stata piuttosto familiare ai cittadini del blocco sovietico; come ha ben detto una casalinga: "Ci si metteva in coda per qualsiasi cosa ... anche se non sapevi perché la stavi facendo ... ti mettevi in coda perché sapevi che alla fine di essa c'era qualcosa di cui avevi bisogno"».

Quelle generazioni di inglesi – i coetanei dei Beatles e i loro genitori – dopo avere patito la guerra (10 milioni di inglesi sotto le armi su una popolazione adulta lavorativa di 21 milioni) si dimostrano incredibilmente pazienti e tolleranti verso le privazioni del dopoguerra, in parte perché, scrive Judt, «convinti che, almeno sino a un certo punto, erano condivise equamente». Ed era vero. Anche se la Gran Bretagna rimaneva una società classista, perfino deferente verso la sua aristocrazia, tuttavia la ricchezza e il reddito erano stati redistribuiti con una fiscalità progressiva che oggi sembrerebbe da esproprio. La quota del patrimonio nazionale detenuta dall'1 per cento dei più ricchi era scesa brutalmente, dal 56 per cento del 1938 al 43 per cento nel 1954. Attenzione: il 13 per cento di ricchezza nazionale redistribuita dall'alto verso il basso è un'operazione «livellatrice» di rara potenza. E questa operazione di giustizia nella ripartizione dei sacrifici viene compiuta in un'Inghilterra liberaldemocratica, capitalista, con un'economia di mercato; un particolare che va ricordato, oggi, a chi vuole convincerci che le diseguaglianze sono connaturate al mercato, incurabili, salvo precipitare in una dittatura comunista.

Questo non impedisce che nel primo biennio del dopoguerra 150.000 inglesi siano costretti a emigrare in Canada, Australia e Nuova Zelanda per fuggire dalla povertà estrema del loro paese.

E i giovani? Il romanziere David Lodge (cinque anni più anziano di John Lennon) descrive la sua generazione adolescente nel dopoguerra come una gioventù «prudente, senza pretese, lieta per le piccole cose che aveva e con modeste ambizioni». Che differenza, rispetto all'esplosione di ribellismo e giovanilismo e narcisismo di pochi anni dopo: è proprio in quel contrasto che sta una chiave dell'irripetibile beatlemania, l'esplosione improvvisa di desideri e aspirazioni a lungo represse. Compresi, ovviamente, desideri e pulsioni sessuali. Ho visitato nel 2014, al Lincoln Center di New York, una fantastica esposizione che ricrea «dal vivo» (con filmati, telegiornali d'epoca, cronache radiofoniche) lo sbarco dei quattro in America. È impossibile non rimanere esterrefatti davanti al comportamento delle ragazzine di allora. Sono le adolescenti le vere protagoniste della prima beatlemania. I loro urli nei concerti, le scene che allora venivano definite di «isteria collettiva», possono sembrare delle forme di liberazione dionisiaca: sono il segnale d'inizio della rivoluzione sessuale, una deflagrazione di erotismo messo in scena sulla pubblica piazza, un fenomeno di massa senza precedenti.

Prima che quei quattro diventassero i Beatles, com'era davvero la vita a Penny Lane, Liverpool? Uno squarcio ce lo restituiscono i loro ricordi personali: diari, interviste, e le testimonianze di amici e parenti. John da bambino conduce un'esistenza da semiorfano, con un padre che per anni ha fatto perdere le sue tracce mentre faceva il mozzo su una nave. Tra i suoi compagni di scuola ci sono figli di prostitute e ragazzi che finiranno presto in carcere. George Harrison, figlio di un autista di autobus, ricordava che da bambino a scuola oltre alle punizioni corporali (le dolorose bastonate sulle mani e la schiena) un castigo tipico consisteva nel farlo sedere «a fianco agli scolari che puzzano»: i bambini ancora più poveri, quelli che a casa non si lavavano… perché non avevano un bagno. Di tutti era Paul il più «piccolo borghese», ma solo nel senso che era nato in una famiglia che aspirava a una modesta rispettabilità. Eppure dopo la morte della madre, con il venir meno del suo salario da ostetrica, il padre Jim McCartney deve combattere quotidianamente contro la miseria. Fa il commesso viaggiatore per l'industria del cotone, ma a Liverpool il settore tessile è in una crisi profonda molto prima della globalizzazione e del made in China (per la concorrenza, tra l'altro, di noi italiani: eravamo i cinesi di quell'epoca).

Con un salario di 8 sterline a settimana, Jim deve chiedere ai due figli Paul e Michael di non invitare troppo spesso gli amici a casa dopo la scuola, «perché le uova in frigo sono contate».

Anche il loro debutto come band musicale avviene all'insegna degli stenti. George Harrison mentre suona fa anche il garzone di un macellaio. Tra i primi ingaggi che ottengono, c'è perfino l'accompagnamento musicale di una spogliarellista, in uno squallido locale di strip-tease. Per riuscire a guadagnare finalmente qualche soldo – sempre pochi, comunque – i nostri devono accettare di partire per una lunga tournée ad Amburgo, Germania. La «sconfitta» economia tedesca era in piena ricostruzione, e meno stremata di quella inglese.

Tempi duri, non solo in Gran Bretagna. Di quel mondo in bianco e nero ciascuno di noi conserva scampoli di memoria, ricordi personali oppure custoditi negli album di foto dei genitori e dei nonni. Io sono nato nel 1956, sono già un figlio del boom della ricostruzione, i primi successi dei Beatles arrivano quando io sto facendo le elementari. Eppure, della povertà di quegli anni conservo dei ricordi nitidi. Sono cresciuto a Bruxelles, e in alcuni quartieri di quella città gli italiani erano gli africani di oggi: manovalanza povera, sfruttata, sottopagata, semianalfabeti, vittime di razzismo e pregiudizi, esclusi perfino dai sindacati operai belgi. Quando tornavo in Italia per le vacanze estive, a casa dei miei nonni paterni non c'era una stanza da bagno né una doccia. La toilette era fuori casa, una latrina all'aperto sotto una tettoia, un «pozzo nero» maleodorante, non collegato alle fognature. La sera quando andavamo a letto ci «cullava», per così dire, il rumore dei topi che correvano attorno. Se ricevevo dai parenti un piccolo regalo in monete (10 lire), il consiglio di mio padre era «non comprare il gelato, mettile da parte», un riflesso pavloviano di antiche privazioni. Miseria e generosità: al momento di partire, di nascosto mia nonna ci riempiva il bagagliaio dell'auto di roba da mangiare. Era un suo tentativo di proteggerci dal nemico di sempre, una fame atavica perennemente in agguato. E non parlo di regioni povere d'Italia, i miei nonni erano a San Colombano al Lambro, provincia di Milano, la capitale del boom economico.

# III
# Yesterday

YESTERDAY

Yesterday all my troubles seemed so far away.
Now it looks as though they're here to stay,
Oh, I believe in yesterday.

Suddenly, I'm not half the man I used to be.
There's a shadow hanging over me,
Oh, yesterday, came suddenly.

Why she had to go, I don't know, she wouldn't say.
I said something wrong, now I long for yesterday.

Yesterday love was such an easy game to play,
Now I need a place to hide away,
Oh, I believe in yesterday.

Why she had to go, I don't know, she wouldn't say.
I said something wrong, now I long for yesterday.

Yesterday love was such an easy game to play,
...

*«Ieri, tutti i miei problemi sembravano così lontani/Ora mi sembra che siano qui per restare/Oh io credo in ieri.»*

Oggi sembriamo tutti orfani di un'Età dell'Oro, prigionieri delle nostalgie di un passato in cui si stava meglio. Siamo davvero certi che si stesse meglio ieri? *Yesterday*?

*Yesterday* rimane tuttora la canzone dei Beatles «più cantata anche da tutti gli altri», un successo tale che vollero reinterpretarla Elvis Presley, Frank Sinatra, Ray Charles, Aretha Franklin, Bob Dylan, Placido Domingo, e tanti altri grandissimi. La storia di *Yesterday* è surreale, il suo parto è inverosimile perfino rispetto alle abitudini eccentriche dei Beatles. Paul McCartney racconta di essere stato folgorato in modo quasi mistico dalle note che ne comporranno la melodia. Si sveglia un mattino, in una suite dell'Hotel George V di Parigi (durante una tournée) con quella musica già in testa, completa. All'inizio, pur di appiccicare a quelle note delle parole, visto che è l'ora del breakfast lui canticchia «Scrambled eggs». Pensate, quella che molti considerano la loro canzone più struggente e più dolce poteva chiamarsi «Uova strapazzate». (La rima seguente, già un pochino meglio, nella bozza provvisoria era «Oh, my baby how I love your legs», bambina come mi piacciono le tue gambe; all'epoca Paul stava con l'attrice Jane Asher, le cui gambe meritavano certamente una canzone.) Paul si rende conto che quella musica è sublime, al punto che ha il terrore di averla inconsciamente copiata da qualcuno. Per mesi, ogni tanto la strimpella agli altri tre, chiedendogli se ricordano di avere già sentito qualcosa di simile. È così bella: gli sembra impossible che non l'abbia già scritta qualcun altro. Usciranno ben tre album dei Beatles (oggi si chiamerebbero Cd) prima che lui si convinca finalmente a registrarla. Segnerà anche il primo serio incontro tra i Beatles e gli strumenti di musica classica (violini e violoncelli).

Ovviamente, nel testo definitivo è diventata una canzone d'amore, di separazione e di rimpianto. Il tema, forte e nostalgico, è che si stava meglio ieri.

Dunque come stavamo ieri, prima della globalizzazione, dell'euro, di Internet?

Dovendo scegliere un «ieri», mi lascio guidare dai Beatles. E quindi prendo il biennio 1963-64. Il loro apogeo. A cavallo di due eventi: l'assassinio di John Kennedy, che chiude una sorta di «età dell'innocenza» per i giovani americani, e lo sbarco della band inglese in America, che avviene appena tre mesi dopo.

Oggi siamo abituati a considerare l'America come il centro del mondo, e New York come il centro di quel centro. La pop culture, i grandi brand, le serie televisive, la moda giovanile, la pubblicità e la musica, i fenomeni globali hanno un centro di gravità che quasi sempre si trova nel cuore di Manhattan. Tanti turisti italiani alla loro prima visita rimangono imbambolati davanti ai giganteschi schermi luminosi con le pubblicità di Times Square, come moderni pellegrini che finalmente vedono la Terra Santa, luoghi di un culto laico che viene praticato nelle periferie dell'impero. Ragazzini europei o brasiliani, cinesi o indiani che non ci sono mai stati prima, non appena mettono piede in questa città «riconoscono» New York come se l'avessero sempre avuta dentro.

Ma quando, esattamente, New York è diventata il centro del mondo? La storia dell'egemonia culturale americana è lunga almeno un secolo. Il Novecento fu il «secolo americano» perché vide l'alba di una nuova potenza, che poi estese la sua influenza su tanti aspetti: dal consumismo di massa al linguaggio pubblicitario, dalla finanza alla tecnologia. Ma alcune date contano di più. Dal punto di vista della cultura popolare, un passaggio d'epoca si ebbe cinquant'anni fa con lo sbarco dei Beatles. New York di certo non inventò i Beatles, neppure li scoprì, in quel febbraio 1964 erano già carichi di gloria nella loro Inghilterra. Ma la febbre dei Beatles divenne mondiale quando conquistarono il mercato più vasto, espugnando New York. E divennero molto più di un fenomeno musicale.

Oggi facciamo fatica a crederci, ma nei primi anni Sessanta i consumi culturali erano molto «nazionali». La maggioranza degli italiani ascoltava musica italiana; il Festival di Sanremo, «Canzonissima» e la Rai (un solo canale) dettavano legge. I francesi preferivano i loro *chansonniers*, lungo una tradizione che va da Charles Trenet e Georges Brassens fino a Gilbert Bécaud e Charles Aznavour. Le barriere culturali e linguistiche erano ancora forti. Dall'America erano arrivati il jazz, il blues, il rock and roll di Elvis Presley, ma quelle mode dovevano sfidare la pesantezza delle tradizioni nazionali, dei gusti locali, casarecci.

Tra il 9 febbraio 1964, la prima apparizione dei Beatles alla Tv americana nello studio newyorchese dell'«Ed Sullivan Show», e il 28 agosto, quando la tournée ha il suo apogeo nel concerto al Forest Hills Tennis Stadium di New York, succede un evento straordinario. Attraverso il «porto d'ingresso» di New York, i Beatles conquistano l'America con una guerra lampo. E mentre l'America si lascia sedurre, al tempo stesso, grazie a lei, il fenomeno Beatles cambia dimensione, natura e significato. Diventa rivoluzione di costumi, identità generazionale, segnale di un passaggio d'epoca. Dopo essere passati attraverso la consacrazione americana i Beatles sono consacrati come una potenza mondiale. Da Tokyo a Manila, ora tutti li vogliono.

Non era affatto scontato che quel blitz americano avesse successo, tantomeno che finisse in un trionfo storico. Poco prima di sbarcare nel Nuovo Mondo, sul volo della Pan Am che li porta da Londra all'aeroporto JFK (appena battezzato così in onore del presidente assassinato nel novembre 1963), Paul McCartney confidava la sua apprensione: «Cosa possiamo dare all'America, che non abbia già?».

Poi succede l'inverosimile. Come ricorda Mikal Gilmore su «Rolling Stone», «il loro irresistibile debutto all'"Ed Sullivan Show" spalanca le porte degli anni Sessanta, cambia i confini tra le epoche e tra le generazioni. I Beatles in una sola sera suscitano qualcosa di molto forte nella gioventù americana. Qualcosa che cominciò come una gioia condivisa, e che col tempo assomigliò di più a una presa di potere. Il loro impatto andava ben oltre le mode e la celebrità, era la pretesa di inaugurare un nuovo mandato, una nuova missione generazionale».

Ma com'era davvero l'America di quegli anni, la nazione appena orfana del suo giovane presidente, che all'arrivo dei Beatles stava ancora elaborando il lutto per quell'assassinio?

Più bianca. Più giovane. Razzista e sessista. Meno diseguale nei redditi, «socialdemocratica» nella tassazione progressiva. Più sicura nella sua leadership economica mondiale. L'America kennediana e quella obamiana sono due nazioni distanti anni luce fra loro. Nell'economia, nei rapporti tra classi sociali, generazioni, sessi, etnie: il 1963 ci consegna la fotografia di una nazione irriconoscibile. E quindi anche di un sogno irripetibile.

Nell'anno dell'attentato di Dallas gli Stati Uniti hanno 189 milioni di abitanti, 140 milioni meno di oggi; la speranza di vita media non arriva a 70 anni (oggi si è allungata a 80), l'indice Dow Jones tocca un massimo a quota 767 (oggi è a 16.000). Il debito pubblico federale pesa appena il 47 per cento del Pil nel 1963, contro il 109 per cento mezzo secolo dopo. Un gallone di benzina si compra per 30 centesimi contro i 4 dollari di oggi. Ma questi numeri possono confonderci, sembrano indecifrabili perché ovviamente di mezzo c'è stata l'inflazione, che ha cambiato tutti i valori. E allora bisogna comparare il comparabile. Il modo più utile di fare paragoni con... *Yesterday* è misurare i prezzi in rapporto ai salari. Il dato più indicativo del tenore di vita è questo: nell'anno in cui muore JFK una casa nuova si compra con 19.300 dollari, che sono tre volte il reddito annuo di una famiglia standard; oggi la famiglia media americana deve spendere almeno sei anni del suo reddito per comprarsi un'abitazione (320.000 dollari).

Il tasso di disoccupazione all'inizio degli anni Sessanta è del 5 per cento e in realtà la situazione è quella del pieno impiego: in media un disoccupato impiega solo quattro settimane a ritrovare un posto. Altro che Cina, neppure la concorrenza del Giappone è ancora spuntata come una seria minaccia all'orizzonte. Miniere e altiforni siderurgici, impianti chimici e industria dell'auto, tutti i settori tradizionali dove lavorano i colletti blu americani godono allora di una supremazia mondiale. Nella Silicon Valley californiana si cominciano a sperimentare i semiconduttori, primo passo di una rivoluzione elettronica. Ma ancora nel 1967 in una celebre scena del film *Il laureato*, al giovane Dustin Hoffman viene impartito questo consiglio: «Il business del futuro è la plastica». Gli studenti sono il segmento trainante della popolazione: il 35 per cento della popolazione americana ha meno di 18 anni nell'era di JFK, contro il 23 per cento di oggi. Per i coetanei del «laureato» non c'è lo spettro della disoccupazione intellettuale, un titolo di studio equivale alla certezza del posto, e ben remunerato. Dal dopoguerra fino a tutti gli anni Sessanta, l'economia Usa cresce a ritmi che sfiorano il 4 per cento annuo. E crescono i salari: del 10 per cento al netto dell'inflazione, in un decennio.

L'America di Dallas è violenta e persino feroce per altri aspetti, ma la maggioranza della popolazione vive sotto un contratto sociale più equo di oggi. Basta guardare al ruolo egualizzatore del fisco. Nel 1963 l'aliquota marginale dell'imposta sui redditi è del 77 per cento, un livello «svedese» (eppure Kennedy l'ha ridotta rispetto ai tempi del repubblicano Dwight Eisenhower, quando aveva raggiunto il 90 per cento). Oggi l'equivalente americano dell'Irpef federale si ferma al 37 per cento. Il prelievo sui *capital gain* finanziari nel 1963 è del 25 per cento, contro il 15 per cento oggi. La tassa sui profitti delle imprese è del 50 per cento sotto Kennedy mentre Obama l'ha ereditata al 35 per cento. I ricchi erano molto più tassati allora. E anche meno potenti politicamente. Quando gli industriali dell'acciaio si comportano come un cartello e alzano i prezzi a un livello «sgradito» alla Casa Bianca, il democratico JFK convoca imperiosamente i big del capitalismo dell'epoca, li minaccia, li ricatta con indagini dell'Fbi, li costringe a un'umiliante capitolazione. Degno erede di Kennedy nella sua visione sociale, Lyndon Johnson nel 1964 proseguirà le riforme della Great Society: dal Welfare ai programmi antipovertà. Un filo di continuità unisce gli ambiziosi programmi riformatori dei democratici kennedyani con il New Deal di Franklin Delano Roosevelt.

All'arrivo di Obama, invece, l'America è segnata dal trentennio del neoliberismo reaganiano che ha smantellato molte di quelle riforme. Obama ha tentato di affrontare lo strapotere delle grandi banche a Wall Street, ma per la resistenza delle lobby bancarie ha dovuto annacquare molte riforme dei mercati finanziari. In questi cinquant'anni è sparito dalla scena un protagonista della vita sociale e politica: il sindacato. Dai tempi in cui le Union erano un sostegno decisivo per l'elezione di Kennedy o di Johnson alla Casa Bianca, oggi il tasso di iscrizione sindacale è crollato all'11 per cento della forza lavoro, un minimo assoluto fra i paesi industrializzati. Questo contribuisce a spiegare la stagnazione del potere d'acquisto di salari e stipendi nell'America di Obama. Con 12 milioni di disoccupati (in realtà 22 milioni, includendo sotto-occupati e lavoratori «scoraggiati»), più un vasto territorio geografico dove la destra ha imposto la messa al bando della contrattazione sindacale nei luoghi di lavoro (dall'Alabama al Mississipi), il potere d'acquisto delle famiglie americane è inchiodato allo stesso livello in cui si trovava dieci anni fa. Il salario medio dell'anno 2013, 46.000 dollari lordi annui, in certe aree metropolitane come New York e San Francisco è di poco superiore alla soglia ufficiale della «semipovertà». In compenso, oggi il 10 per cento della popolazione possiede l'80 per cento di tutta la ricchezza finanziaria, una concentrazione più tipica delle nazioni emergenti che di quelle avanzate.

La generazione coetanea del «laureato» veniva da famiglie della *middle class* intesa nell'ampia accezione che questo termine acquistò proprio negli anni Sessanta: un ceto medio allargato, che includeva l'aristocrazia operaia, con salari elevati, buone assicurazioni sanitarie, pensioni generose. Erano anni di aspettative crescenti che si trasmettevano dai padri ai figli. La rivolta giovanile esplode nel «dopo Dallas», a partire dal Free Speech Movement nel campus di Berkeley, anno 1964, sempre l'anno dei Beatles in America. Quella rivolta è figlia del benessere, del boom, della società dei consumi, non certo della disperazione. I ragazzi che dopo la morte di Kennedy bruciano le bandiere nei roghi contro la guerra del Vietnam non possono immaginare Occupy Wall Street e i suoi slogan contro l'impoverimento del 99 per cento della società americana.

*Yesterday*, allora, si stava meglio?

Quel che ha perso in coesione sociale, omogeneità di classi, sicurezza economica, l'America di Obama lo ha guadagnato nella diversità e nei suoi diritti. Il Censimento federale, all'anno 1963, nella casella sulla popolazione ispanica riporta: «Dato non disponibile». L'unica minoranza etnica che veniva regolarmente censita erano i neri (10,5 per cento allora, 13,7 per cento oggi). Ispanici e asiatici erano entità trascurabili. Nel 2013 la sola popolazione ispanica legalmente residente negli Stati Uniti equivale a tutta la popolazione dell'Italia. I bianchi sfioravano il 90 per cento nell'era kennedyana, oggi sono solo il 60 per cento e sono già ridotti in minoranza in grandi aree metropolitane da New York a Los Angeles. Donne, neri e gay stavano molto peggio all'ombra del castello di Camelot, come veniva chiamata la leggenda kennedyana. Il 42 per cento degli afroamericani viveva sotto la soglia della povertà assoluta, e prima che passasse il Civil Rights Act molti di loro non potevano neppure votare. Betty Friedan pubblicava *La mistica della femminilità* proprio nel 1963, un manifesto per il movimento femminista. Jacqueline Kennedy era un modello ineguagliato di First Lady per il suo glamour, ma nessuno avrebbe sognato, per lei, un futuro politico come quello di Hillary Clinton.

Ma anche quelle che sembrano conquiste irreversibili possono essere rimesse in discussione da uno sviluppo economico squilibrato. La prova: oggi riaffiora una questione nera, proprio nell'America di Obama. Come corrispondente di «Repubblica» negli Stati Uniti, nell'agosto 2014 vado a Ferguson, periferia di Saint Louis nel Missouri, a seguire le proteste dopo l'uccisione di un ragazzo afroamericano, il diciottenne Michael Brown, crivellato di colpi da un agente bianco. Vivo in mezzo ai manifestanti, per dieci lunghissimi giorni di guerriglia urbana. Finché Obama manda il suo ministro della Giustizia, Eric Holder, anche lui afroamericano. Davvero impensabile, ai tempi dei Kennedy: presidente e ministro della Giustizia tutti e due neri.

E tuttavia dietro l'esplosione di rabbia dei giovani afroamericani di Ferguson affiorano dati preoccupanti, un arretramento delle loro condizioni socio-economiche. I progressi avviati mezzo secolo fa si sono fermati e perfino invertiti negli ultimi vent'anni. Dalla metà degli anni Sessanta alla fine degli anni Novanta viene triplicata la percentuale degli afroamericani che finiscono il liceo e ottengono l'equivalente di un diploma di maturità; si quadruplica la percentuale dei laureati; il reddito medio di una famiglia

nera aumenta in quell'arco di tempo del 33 per cento, che
è una velocità doppia rispetto ai bianchi. È in quel trentennio che si pongono le premesse per l'ascesa di una nuova
classe dirigente afroamericana, quella che ha prodotto appunto gli Obama e gli Holder. In seguito la tendenza si
è rovesciata. Oggi il reddito della famiglia afroamericana standard è arretrato al livello del 1967, ed è appena il
58 per cento della media di quello dei bianchi. La percentuale dei neri che vivono sotto la soglia della povertà è ri-
salita dal 22 al 27 per cento. Tra gli afroamericani il tasso di disoccupazione è doppio rispetto ai bianchi anche a
parità di livello d'istruzione (cioè paragonando laureati a
laureati). Gli indicatori della salute registrano percentuali
più che doppie tra i neri per il diabete, l'obesità infantile, gli ictus. Ad alimentare la spirale dell'emarginazione
contribuisce la «questione criminale»: su centomila maschi afroamericani di età compresa tra i 25 e i 34 anni, ogni
anno 75 muoiono vittime di omicidio, una causa di morte
nove volte superiore rispetto alla media dei bianchi. La risposta dei governi americani succedutisi nell'ultimo ventennio è stata prevalentemente di tipo militare-carcerario.
Quando ci sono proteste, come a Ferguson, la polizia scende in piazza sfoderando tank e autoblindo, armamenti for-
niti direttamente dal Pentagono, gli avanzi delle guerre in
Iraq e in Afghanistan. Arresti e pene detentive colpiscono
la popolazione nera in modo sproporzionato. Ma l'idea
che la condizione degli afroamericani vada curata mettendo fuori circolazione un bel pezzo della loro gioventù non
ha funzionato. È questo il verdetto di Ferguson, la spia di
un disagio latente in altre città d'America: dalla Chicago
di Obama fino a Oakland in California.

S'impone un riesame di mezzo secolo di storia, durante
il quale l'eredità delle battaglie per i diritti civili è stata contrastata da altre dinamiche: il modello di sviluppo economico diseguale, l'abbandono di servizi pubblici a cominciare dalla scuola, la disintegrazione della famiglia e, in

parallelo, la crescita di sottoculture del vittimismo che hanno contribuito a intrappolare tanti giovani neri nel ribellismo e nella delinquenza. A Ferguson mi ha colpito questo dato: solo il 5 per cento dei neri va a votare in quella cittadina, dove non a caso sindaco e amministratori, poliziotti e magistrati sono tutti bianchi. Nell'America di *Yesterday*, Martin Luther King spiegava che il voto è un'arma formidabile in mano ai meno abbienti; oggi molti di loro non ci credono più. E così la voce dei privilegiati ha acquistato un'influenza sempre maggiore.

IV

# Revolution

REVOLUTION

You say you want a revolution
Well, you know
We all want to change the world
You tell me that it's evolution
Well, you know
We all want to change the world
But when you talk about destruction
Don't you know that you can count me out, in

Don't you know it's gonna be alright
Don't you know it's gonna be alright
Don't you know it's gonna be alright

You say you got a real solution
Well, you know
We'd all love to see the plan
You ask me for a contribution
Well, you know
We're doing what we can
But when you want money for people with minds that hate
All I can tell you is brother you have to wait

Don't you know it's gonna be alright
...

You say you'll change the constitution
Well, you know
We all want to change your head
You tell me it's the institution
Well, you know
You better free your mind instead
But if you go carrying pictures of chairman Mao
You ain't going to make it with anyone anyhow

Don't you know it's gonna be alright
...
Alright
...

*«Dici che vuoi una rivoluzione./Bene, sappi/che tutti vogliamo cambiare il mondo. .../Ma quando parli di distruzione/sappi che non puoi contare su di me.»*

Rivoluzione! Una parola che oggi usiamo quasi esclusivamente per parlare di grandi cambiamenti tecnologici... Ai tempi dei Beatles no, è un'altra la rivoluzione all'ordine del giorno. Mao Zedong, Ho Chi Minh, Che Guevara. Il pugno chiuso, alzato sfidando il mondo intero, dei velocisti neri sul podio olimpico, per inneggiare al Black Power (1968, Giochi di Città del Messico).

Ma cominciamo con il fare piazza pulita da una falsa leggenda. La giacca di Mao... non era la giacca di Mao. Quando i Beatles lanciano la moda della giacca in stile orientale, con il colletto chiuso (una versione molto pop e variopinta c'è anche sulla copertina dell'album *Sgt. Pepper's*), visto quel che sta accadendo in giro per il mondo molti pensano che sia un omaggio al maoismo tanto in voga tra i giovani contestatori. In effetti la foggia di quelle giacche è simile alle uniformi delle Guardie rosse, giovani protagoniste della Rivoluzione culturale cinese. In realtà, quando la indossa per la prima volta John Lennon, per lui quella è l'uniforme in dotazione ai poliziotti di Nassau, capitale delle Bahama. Molto prima che cominci la Rivoluzione culturale in Cina, nel 1965 i Beatles si fermano due settimane alle Bahama a girare il film *Help!* Perché la scelta delle Bahama? Il loro consulente finanziario ci aveva spostato la sua residenza per non pagare le tasse inglesi...

*Revolution*, l'unica canzone veramente politica dei Beatles, fu riscritta in varie versioni da un John Lennon in piena crisi di coscienza e tirato per la manica da varie fazioni della contestazione giovanile. La registrazione avviene negli studi di Abbey Road a Londra alla fine del maggio 1968, proprio mentre le vie del Quartiere latino a Parigi sono in stato d'assedio per la guerriglia urbana fra studenti e polizia.

Fin dall'inizio i Beatles avevano preso posizione contro la guerra del Vietnam, sfidando il veto del loro manager Brian Epstein (che temeva di inimicarsi il pubblico conservatore soprattutto negli Stati Uniti). Sul Vietnam erano allineati con la gioventù ribelle del mondo intero, con la sinistra, con i movimenti antimperialisti del Terzo Mondo. Ma in *Revolution*, il «sovversivo» Lennon fa un passo indietro rispetto al clima da insurrezione generale. Parlando a un immaginario giovane fan, gli canta: «Tutti vogliamo cambiare il mondo, ma quando parli di distruzione, sappi che non puoi contare su di me ... se vai in giro mostrando ritratti del presidente Mao, non ce la farai con nessuno in nessun modo».

Quella sua presa di distanza dalla «distruzione del vecchio mondo» fa subito scalpore. I Beatles che parlano di politica in modo esplicito non passano inosservati. Il magazine americano «Time» elogia Lennon approvando la «critica dell'attivismo più radicale». Una rivista di sinistra, «Ramparts», lo denuncia come un «traditore». È l'inizio di un'altra leggenda: quella sui Beatles come «ala moderata» della musica pop, politicamente rinunciatari, mentre si fa strada l'idea che i Rolling Stones siano più radicali (favole: Mick Jagger e Keith Richards curavano un'immagine da «canaglie» perché una logica di marketing imponeva loro di smarcarsi dai Beatles, e non furono mai particolarmente politicizzati).

Quel passaggio della canzone che denuncia le forme di lotta violente è talmente controverso nel mondo giovanile che Lennon in seguito si pente, fa autocritica, e due anni dopo comincia a esibire un distintivo con la faccia di Mao all'occhiello. Poi ci ripensa ancora. Nel 1980, poco prima di morire, ritorna a commentare così i versi di *Revolution*: «Restano validi, è ancora così che la penso sulla politica. Voglio sapere cosa farai dopo aver buttato giù tutto. Che senso ha mettere le bombe a Wall Street? Se vuoi cambiare il sistema, cambia il sistema, invece di ammazzare le persone».

Ammazzare le persone, in effetti, quando Lennon compone quel brano è un programma politico all'ordine del giorno. A destra e a sinistra. Il 1968, l'anno di *Revolution*, è segnato da violenze di ogni colore. Le barricate del Quartiere latino a Parigi sono poca cosa rispetto a quanto avviene altrove. In America, in quell'anno vengono assassinati Martin Luther King e Bob Kennedy; scontri violentissimi oppongono la polizia e i manifestanti contro la guerra del Vietnam che cingono d'assedio la convention democratica a Chicago. Rispondono, «da sinistra», le forme di lotta armata delle Black Panthers e dei Weathermen, una stagione di terrorismo che precede di molto gli anni di piombo italiani. Dall'altra parte della cortina di ferro: l'invasione della Cecoslovacchia da parte dei carri armati sovietici schiaccia nel sangue la «primavera di Praga».

E naturalmente c'è la Cina. Nel 1968, in una delle pagine più mostruose della Rivoluzione culturale, le purghe sanguinose in Mongolia, il bilancio è questo: 790.000 «controrivoluzionari» arrestati, 23.000 dei quali moriranno in carcere, 120.000 saranno mutilati nei feroci processi di piazza, veri e propri linciaggi. Il bilancio finale della Rivoluzione culturale? Solo nelle campagne muoiono per le esecuzioni sommarie e le violenze di piazza tra le 750.000 e il milione e mezzo di persone (sono stime: il tema è tuttora un tabù in Cina), 36 milioni sono perseguitate per anni, per esem-

pio attraverso i lavori forzati nei laogai, da cui molte di loro
usciranno invalide a vita.

L'esito di quella stagione «rivoluzionaria» è quasi sempre lo stesso, sotto ogni latitudine: un riflusso autoritario.
In America viene eletto il repubblicano Richard Nixon, che
inventa una formula di successo, quella della «maggioranza
silenziosa» (cioè i moderati, che non fanno sentire la loro voce
in piazza, ma si spaventano di fronte ai disordini sociali).
I francesi portano in trionfo il generale Charles De Gaulle
rileggendolo con un plebiscito della stessa «maggioranza silenziosa». E Mao Zedong, gettando la maschera, rivela di essere il vero burattinaio della Rivoluzione culturale:
le Guardie rosse si sono prestate alle sue manovre di potere, un'intera generazione di giovani ha creduto di «dare
l'assalto al cielo», di «sparare sul quartier generale», cioè
contro i burocrati di partito, invece ha lavorato per raffor-
zare l'autocrate e liberarlo da ogni dissenso interno. Dunque, aveva ragione il vituperato John...

In economia, i fallimenti delle utopie rivoluzionarie sono
la premessa per la massiccia controffensiva del neoliberismo in Occidente.

La vera fine degli anni Sessanta? Dal punto di vista economico la si può spostare un po' più avanti, nel 1971. È l'anno in cui Nixon dichiara l'inconvertibilità del dollaro, un
vero spartiacque nella storia contemporanea. È lì che va cer-
cata perfino la genesi lontana del progetto dell'euro. Dalla conclusione della seconda guerra mondiale fino a quel
momento, l'Occidente è vissuto in un regime di cambi fissi e di parità dollaro-oro. Quello degli anni Cinquanta e
Sessanta è un sistema insolitamente stabile, con la moneta
americana al suo centro come il sole, e le monete europee
come tanti pianeti che gli ruotano attorno, ciascuno ordi-
natamente nella sua orbita. Il dominio del biglietto verde
con l'effigie di George Washington è schiacciante, incon-
trastato, unipolare. Come contropartita della sua sovrani-

tà imperiale, fino al fatidico 1971 l'America garantisce, in linea di principio, che i suoi dollari possono essere scambiati con i lingotti d'oro custoditi a Fort Knox e nelle cantine blindate della Federal Reserve of New York. Questo è l'ordine mondiale imperniato sul Fondo monetario internazionale e sulla Banca mondiale, frutto degli accordi di Bretton Woods siglati nel 1944. Ne restano fuori il blocco sovietico e il Terzo Mondo: ma il peso economico di quelle nazioni all'epoca è modesto, trascurabile.

Questo sistema dava agli Stati Uniti responsabilità notevoli e al tempo stesso dei privilegi unici. Il dollaro, legato all'oro e spendibile per comprare o investire nell'economia leader, era la valuta di cui tutti si fidavano. Gli Stati Uniti erano i finanziatori di ultima istanza, i garanti di quell'ordine. Erano i detentori dell'unico mezzo di pagamento universale. Potevano stampare dollari a piacimento, almeno finché qualcuno non avesse deciso di andare a vedere il loro bluff, chiedendo davvero «il loro peso d'oro» in cambio delle banconote verdi. Di questo privilegio abusarono per finanziare le esorbitanti spese militari dell'escalation in Vietnam. Per non far gravare il costo della guerra solo sulle spalle dei propri contribuenti, stamparono dollari a volontà, li diffusero nel mondo intero, e la liquidità così generata contribuì a creare inflazione dappertutto, anche in Europa. A quel punto la Francia del generale De Gaulle (già antiamericano da sempre) decise proprio di andare a «vedere il bluff» della convertibilità, agitò la minaccia di chiedere il cambio dei dollari con altrettanti lingotti d'oro. La reazione di Nixon fu semplice: stracciò le regole nate a Bretton Woods e stabilì che da quel momento il dollaro non poteva più essere scambiato con le riserve auree di Fort Knox. Fu uno shock enorme, dalle ripercussioni talmente importanti che in qualche modo durano ancora oggi. Insieme con la convertibilità dollaro-oro, infatti, automaticamente crollava tutto l'edificio dei cambi fissi che era stato in vigore negli anni Cinquanta e Sessanta. Alle rimostranze dei governi europei l'America rispondeva con un argomento forte: siamo noi che ci sobbarchiamo l'onere di difendervi dalla minaccia di un'invasione sovietica, o peggio ancora di un Olocausto nucleare. Questo servizio, svolto attraverso le centinaia di migliaia di soldati Usa schierati allora in Europa, più l'ombrello nucleare e la flotta della US Navy nel Mediterraneo, i contribuenti americani lo pagavano caro (in parte lo pagano tuttora), mentre gli europei partecipavano in modo assai modesto alle spese per la propria difesa (oggi ancora meno).

Le conseguenze di quel gesto di Nixon, la cancellazione della convertibilità del dollaro nel 1971, segnano davvero la chiusura di un'epoca, l'autentica fine di quell'età aurea per le economie occidentali che sono stati gli anni Sessanta. Gli europei ne rimangono così traumatizzati che cominciano a pensare seriamente di costruirsi una loro moneta unica per emanciparsi da Sua Maestà il dollaro: si avvia così il cantiere per la costruzione del «serpente» monetario europeo, poi Sistema monetario europeo (Sme), insomma gli antenati dell'euro.

Nel frattempo la fluttuazione libera dei cambi si accompagna a un'esplosione dell'inflazione, in crescendo in tutti gli anni Settanta. Ben presto l'aumento dei prezzi raggiunge percentuali a due cifre: in Italia, il 20 per cento annuo e anche oltre. Non è grave come in Argentina, non è la Repubblica di Weimar, ma comunque un'inflazione così galoppante ha degli effetti sociali spaventosi: impoverisce i piccoli risparmiatori, depaupera i pensionati e tutti coloro che hanno dei redditi fissi, non indicizzati automaticamente al carovita. Chi non viene subito impoverito – o non in maniera drammatica – almeno nell'immediato sono quei ceti di lavoratori che hanno conquistato con la contrattazione sindacale un'adeguamento dei salari all'inflazione. L'Italia è uno dei paesi che ha questo sistema, all'epoca si chiama «scala mobile» o «contingenza». Non è un sistema perfetto, c'è sempre un ritardo nel compensare l'inflazione, e poi il «paniere» di beni su cui si misura il costo reale della vita non è del tutto rappresentativo. Ma finché esiste la scala mobile c'è quanto meno una «illusione monetaria», a fine mese le buste paga si gonfiano per il semplice scatto della contingenza.

L'inflazione è il fenomeno cruciale per capire quel che accade nell'economia in quegli anni. Oggi viviamo da tempo in un mondo con poca inflazione, o addirittura con lo spettro della deflazione in alcune zone. Anche chi era già in circolazione negli anni Settanta (io cominciavo l'università a metà di quel decennio) deve fare uno sforzo di memoria per riportarsi in quell'atmosfera, quando i cartellini dei prezzi cambiavano continuamente. Sempre più su. E chi chiedeva un mutuo per la casa doveva essere pronto a pagare interessi del 20 per cento annuo. C'era un senso d'insicurezza angosciante. Perfino negli aneddoti più curiosi di quegli anni, che oggi fanno sorridere a ricordarli, avvertivamo dei segnali inquietanti. In Italia, per esempio, a un certo punto sparirono le monete. Al posto degli spiccioli cominciarono a circolare degli strani «assegnini», emessi e stampati da banche locali, a volte nomi sconosciuti. Il bar tabaccheria ti dava il resto in caramelle, in gettoni del telefono. O emetteva a sua volta degli assegnini validi per pagare il caffè. C'era un senso di provvisorietà, di emergenza continua, e anche il dubbio fondato che qualcuno speculasse alle nostre spalle. Non a caso quegli anni Settanta segnati dall'iperinflazione vedono l'ascesa dei geni malefici delle grandi truffe finanziarie all'italiana, i Roberto Sindona e i Guido Calvi, collegati con la mafia, la P2, e il Vaticano. Come ha scritto (in altra epoca) Paul Nizan: «Avevo vent'anni, non permetterò a nessuno di dire che questa è la più bella età della vita».

In tutto l'Occidente capitalistico, l'inflazione degli anni Settanta è il segnale manifesto di un gigantesco scontro distributivo. Nasce anzitutto all'interno dei nostri paesi ricchi, come scontro per la ripartizione tra profitti e salari. È un periodo di forte combattività sindacale, di scioperi estesi e prolungati. In alcuni paesi con forti partiti comunisti, Italia e Francia, si teorizza esplicitamente una lotta di classe con esiti rivoluzionari. Ma anche in Germania il sindacato è combattivo, pur avendo alle spalle una socialdemocrazia che a Bad Godesberg ha ripudiato il marxismo. Lo stesso vale in Inghilterra, dove il Labour Party è anticomunista. Perfino negli Stati Uniti la forza dei sindacati è tale che il repubblicano Nixon concede una politica dei redditi di tipo keynesiano o socialdemocratico: impone i controlli dei prezzi contro il carovita, e concorda aumenti salariali che plachino le rivendicazioni dei lavoratori. L'inflazione è anche il risultato delle spinte conflittuali tra il mondo del lavoro, che vuole una parte maggiore della ricchezza, e i capitalisti, che non vogliono rinunciare ai loro margini di profitto.

A un certo punto, quello scontro tra profitti e salari incrocia un altro conflitto distributivo. Accade nel 1973 e poi ancora nel 1977 quando i paesi arabi del cartello Opec lanciano un embargo petrolifero contro l'Occidente. La ragione immediata è politica: una ritorsione del mondo arabo contro gli alleati d'Israele durante la guerra del Kippur (1973). Ma ben presto s'intravede un nuovo tipo di spaccatura economica mondiale, tra il Nord e il Sud del pianeta. Benché governati da sceicchi reazionari e rapaci, o da dittature militari, con l'embargo petrolifero i paesi arabi diventano una sorta di avanguardia del Terzo Mondo, il segnale di una nuova era che si sta aprendo, in cui l'Occidente è meno sicuro di dettar legge a tutti gli altri. E naturalmente lo shock energetico accelera ancor più la sbandata dell'inflazione, il caro-benzina fa schizzare i prezzi nella stratosfera. Affiorano le prime prese di coscienza sull'insostenibilità ambientale dello sviluppo (*I limiti dello sviluppo*, rapporto del Mit-Club di Roma, 1972).

Uno shock nei rapporti Nord-Sud, certo. Ma anche l'inizio di una strategia che «usa» l'inflazione come grimaldello dei rapporti di forza. Per ricacciare indietro i sindacati. È in quegli anni che si riorganizza un grande progetto di restaurazione capitalistica, a partire dall'America. La Trilaterale è uno dei pensatoi di quell'operazione. S'incontrano lì i potenti (leader di governo e delle multinazionali) di Stati Uniti, Europa, Giappone per ascoltare il nascente Verbo neoconservatore da intellettuali come Samuel Huntington e Francis Fukuyama. Discutono di «saturazione della democrazia», di «collasso dello Stato sociale». Milton Friedman, premio Nobel per l'economia, capo della scuola di Chicago e padre del neoliberismo, gli offre un nuovo strumento: il monetarismo. I banchieri centrali vengono cooptati nella santa alleanza per ricacciare indietro i sindacati. Feroci strette monetarie, con rialzi dei tassi d'interesse, a partire dalla Federal Reserve guidata da Paul Volcker, finiscono per stoppare le richieste salariali.

In quegli anni si gettano i semi di un nuovo paradigma economico. La riscossa dell'1 per cento, diremmo oggi. Il progetto grandioso della globalizzazione: il mercato come valore.

L'epilogo italiano di quella stagione io lo vivrò nel 1980. Al mio esordio come reporter nella stampa del Partito comunista, vengo inviato a seguire i licenziamenti di operai Fiat sospettati di essere vicini alle Brigate rosse; poi la grande occupazione della fabbrica di Mirafiori a Torino; infine la marcia dei quarantamila (quadri e impiegati) che «riconquistano la piazza» togliendola ai sindacati e alla sinistra, per sostenere gli Agnelli e il management. Marchionne non ha inventato nulla, era stato tutto scritto allora... La sconfitta storica del sindacato e del Pci, perfino la sofferenza interiore di Enrico Berlinguer, che andò ad appoggiare l'occupazione sapendo che era una battaglia persa: tutto si era deciso già prima, quando le frange violente della lotta operaia si erano alleate coi terroristi. Un film già visto in America: la restaurazione conservatrice aveva avuto anche là come alleati oggettivi tutte le schegge impazzite, dalle Black Panthers ai Weathermen, con la giovane ereditiera miliardaria Patty Hearst convertita alla *Revolution*, incappucciata e armata di mitra per le rapine proletarie...

Oggi, quasi mezzo secolo dopo, avviene una curiosa riscoperta di Karl Marx proprio negli Stati Uniti, dove il marxismo di massa non aveva mai attecchito nei partiti e nei sindacati. Attorno a Marx si moltiplicano libri, convegni, dibattiti sui media e sui social network. Che sta succedendo? Non è un ritorno dell'idea di *Revolution* come progetto di cambiamento attraverso l'insurrezione. Non credo neppure che si possa interpretare la crisi attuale usando un pensatore dell'Ottocento, che aveva di fronte a sé le prime fasi della Rivoluzione industriale, e vedeva la classe operaia come l'attore sociale del futuro. Il nuovo interesse verso Marx si giustifica con la riscoperta di uno dei suoi oggetti d'indagine dominanti: la distribuzione delle risorse prodotte nell'economia tra profitti, rendite e redditi di lavoro. Quella distribuzione aveva appassionato prima di lui anche gli altri economisti classici come Adam Smith e David Ricardo. È su questo terreno distributivo che negli anni Settanta si giocò la partita decisiva, e fu persa dal mondo del lavoro. Dove l'analisi di Marx può fondersi con quella più moderna di John Maynard Keynes è nell'esaminare una contraddizione centrale del capitalismo: la spinta a massimizzare la quota dei profitti è in contraddizione con la necessità di un'ampia domanda di prodotti e servizi. L'arricchimento smisurato di pochi toglie ossigeno alla crescita, che ha bisogno di un benessere diffuso.

E i cinesi? Quelli che la *Revolution* l'avevano fatta per davvero? Loro che ne pensano? Anche per dare una risposta adeguata alla domanda su *Yesterday*, bisogna includere il punto di vista dell'«altra metà del cielo», cioè Cindia. Anche a loro si deve chiedere se vorrebbero tornare alle condizioni di vita degli anni Sessanta.

Un solo dato basterebbe per capire perché i cinesi abbracciano il capitalismo: è quello relativo alla dieta alimentare di cinquant'anni fa. All'inizio degli anni Sessanta i cinesi in media hanno a disposizione 1500 calorie al giorno, una quantità di cibo equivalente a quella dei prigionieri del lager nazista di Auschwitz. No, davvero, per i cinesi non c'è nostalgia di quel tipo di *Revolution*, checché possa apparire nei revival di culto della personalità su Mao.

Nel romanzo *Il libro di un uomo solo*, il primo autore cinese ad aver vinto il premio Nobel per la letteratura, Gao Xingjian, ricorda il lavaggio del cervello subìto nei campi di lavoro sotto il maoismo. «Fin dalle sei del mattino, al levare del sole, gli altoparlanti cominciavano a rimbombare e bisognava tutti alzarsi, in venti minuti lavarsi i denti e la faccia, per andarsi a piazzare in piedi davanti a un muro su cui era appeso il ritratto del Grande Leader, ad ascoltare le istruzioni del mattino, cantare le Citazioni messe in musica, e brandendo il Libretto rosso gridare tre volte "Diecimila anni!" (ovvero: lunga vita a Mao), poi andare al refettorio a bere la zuppa. Dopo, riunirsi per leggere ad alta voce per una mezz'ora le opere di Mao, e alla fine, la zappa sulle spalle, si andava a dissodare la terra.» Era il periodo in cui, a differenza del tormentato John Lennon, tutti gli intellettuali della sinistra sessantottina, da Jean-Paul Sartre a Roland Barthes, inneggiavano al maoismo esaltandolo come la versione più riuscita dell'utopia comunista.

Un altro premio Nobel cinese è Liu Xiaobo: lui ha ottenuto il premio per la pace, nel 2010. È un letterato dissidente, che sconta in carcere una pena di 11 anni. Pur soffrendo una repressione feroce dal regime attuale, Liu Xiaobo dà atto alla Cina capitalista del dopo-Mao di avere migliorato le condizioni di vita di centinaia di milioni di persone. Liu ironizza su quegli occidentali che oggi rimpiangono una Cina povera, frugale, quasi fosse un paradiso perduto. Lo fa con un tocco di delicatezza, ma è evidente il suo scherno verso lo snobismo occidentale: «Visto da un aereo, arare con un bue ha un non so che di bucolico, ma lo spettatore, mentre si diverte, non dovrebbe dire ai contadini che devono continuare ad arare con questo mezzo primitivo per protrarre lo spettacolo all'infinito».

Che cosa significa «comunismo» nella Cina di oggi? Me lo sono chiesto a lungo, nei cinque anni in cui ho vissuto a Pechino, e ho cercato una risposta in tutti gli angoli di quel paese, dalle montagne del Tibet alla costa industrializzata del Guangdong. Che cosa resta della Revolution che coinvolse il popolo più numeroso della terra, e infiammò gli animi dei contestatori occidentali negli anni Sessanta? Chiunque abbia visitato la Repubblica popolare da vent'anni in qua, ha visto con i propri occhi un'esplosione di capitalismo vero. Ben diversa dal fenomeno degli «oligarchi» russi, fortune spesso create artificialmente attraverso privatizzazioni truccate. In Cina esiste un capitalismo di Stato robusto, ma c'è anche un'iniziativa privata che dilaga in molte sfere dell'economia. L'intuizione di Deng Xiaoping, il successore di Mao e il traghettatore verso l'economia di mercato, fu di assecondare la rinascita di quegli «spiriti animali» che Fernand Braudel e Max Weber già nei loro studi storici intravvidero nella Cina opulenta e mercantile del XIII secolo. E tuttavia, resta il fatto che al governo a Pechino c'è un partito che si ostina a definirsi comunista. Le parole devono avere un significato, sia pure ambiguo, o perfino usurpato. In che senso la Cina è «governata dai comunisti»? Forse questa è la domanda più seria, visto che così si proclamano i suoi dirigenti.

Una prima risposta: il comunismo significa continuità. Certo questa Cina è nata con un parto cesareo molto doloroso, la sua trasformazione è stata operata a furia di strappi: poco dopo la morte di Mao, sul finire degli anni Settanta, Deng mise la sordina all'egualitarismo. «Arricchitevi», fu uno dei suoi slogan più fortunati e più seguiti. E tuttavia bisognava impedire che oltre alle libertà economiche i cinesi chiedessero quelle politiche (come poi accadde nell'89 a Tienanmen): di qui l'importanza di mantenere una linea di successione dinastica ideale, che parte dal fondatore della

Repubblica popolare, Mao, e arriva fino all'attuale Xi Jinping senza mai proclamare una Seconda Repubblica. Una cesura di regime, segnalata con l'abbandono formale dell'aggettivo «comunista», potrebbe mettere a repentaglio il controllo della nomenclatura sul paese. Di questa continuità, i leader rispettano anche alcuni ingredienti «leninisti». L'attuale presidente Xi Jinping ha accentrato nelle proprie mani anche il controllo delle forze armate. Un altro aspetto di continuità è ideologico. La censura, il controllo del dibattito pubblico, rientrano nella tradizione del comunismo reale da Stalin a Honecker, da Castro a Tito. Importante è la questione del «figlio unico». Qui i successori di Mao sono più comunisti di lui. Mao non volle adottare il controllo delle nascite perché vedeva nella popolazione un fattore di forza militare. La regola del figlio unico venne imposta dopo la sua morte. Con aggiustamenti graduali, eccezioni e correzioni, ma senza mai rinunciare al principio che lo Stato governa le nascite. È chiaro che i leader cinesi, di cultura tecnocratica, non vogliono un invecchiamento precoce e destabilizzante che indebolirebbe l'economia. Ora basta che un solo genitore in una coppia di coniugi sia esso stesso un figlio unico, e scatta il diritto ad avere due figli. Ma le tecnicalità sono meno importanti del principio. Cosa c'è di più intimamente personale, privato, della procreazione? Come la Chiesa, anche il Partito comunista deve spostare i confini della libertà individuale, invadere la sfera familiare, dettare perfino quel che si può fare a letto.

C'è poi un sottofondo di cultura comunista nel modo in cui i leader cinesi affrontano le emergenze sociali, come le rivendicazioni salariali. La nomenclatura di partito non ha mai abbandonato la convinzione marxista secondo cui la «libertà dal bisogno» conta più di tutte. Alle prediche occidentali su libertà politiche, libertà di espressione, diritti umani, la Cina ribatte sottolineando il suo bilancio: dalla svolta capitalista di Deng nel 1978, la Repubblica popolare ha liberato il popolo più numeroso della terra dal-

lo spettro delle carestie. Ha aumentato la speranza di vita
portandola al livello degli Stati Uniti. Ha ridotto la mortalità infantile, che oggi a Shanghai è inferiore a quella di
New York. Nel corso della crisi (occidentale) del 2007-09,
la Cina ha difeso la libertà di lavorare: con un vigoroso intervento del suo governo, azionando le leve del capitalismo dirigistico di Stato (credito bancario, investimenti in
infrastrutture), Pechino ha evitato la recessione. Questo è
il bilancio di un modello di sviluppo che i governanti cinesi oppongono a chi contesta la mancanza di altre libertà
e altri diritti: per esempio, il diritto di organizzazione sindacale e di sciopero.

Xi Jinping, il leader attuale, appartiene alla categoria detta dei «principini»: figli e nipoti dei fondatori del Partito
comunista, eredi biologici e consanguinei del gruppo originario raccolto attorno a Mao. I «principini» sono un'élite
controversa. Loro si considerano i custodi di una tradizione, di un'etica dei padri della patria, e del primato del
Partito comunista. Chi non fa parte di questo clan li considera dei rampolli cresciuti nel privilegio, arroganti come
tutte le nomenclature ereditarie. L'altro aspetto importante
nel curriculum di Xi Jinping è che i suoi principali incari-
chi sono stati al governo di due provincie ricche, il Fujian e
lo Zhejiang, più un periodo come segretario del Partito comunista di Shanghai. Si è fatto le ossa nella Cina più avanzata e moderna, non nelle regioni povere. Con due conseguenze. Primo: è più sensibile alle aspirazioni e ai bisogni
del ceto urbano medio-alto e delle lobby industriali. Secondo: governando regioni sviluppate ha potuto scremare ricchezze personali da elargire a parenti, amici e alleati (2 miliardi di dollari secondo stime americane). Il dipartimento
di scienze politiche dell'università di Singapore, autorevole osservatorio esterno sulla Cina, fa questa distinzione tra
noi e loro: le liberaldemocrazie occidentali sono sistemi fondati sulle procedure (cioè le regole attraverso cui i cittadini selezionano i propri governanti), il sistema cinese è ba-

sato sulla «performance». Non avendo un'investitura dal basso ma solo una selezione dei dirigenti per cooptazione, il regime di Pechino costruisce a modo suo una forma di consenso, e di legittimità dei suoi leader, in proporzione ai risultati che garantisce alla popolazione.

Tuttavia, l'innegabile successo del regime autoritario cinese nel generare sviluppo e benessere economico per ampi strati della popolazione comincia a scontrarsi con dei limiti. Ambientali e sociali. Se resta vero che non c'è in Cina un movimento generale di contestazione del governo, con un progetto politico e una regia unica, è altrettanto vero che i segnali di tensione diventano più frequenti. Lo stesso governo cinese ha censito 180.000 «incidenti» illegali (manifestazioni, scontri, scioperi). C'è una costante, dietro questo crescendo di tensioni: ora accade spesso che i protagonisti siano «immigrati dell'interno», cioè quei cinesi che abbandonano le regioni povere per cercare una vita migliore in città. Se a tutti i cittadini della Repubblica popolare sono negate alcune libertà – di voto, di espressione – la sorte degli immigrati è peggiore.

Per frenare l'esodo biblico dalle campagne verso le città, che procede al ritmo di quasi dieci milioni di partenze all'anno, Pechino ha mantenuto in vita il sistema dello *hukou*, il permesso di residenza. È un residuo del maoismo, di un tempo in cui la mobilità geografica e sociale era rigidamente controllata dall'alto. Tuttora, in teoria, gli abitanti delle campagne non possono andarsene e trasferirsi in città a loro piacimento. Ottenere lo *hukou* in una metropoli come Pechino o Shanghai è difficile. Molti immigrati non ce l'hanno, quindi vivono come dei clandestini in patria. Si calcola che siano più di 150 milioni, questi immigrati illegali. Sono cittadini di serie B all'interno del loro stesso paese: senza *hukou* non hanno diritto all'istruzione statale gratuita per i figli, né all'assistenza sanitaria pubblica. I loro datori di lavoro ne approfittano, corrispondendogli a volte salari inferiori al minimo legale, estorcendo straor-

dinari non pagati o lesinando le ferie. A Zengcheng, la capitale mondiale dei jeans, un'ondata di scioperi ha avuto per protagonisti proprio loro. Un terzo degli abitanti
di Zengcheng sono immigrati, molti originari della stessa
provincia povera, il Sichuan. Questo crea delle reti di solidarietà nuove. Mentre nei decenni precedenti la popolazione che affluiva dalle campagne era laboriosa, docile e
sottomessa, la nuova generazione degli immigrati attira-
ti nelle metropoli industriali è una polveriera di rancori e
rivendicazioni.

Il Partito comunista cinese, a novantatré anni dalla sua
fondazione, sa che deve temere la «questione sociale» più
di quanto teme i dissidenti intellettuali di Pechino. La nomenclatura è stata formata sui testi sacri del marxismo e
sa quanto siano importanti le condizioni di vita della sua
classe operaia. Nel 1989, il movimento di Piazza Tienanmen
nacque dalla convergenza tra l'élite studentesca e una popolazione di colletti blu impoveriti dall'inflazione. Dopo
la crisi (occidentale) del 2007-09, il governo di Pechino ha
manovrato tutte le leve per disinnescare il malcontento, a
cominciare da aumenti salariali consistenti, con punte del
20 per cento in alcune industrie. La popolazione cinese in-
vecchia rapidamente, e la Repubblica popolare non avrà in
eterno una riserva illimitata di manodopera giovane, dispo-
sta ad accettare qualsiasi diktat. Vaccinati per sempre dalla
*Revolution* di Mao, i cinesi non sono al riparo dal conflitto
economico di tutti i tempi: la lotta per la distribuzione delle risorse tra profitti e lavoro.

A far cadere il comunismo reale, furono proprio... i Beatles.
La tesi è stravagante. Perbacco, i Beatles si sciolgono nel
1970, per la caduta del Muro di Berlino bisognerà aspettare altri diciannove anni. Ma il germe della crisi interna del
sistema sovietico era molto antecedente al 1989: era palese
da tempo l'incapacità di quel socialismo reale di garantire lo
stesso benessere diffuso che avevamo noi in Occidente. Noi

giovani comunisti italiani che visitavamo Mosca, Varsavia e Berlino Est accompagnando le delegazioni ufficiali, negli anni Settanta venivamo avvicinati dai nostri coetanei che ci chiedevano dollari al mercato nero, jeans, calze di nylon, penne biro, e ci offrivano in cambio i servizi di prostitute. Scene da Terzo Mondo, anche se non le raccontavamo sui giornali di partito al nostro ritorno in patria.

La grande differenza tra l'Urss di allora e la Cina di oggi è proprio questa. Il dissenso intellettuale nel blocco sovietico si saldava con il malcontento popolare per le penurie, il basso tenore di vita, l'aspirazione ai «nostri» beni di consumo. Canzoni incluse, certo. La tesi sul ruolo dei Beatles l'ha sostenuta uno che era nato e cresciuto dall'altra parte della cortina di ferro: il grande regista Miloš Forman (*Qualcuno volò sul nido del cuculo, Amadeus*), fuggito dalla sua Cecoslovacchia dopo l'invasione dell'Armata sovietica nel 1968. «Lo so che sembra ridicolo, ma sono convinto che i Beatles ebbero la loro parte nella fine del blocco comunista» ha detto Forman. Secondo lui, l'ottusità della classe dirigente sovietica ai tempi di Leonid Brežnev, censurando i Beatles contribuì alla disaffezione definitiva della gioventù russa, polacca, ceca, ungherese. Il comunismo non poteva avere un futuro, se il suo volto era una gerontocrazia corrotta che vietava proprio le canzoni dei loro sogni...

# V
# Across the Universe

## ACROSS THE UNIVERSE

Words are flowing out like endless rain into a paper cup
They slither while they pass, they slip away
  across the universe
Pools of sorrow, waves of joy are drifting through
  my open mind
Possessing and caressing me

Jai Guru Deva Om

Nothing's gonna change my world
Nothing's gonna change my world
Nothing's gonna change my world
Nothing's gonna change my world

Images of broken light which dance before me
  like a million eyes
They call me on and on across the universe
Thoughts meander like a restless wind inside a letter box
They tumble blindly as they make their way
  across the universe

Jai Guru Deva Om

Nothing's gonna change my world
...

Sounds of laughter shades of life are ringing through
  my open ears
Inciting and inviting me
Limitless undying love which shines around me
  like a million suns
It calls me on and on across the universe

Jai Guru Deva Om

Nothing's gonna change my world
...

Jai Guru Deva
...

«*Le parole scorrono/Come pioggia in un bicchiere di carta/Scivolano al passaggio, traversando l'universo/Pozze di dolore, onde di gioia/Alla deriva nella mia mente aperta/Mi possiedono e mi accarezzano. Jai Guru Deva Om.*»

Nella grande confusione che regna sotto il cielo del 1968, i Beatles partono a cercare l'illuminazione molto, molto lontano. Dall'altra parte dell'universo…

Quarantasei anni fa l'Occidente si lascia conquistare da una «moda indiana» di segno diverso da quella attuale. Un viaggio del quartetto pop più celebre della storia cambia di colpo la percezione di quel Paese. Intere generazioni s'innamorano di un'India immaginaria, partono verso le rive del Gange in cerca di nuovi valori e in fuga dal progresso che le disgusta.

*Across the Universe* è un cantico alla saggezza orientale. «Jai Guru Deva Om»: gloria al maestro divino, al guru che scaccia le tenebre. In realtà John la compone, sotto l'influenza dell'Lsd, undici giorni prima di partire per Madras, l'inizio del suo itinerario indiano (George Harrison in India c'è già stato in avanscoperta l'anno prima, 1967, ed è lui a trascinare i suoi compagni in quest'avventura). La canzone mistica nasce, racconta John, dalla crescente esasperazione nei rapporti con la sua prima moglie Cynthia. «Me ne stavo lì a letto, sdraiato di fianco a lei, irritato. Aveva passato la sera a farmi rimproveri, e le sue lamentele continuavano a risuonarmi nella testa, all'infinito, come una corrente inarrestabile. Andai al piano di sotto a suonare, e invece di una canzone arrabbiata venne fuori questa cosa cosmica, per fortuna.»

Talmente cosmica che la Nasa, per celebrare il proprio cinquantesimo anniversario, il 4 febbraio 2008 trasmette nello spazio la canzone, «puntandola» in direzione della Stella polare, insomma cercando letteralmente di farla sentire dall'altra parte dell'universo. Paul McCartney quel giorno invia un messaggio di congratulazioni all'ente spaziale americano: «Ben fatto, Nasa! Mandate tutto il mio affetto agli alieni. Baci. Paul».

La spedizione in India della band inglese ha una destinazione precisa e un antefatto. Loro partono nel 1968 per raggiungere il guru indiano Maharishi Mahesh Yogi nel suo ashram. Ma non è la prima volta che lo incontrano. Lo Yogi si è già conquistato un «mercato» sulla West Coast californiana, dove alcune migliaia di adepti, «figli dei fiori», seguono i suoi insegnamenti. Preceduto dalla sua fama americana, nell'agosto 1967 il Maharishi sbarca a Londra e vi affitta un salone dell'hotel Hilton per impartire lezioni di meditazione trascendentale: una tecnica di concentrazione per astrarsi dal «rumore di fondo» del mondo esterno, affrancarsi dalle sirene del materialismo, padroneggiare le tecniche del silenzio contemplativo. George Harrison, il più hippy dei quattro, ha già cominciato a interessarsi di antica saggezza indiana, e trascina i suoi compagni alla scoperta dello Yogi. Che cosa può accadere quando i quattro cantanti pop più celebri della storia incontrano un santone interessato a «vendere» le proprie ricette all'Occidente? Di tutto e di più.

L'avventura comincia dal Galles. O, meglio ancora, dalla stazione ferroviaria Euston, a Londra. È quella da cui parte il trenino locale per Bangor, cittadina gallese. I Beatles hanno saputo che il Maharishi terrà in quella località di provincia un seminario d'introduzione alla trascendenza. Lo hanno invitato alcune attempate signore appassionate dell'India, uno di quei club della terza età, dove per riempire i lunghi pomeriggi piovosi ci si abbona a corsi di sanscrito per corrispondenza, immaginatevi il quadretto. I Beatles, dunque, si presentano sul binario del trenino British Railways in partenza il 24 agosto 1967 alle 15.03. Cioè, quello dovrebbe essere l'orario di partenza, in circostanze normali. Ma l'intera Inghilterra ha saputo che i Beatles vanno a prendere un treno. Per il Galles, vai a sapere perché! La nazione è in subbuglio. La stazione Euston è in stato d'assedio. Folle di giornalisti, troupe televisive, fan e curiosi l'hanno invasa. Nella calca e nei tafferugli John perde la moglie Cynthia, che viene fermata dalla polizia. Il caos è tale che British Railways (ferrovie dello Stato) fa una cosa inaudita rispetto alle sue regole, uno strappo concepibile fino ad allora solo per la regina d'Inghilterra: sospende il fischio del capostazione, rinvia la partenza del treno su richiesta di John, per verificare se si rintraccia sua moglie. Niente da fare, Cynthia non si trova. Intanto sui binari la tensione cresce, la ressa umana è tale che i poliziotti sono sopraffatti, implorano British Railways di far partire quel maledetto convoglio. E il treno parte. Carico all'inverosimile perché almeno una parte dei reporter è riuscita a salire.

Blindati dentro il loro scompartimento, i Beatles si sono portati appresso Mick Jagger dei Rolling Stones e la cantante (sua compagna del momento) Marianne Faithfull. Non possono uscire neanche per andare alla toilette, tanto i corridoi sono stipati di importuni: giornalisti a caccia d'interviste, fan avidi di autografi. George per calmare l'atmosfera accende bastoncini d'incenso. Sullo stesso treno viaggia anche il Maharishi. Seduto a gambe incrociate, circondato dai reporter nel suo scompartimento, beato come una Pasqua per tutta quell'attenzione attorno a lui, si fa delle risate talmente fragorose che salta e rimbalza sul sedile. (La scenetta ispirerà un'altra canzone, di McCartney: *The Fool On The Hill*, lo scemo sulla collina; dove Paul in realtà difende lo Yogi, trattato come lo scemo del villaggio, e descrive il suo riso come una forma di distacco dalle cose terrene.) Il Maharishi sta appena cominciando a realizzare di aver vinto il jackpot alla lotteria, in termini di notorietà. Ma la sua cultura pop è ancora limitata. Per esempio resta veramente sconcertato quando gli dicono che c'è anche un certo Mick Jagger che è una «pietra rotolante» (*rolling stone*). Sono matti questi inglesi... John Lennon a sua volta scherza con Mick: «Spero che questo guru mi obbligherà a lasciare i Beatles e a ritirarmi in una caverna in India per tutto il resto della mia vita. Ma vedrai che invece mi dirà di togliermi dai piedi e di andare a comporre *Lucy In The Sky With Diamonds*».

All'arrivo alla stazione di Bangor, è un altro pandemonio. Le povere signore gallesi che hanno invitato il guru si sono presentate puntuali al binario, per una piccola e sobria cerimonia da comitato d'accoglienza. Compunte e discrete, non capiscono perché gli piombi addosso quell'Apocalisse: una folla impazzita le travolge all'arrivo del treno, per scaraventarsi addosso ai vagoni. La sorpresa è traumatizzante anche per i trecento «meditatori» che aspettano da giorni l'arrivo dello Yogi esercitandosi in una saletta della University of Wales.

La sera, dopo avere ascoltato il Maharishi, in compagnia di Mick Jagger i nostri se ne vanno al ristorante. E al momento di pagare il conto... be', nessuno dei Beatles aveva mai un portafoglio. Mai soldi in tasca. Giravano come i reali d'Inghilterra, c'era sempre qualcuno al seguito che si occupava di questioni pratiche. Ma quella sera no, tocca pagare il conto. In quell'angolo sperduto del Galles, sono finiti in un ristorante cinese. Il padrone ha solo una vaga idea di chi siano i Beatles, e in ogni caso non è una ragione perché mangino a sbafo. Grande imbarazzo, davvero il ristoratore non li lascerà andare via finché qualcuno non caccia fuori i quattrini. Alla fine George Harrison ha un lampo, si ricorda che per le emergenze tiene qualche banconota nascosta in una fessura della suola dei suoi sandali indiani. Una decina di sterline, la cauzione per la libertà...

Intanto in India – quella vera – sono tempi duri: il dirigismo di Indira Gandhi non riesce a impedire le carestie di massa, tre anni prima c'è stata la guerra con il Pakistan, la tensione col vicino islamico resta alta e alimenta la corsa agli armamenti.

È dal febbraio all'aprile '68 che i Beatles ci vanno in ritiro: a Rishikesh, cittadina sacra situata dove il fiume Gange scende a valle dalle vette dell'Himalaya, e quartier generale del Maharishi. Sono ancora freschi i successi mondiali di *Revolver*, *Magical Mystery Tour* e *Sgt. Pepper's Lonely Hearts Club Band*, quando si trasferiscono a meditare nell'ashram, rilanciando tra i giovani del mondo intero l'antica tradizione del viaggio iniziatico in Oriente.

Come si poteva immaginare dall'antefatto del Galles, ciò che accade in quei tre mesi non assomiglia esattamente a un isolamento da eremiti. Ho già rievocato questa storia nel mio libro *La speranza indiana*, ma con il passare del tempo continuo a scoprire nuovi dettagli esilaranti. Assieme ai Beatles si trasferisce un variopinto caravanserraglio di loro amici che sono altrettante star dell'epoca: il cantante folk Donovan, Mike Love dei Beach Boys, l'attrice Mia Farrow con la sorella Prudence (a cui Lennon dedicherà una celebre canzone), la top model italiana Marisa Berenson, più varie mogli e amanti, e naturalmente un formidabile esercito di giornalisti e fotografi da cui il pianeta mondiale dei teenager attende con trepidazione la cronaca dell'«esilio indiano».

L'infatuazione dei Beatles non è una novità assoluta. Prima di loro altri europei e americani hanno subìto il fascino della spiritualità orientale. Il filosofo Schopenhauer e i poeti del romanticismo tedesco nell'Ottocento hanno esaltato l'India come la culla originaria di tutte le religioni. Hermann Hesse con *Siddharta* ha esplorato il buddismo e ha scritto il più bel romanzo sul viaggio iniziatico in Oriente. Il pellegrinaggio indiano ha attirato un «poeta maledetto» della Beat Generation di San Francisco, Allen Ginsberg, che ha vissuto tra santoni e sadhu sulle rive del Gange nel 1962. A Hollywood, in quel periodo la più nota seguace delle filosofie indiane è la bellissima debuttante Candice Bergen. Lo yoga ha già fatto breccia a Berkeley nella prima ondata di contestazione studentesca, il movimento Free Speech del 1964. Ma fino a quel momento si tratta di sperimentazioni d'élite. Nessuno fra i precursori della moda indiana può sprigionare una potenza mediatica lontanamente paragonabile ai Beatles. Lennon ha potuto permettersi di dichiarare *urbi et orbi* che i Beatles sono più popolari di Gesù Cristo, e non è stato neppure scomunicato. Anzi, la regina Elisabetta, che formalmente è anche alla testa della Chiesa anglicana, li ha insigniti del titolo di baronetti.

Una volta in India, Harrison entra nella sua fase mistica, da cui non uscirà più. Comincia anche il suo genuino interessamento umanitario, che si tradurrà poi nel 1971 nel primo grande concerto a scopo di beneficenza, per il Bangladesh al Madison Square Garden di New York. Lennon, essendo il più «politico» dei Fab Four, accarezza il sogno di usare lo yoga e l'ascetismo indiano per promuovere la pace mondiale. Paul è attratto da ogni esperienza eclettica capace di arricchire il suo repertorio musicale. Stanno studiando il sitar, con l'aiuto del grande Ravi Shankar. Il guru Maharishi promette miracoli in tutti i campi: seguendo i suoi insegnamenti, i Beatles possono esaltare la propria creatività artistica e al tempo stesso aiutare i loro giovani fan di tutto il mondo ad «attingere alle sorgenti della pura energia» per liberarsi dell'infelicità.

Portare i Beatles in India è il più grande colpo per impressionare l'Occidente dai tempi della «marcia del sale» e degli scioperi della fame con cui il Mahatma Gandhi mise in ginocchio l'impero britannico. Prova a sfruttare il viaggio perfino la premier Indira Gandhi. Un emissario del suo governo va a contattare i Beatles perché accettino d'incontrare la donna che governa New Delhi con pugno di ferro. Loro declinano l'invito, preferiscono rimanere col guru.

Il geniale Maharishi – che in patria molti già considerano un impostore e un ciarlatano – sembra possedere un tocco magico. Forse anche il tocco di Re Mida. Una sua aspirazione è di farsi assegnare una percentuale sulle royalty dei dischi dei Beatles, per finanziare il Movimento di rigenerazione spirituale. Non ci riuscirà, ma non per questo i suoi affari andranno male: trent'anni dopo il viaggio dei Beatles, il nome del Maharishi riaffiora nelle cronache occidentali, stavolta nelle pagine finanziarie. Nel 2007 il guru ha aperto il Maharishi Global Financial Capital acquistando una sontuosa sede a Manhattan a due passi dal New York Stock Exchange, in una palazzina di cinque piani e 1900 metri quadri di superficie. Il guru spiega di aver scelto quella sede «per ragioni sia spirituali che pratiche». È uno dei pochi immobili in tutta New York a essere perfettamente rivolto a Oriente, in conformità con le regole dell'«architettura vedica». Inoltre, il cuore della capitale finanziaria dell'America è il luogo ideale «per insegnare ai banchieri a orientare le finanze del mondo in una direzione positiva». Nella stessa occasione si scopre che il Maharishi, nei trent'anni post-Beatles, ha aperto in America quattro «palazzi della pace» dove si insegna «lievitazione yoga», e gestisce una Maharishi University of Management a Fairfield, Iowa.

Già nel 1967, comunque, il Maharishi è noto per circondarsi di abili collaboratori che gestiscono le finanze del suo impero, curano l'immagine del Movimento, governano i rapporti con i media. Tanto più in vista del terremoto mediatico che sarà lo sbarco dei Fab Four, per lui è essenziale tenere alla larga soprattutto i giornalisti indiani, meno ingenui degli occidentali, disincantati e capaci di domande troppo indiscrete. Quando arriva la fatidica data della partenza dei

Beatles per Rishikesh, nel febbraio '68, la cittadina sul Gange viene blindata da cordoni di fedeli del guru con la consegna di impedire che i reporter si avvicinino. Pochissimi giornalisti riescono a eludere la sorveglianza. Tra questi c'è Lewis Lapham, allora giovane star del New Journalism. Lapham, che nel '68 è inviato speciale del «Saturday Evening Post», riesce a introdursi nell'ashram e assiste di persona al ritiro spirituale dei Beatles. Quarant'anni dopo, ormai Grande Vecchio dell'intellighenzia liberal e direttore dell'autorevole rivista «Harper's», Lapham rivela quell'esperienza nel libro *With the Beatles* (tradotto in Italia con il titolo *I Beatles in India*, edizioni e/o).

Protetti nella loro privacy dall'inflessibile vigilanza del guru indiano – racconta Lapham – i Beatles stavano quasi sempre per conto loro, a comporre canzoni o chiusi in seminari privati con il Maharishi. Avevano avuto anche le uniche case con acqua corrente e comfort quasi occidentali, un privilegio invidiabile per gli altri. Solo a pranzo o a cena era possibile incontrare i Beatles, quasi sempre in gruppo e accompagnati dalle mogli. «George era quello più impegnato nella teoria e nella pratica della trascendenza. Qualcuno a tavola disse che lo stesso risultato si poteva raggiungere con le droghe.» John, con i suoi occhialini gramsciani, dava l'idea dell'intellettuale concentrato ed enigmatico, impegnato a setacciare con cura i testi della saggezza del Maharishi alla ricerca di un qualcosa che potesse riconoscere come verità. Non era sicuro che il Maharishi fosse più saggio di Lewis Carroll, ma sapeva che riuscendo a trovare dentro di sé un paese delle meraviglie interiore, al riparo dallo spazio e dal tempo, «niente potrà più scuotere il mio mondo».

Ringo e Paul non parlavano granché della meditazione. Ringo sentiva la mancanza degli hamburger, dei figli e dei suoi nove gatti; e sosteneva che «avrebbe potuto mettersi altrettanto bene nella posizione del loto anche a Liverpool». Maureen, la moglie di Ringo, non sopportava le mosche, «al punto che se ce n'era una sola in una stanza lei sapeva esattamente dov'era, com'era entrata e perché doveva essere fatta fuori». In proposito lei e Ringo avevano consultato il Maharishi, ma «il sant'uomo aveva detto che per coloro che viaggiano nel regno della pura consapevolezza le mosche non hanno più molta importanza». «D'accordo,» commentò Ringo «ma questo non elimina le mosche, giusto?» Paul aveva conservato il vizio delle sigarette, che si appartava a fumare di nascosto, e un inguaribile umorismo britannico. Un giorno a pranzo raccontò che aveva sognato di rimanere intrappolato in un sottomarino dal colore indefinito che faceva acqua da tutte le parti.

Dopo il primo mese la magia comincia a dissolversi. Mia Farrow sparisce di colpo dal ritiro, dicendo di avere subìto avance sessuali troppo insistenti da parte del guru. Circolano voci che il Maharishi abbia deciso di rompere il voto del celibato. «Gli scalpitanti inviati dei giornali indiani che si accalcavano al cancello già immaginavano festini orgiastici sotto il fronzuto baldacchino dell'ashram.» I Beatles vengono assaliti da un timore: se la stampa inglese s'impadronisce di quelle storie li prenderà in giro senza pietà, trattandoli come dei creduloni vittime di un raggiro. Ringo è il primo a rompere i ranghi, con eleganza: definisce quelle accuse «pettegolezzi senza senso», ma ne approfitta per scappare dal giardino dell'Eden. È il segnale del liberi tutti. Gli altri lo seguono a ruota.

«Ancora venti mesi» conclude Lapham «e i Beatles avrebbero smesso di esistere come gruppo. La cocaina avrebbe preso il posto della marijuana sui mercati della trascendenza. Le partenze per i magical mystery tour sarebbero state gestite dall'esercito americano, che per i successivi sei anni avrebbe spedito altri 35.000 giovani a morire in Vietnam. I Beatles però erano scesi dalla montagna con le trenta canzoni che compongono *The White Album*.»

E in Occidente l'immagine dell'India conservò a lungo gli echi armoniosi e languidi del sitar di George Harrison: una melodia di una dolcezza infinita.

Con la globalizzazione è cominciato un viaggio in senso
inverso rispetto al pellegrinaggio dei Beatles: l'Asia è qui
in mezzo a noi, una presenza che ci è impossibile ignorare.
La globalizzazione nella sua accezione moderna ha ormai superato la soglia dei 20 anni. Prima ancora di «coop-
tare Cindia» dentro il sistema capitalistico occidentale, fece
le sue prove generali altrove.

«Il libero scambio significa occupazione, porterà più posti
di lavoro agli americani, e saranno impieghi ben remune-
rati.» Così parlò Bill Clinton. Era l'inizio del 1994. Il presidente degli Stati Uniti firmava allora un trattato che fu l'atto
di nascita della globalizzazione contemporanea. Era l'avvio
di un processo «rivoluzionario», che ha dato nuove regole
all'economia mondiale, ha segnato il destino di interi popoli, ha sconvolto gerarchie secolari. Nel 1994 Clinton stava firmando per la precisione il North American Free Trade
Agreement (Nafta) quando dichiarò con fiducia e orgoglio
l'avvento di un'era di prosperità per gli americani. Oggi il
bilancio della globalizzazione, almeno nei nostri paesi occidentali di vecchia industrializzazione, è a dir poco controverso, oscilla tra l'ambivalente e il catastrofico. Per i suoi
effetti sull'occupazione, sui redditi da lavoro, sulla giustizia sociale, sull'ambiente, è considerata più spesso una calamità che una manna. Al compimento dei suoi vent'anni
questa globalizzazione si scopre orfana: non si organizza-
no celebrazioni, nessuno ne rivendica la paternità. E se Bill
Clinton ha a cuore le chance di sua moglie Hillary di conquistare la Casa Bianca nel 2016, la incoraggerà a schierarsi con quell'ampio fronte di forze (sindacati in testa) che
chiedono limiti, vincoli e tutele «contro» la globalizzazione.

Il Nafta fu solo un inizio, ma ebbe un ruolo importante in questa storia. Quel trattato firmato con convinzione
ed entusiasmo da Clinton (dopo che era stato negoziato
dall'amministrazione repubblicana di George Bush padre)
faceva cadere gran parte delle barriere agli scambi in tutto
il Nordamerica. Canada, Stati Uniti e Messico diventavano

un mercato unico, all'interno del quale i prodotti e i capitali circolavano liberamente (le persone, meno: dal Messico verso gli Stati Uniti i flussi migratori hanno continuato a subire restrizioni). In parallelo un esperimento analogo di libero scambio stava avvenendo in quegli anni in Europa: la costruzione del mercato unico europeo, ispirato dalla stessa filosofia e da un identico ottimismo sui benefici dell'apertura delle frontiere. Il mercato unico europeo, pur essendo stato disegnato prima (1992), andava al traino ideologico dell'America: dal premio Nobel per l'economia Milton Friedman al presidente repubblicano Ronald Reagan, gli Stati Uniti erano stati la base della riscossa neoliberista che avrebbe conquistato il mondo. L'America andò più avanti di tutti gli altri, privatizzando a oltranza, ricacciando indietro il ruolo dello Stato, tagliando il Welfare (anche sotto Clinton).

Infine, con il Nafta gli Stati Uniti fecero le prove generali dell'esperimento successivo, ben più vasto: la creazione della World Trade Organization (Wto), e la cooptazione della Cina nella nuova architettura degli scambi mondiali. Nel primo capitolo di questa storia c'era il Messico al posto della Cina. Su scala più piccola, comunque significativa, è verso il Messico che iniziarono le delocalizzazioni. Molte imprese, non soltanto americane ma anche giapponesi o sudcoreane che producevano per il mercato Usa, andarono a insediare le nuove fabbriche subito a ridosso del confine messicano. Si chiamarono «maquiladoras», erano l'embrione di quel che sarebbe accaduto con la Cina e altre nazioni emergenti. In Messico le multinazionali americane e giapponesi andavano a cercare manodopera a basso costo, sindacati deboli, poche regole a tutela dell'ambiente, modesta pressione fiscale.

Ancora oggi il bilancio di quell'operazione spacca in due gli osservatori americani. Da una parte la us Chamber of Commerce (una sorta di Confindustria) esalta i benefici del Nafta sottolineando che «l'interscambio Usa-Messico è balzato da 337 miliardi a quasi 1500 miliardi di dollari». Sul fronte opposto la confederazione sindacale Afl-Cio denuncia che «settecentomila posti di lavoro americani sono stati trasferiti in Messico». Altre controversie riguardano l'impatto ecologico: fin dall'inizio una organizzazione ambientalista californiana, il Sierra Club, denunciò l'invasione di Tir messicani sulle autostrade a Nord di San Diego, con un aumento dell'inquinamento. Oggi paradossalmente è dal Nord che viene la minaccia ambientale, il Canada vuole inondare gli Stati Uniti di idrocarburi con il maxioleodotto XL Keystone.

Fin da principio il pericolo più grave fu individuato nella condizione dei lavoratori. Cinque anni dopo il Nafta, i sindacati riuniti nell'Afl-Cio si unirono ai verdi, ai terzomondisti, agli anarchici e ai black bloc nella «battaglia di Seattle» del 30 novembre 1999, quando quarantamila manifestanti assediarono il summit del Wto in quella città. Ma il pensiero unico neoliberista era ancora egemonico nell'establishment e nei governi, anche di sinistra. A riprova di quali fossero le aspettative sugli effetti della globalizzazione, in quel periodo, facendo la spola tra San Francisco e Pechino, io notai che un dibattito sorprendente divampava ai vertici del Partito comunista cinese: l'ala sinistra era convinta che fosse un errore aderire al Wto, paventava la colonizzazione della Cina da parte del capitalismo occidentale.

Un inizio di ripensamento ai vertici arriva con la crisi del 2009. In quell'anno Barack Obama, appena insediatosi alla Casa Bianca, vara la maximanovra antirecessiva (800 miliardi di spesa pubblica) intitolata «American Recovery and Reinvestment Act», e vi inserisce la Buy American Provision. È una clausola protezionista, «compra americano»: indica che ogni dollaro di quella manovra va usato per appalti a imprese Usa, per comprare made in Usa. Non a caso scattano subito i ricorsi dei partner, il governo canadese denuncia una violazione del Nafta. È il segnale di un cambio di atmosfera. Vent'anni dopo, la globalizzazione è sotto accusa anche nei «templi» che ne avevano celebrato la religione. Basta aprire il sito del Wto per trovarvi un lungo e approfondito studio dal titolo *Delocalizzazioni, occupazione: come rendere la globalizzazione socialmente sostenibile?* Il Fondo monetario internazionale, a lungo identificato con l'ortodossia liberista del «Washington consensus», nel suo sito ospita una lunga ricerca su questo tema: «La globalizzazione abbassa i salari e trasferisce all'estero i posti di lavoro?».

Il premio Nobel Joseph Stiglitz invita Obama a non affrettare i tempi dei nuovi trattati di libero scambio. Ce ne sono due in gestazione, uno tra gli Usa e le economie del Pacifico, l'altro tra gli Usa e l'Unione europea. Un altro premio Nobel, Paul Krugman, fu uno dei primi teorici della globalizzazione, ma oggi non esita a dichiarare che «è stata governata malissimo». Una tesi mette in diretta correlazione la stagnazione dei redditi da lavoro e la concorrenza dei paesi senza sindacato come la Cina. Analisi più sofisticate indicano che la globalizzazione è solo una concausa, insieme con il progresso tecnologico che ha ridotto l'uso della forza lavoro soprattutto nelle mansioni meno qualificate. Tutto questo, però, non basta a spiegare la dilatazione delle diseguaglianze. La globalizzazione, nelle analisi raffinate di Daron Acemoglu, James Robinson e Chrystia Freeland, è usata dalle élite per costruire una «società estrattiva»: con una mobilità sociale bloccata, un potere politico influenzato dalle lobby, normative fiscali che accentuano le diseguaglianze garantendo l'elusione delle rendite finanziarie.

La storia della globalizzazione non finisce qui. «Nuovi patti di libero scambio vengono negoziati in gran segreto. Ne sappiamo poco. Siamo costretti a inseguire fughe di notizie.» A lanciare l'allarme è stato Stiglitz. Tra i pericoli che denuncia, quello che ci riguarda ha una sigla altrettanto misteriosa dei suoi contenuti. TTIP non è un acronimo entrato nel linguaggio corrente. Sta per «Transatlantic Trade and

Investment Partnership». Se va in porto, sarà il più ambizioso accordo di libero scambio della storia. Una fase due della globalizzazione.

In Europa, del TTIP si parla a sprazzi, solo quando viene agitata una minaccia di «veto» per motivi che poco hanno a che vedere coi contenuti di quel patto. Angela Merkel ha evocato rappresaglie contro il TTIP, per protesta verso lo spionaggio della National Security Agency e della Cia in Germania. Ma che cosa ci sia dentro la «scatola nera» del TTIP, pochi lo sanno, perfino ai vertici dei governi. Dentro le cabine di regia dei tecnocrati, i negoziati avanzano comunque, e le loro conseguenze si faranno sentire sulle economie nazionali, l'occupazione, il livello di tutela dei consumatori. La nuova intesa Usa-Ue su commerci e investimenti riguarda il più vasto mercato del mondo: il 45 per cento del Pil mondiale è racchiuso nelle due grandi economie dell'Occidente, l'americana e l'europea. Tra i fautori più accesi del TTIP figurano Barack Obama e il premier inglese David Cameron, in omaggio all'ideologia liberoscambista che accomuna i paesi anglosassoni. La US Chamber of Commerce fa la stima seguente: se va in porto, farà salire di 120 miliardi di dollari il volume degli scambi tra le due sponde dell'Atlantico. Quindi potrebbe dare una spinta alla crescita globale, e soprattutto a quella dell'eurozona, che ne ha un gran bisogno. I calcoli del Centre for Economic Policy Research di Londra, fatti propri dalla Commissione di Bruxelles, dicono che da un simile accordo l'Unione dei 27 guadagnerebbe 120 miliardi di euro di reddito in più all'anno, l'America 95 miliardi. L'export europeo salirebbe del 28 per cento, nel lungo periodo. Due milioni di posti di lavoro in più, è la stima ventilata da Cameron. 545 euro all'anno per la famiglia media in Europa è il vantaggio ipotizzato da Londra: molto più di quel che il governo Renzi ha potuto fin qui aggiungere alle buste paga degli italiani.

Ma uno studio dell'economista Dennis Novy, disponibile sul sito lavoce.info, ci ricorda che le medie sono sempre ingannevoli. Il vero nodo, spiega Novy, è capire chi sarebbero i vincitori e chi i perdenti. Il TTIP interverrà non tanto sui dazi (già ridotti dalle liberalizzazioni precedenti) quanto sulle barriere non tariffarie, cioè normative che ostacolano la libera circolazione delle merci. Un settore che ne ricaverebbe soprattutto vantaggi è quello dell'automobile, dove troppi standard di sicurezza dissimili tra le due sponde dell'Atlantico frenano l'export. Tra quelli che rischiano di perderci, sempre nell'analisi di Novy, c'è l'agricoltura mediterranea, almeno in quei settori che hanno goduto di sostegni. Una partita molto delicata riguarda la sicurezza alimentare. Cioè la salute dei consumatori. Non solo OGM (organismi geneticamente modificati): in molti comparti dell'alimentazione ormai il consumatore europeo è protetto da regole più severe rispetto all'americano. Anche se in certi casi la salute diventa un alibi: tanti prodotti genuini della filiera made in Italy hanno sofferto «inique sanzioni» all'ingresso in America a causa di normative sanitarie che coprivano gli interessi dei produttori locali. Il TTIP può aprire il ricco mercato nordamericano a tanti prodotti italiani ancora in lista d'attesa. Ma chi garantisce che l'esito sarà davvero quello? Il problema del TTIP è che coincide con una fase di riflussi nazionalisti, e in particolare una diffusa «sfiducia nella delega» verso i tecnocrati europei.

In America la questione s'intreccia con le nuove normative sui mercati finanziari, soprattutto la legge Dodd-Frank, che ha stabilito limiti e controlli più severi sulla finanza speculativa. Nel TTIP è previsto un arbitrato per dirimere conflitti fra gli Stati e i grandi investitori. Come dimostrano l'affaire Bnp Paribas e la furia francese contro la maximulta di 9 miliardi imposta dalle autorità americane, la sovranità regolamentare sull'alta finanza è un altro terreno minato.

Obama vorrebbe che questa globalizzazione 2.0 nascesse all'insegna di garanzie sociali, clausole sui diritti dei lavoratori e regole a tutela dell'ambiente. Per lui il TTIP deve servire da modello a un analogo patto trans-Pacifico dal Giappone all'Australia, con cui mettere alle strette la Cina e ogni forma di concorrenza sleale. Stiglitz ha dei dubbi: «Molte regole esistono proprio per proteggere i lavoratori, i consumatori, l'ambiente. E furono decise in risposta a una domanda democratica. I patti segreti per la deregolamentazione rischiano di rilanciare una gara al ribasso».

E l'infatuazione occidentale per l'India? Riaffiora proprio nello stesso luogo dove il Maharishi aveva cominciato a reclutare gli hippy: la California. Ma oggi non è più la terra della Summer of Love. La California che venera l'India, ora, è quella delle tecnologie: la Silicon Valley.

Sono meno dell'1 per cento della popolazione americana eppure gli indiani scalano i vertici del capitalismo americano, dilagano al comando delle maggiori aziende. La Microsoft ha scelto uno di loro, Satya Nadella, come chief executive. L'incarico che fu di Bill Gates ora lo ricopre un ex allievo del liceo statale di Hyderabad nello Stato dell'Andhra Pradesh. Al momento della nomina Nadella aveva 46 anni e gli elogi del fondatore e principale azionista verso il nuovo chief executive indiano sono stati generosi: «In quest'epoca di grandi trasformazioni» disse Gates «nessuno può guidare Microsoft meglio di Satya Nadella. È un vero leader, con una solida competenza da ingegnere». Il giorno della sua nomina si scatenò l'entusiasmo nella sua città natale, Hyderabad. «È rimasto uno di noi, molto legato alle origini,» ha raccontato l'amministratore del liceo statale di Hyderabad, Faiz Khan, «ed è tornato qui nel 2009 per incontrare i suoi compagni di liceo, in occasione delle celebrazioni per il venticinquesimo anniversario della scuola.» Indiano doc, Nadella lo è anche nella scelta di hobby e passioni: il cricket e la poesia. Da notare che l'università dove ha studiato ingegneria, la Manipal University di Mangalore nel Karnataka, non è neppure uno dei superpolitecnici di élite indiani, nel suo paese è considerata un'istituzione di medio livello. Nadella si unisce a una folta schiera di suoi connazionali che occupano posti di potere nel capitalismo Usa. Contando solo i chief executive, i numeri uno, tra i più celebri ci sono Indra Nooyi alla guida della Pepsi Cola; Shantanu Narayen di Adobe Systems; Francisco D'Souza di Cognizant Technology Solutions; Sanjay Mehrotra di SanDisk; Ravichandra Saligram di Office-Max; Dinesh Paliwal di Harman International Industries. A Wall Street, fino a poco tempo fa la Citigroup era guidata dall'indiano Vikram Pandit. Solo nella Silicon Valley, le start-up tecnologiche fondate da imprenditori indiani sfiorano il 15 per cento del totale.

«Guru», questa parola nata per designare i depositari dell'antica saggezza indiana e i maestri di yoga, è stata scippata dal mondo dell'industria e della tecnologia. Vedi il caso del più celebre fan dei Beatles, Steve Jobs. Un suo biografo, Ken Auletta, lo paragona a Thomas Edison e Henry Ford. Sul «Wall Street Journal» Michael Malone scrive che «l'era del computer può essere vista come un prolungamento della volontà sovrumana di questo singolo personaggio, brillante e visionario, deciso a rifare il mondo a sua immagine e somiglianza». Ecco da questa analisi alcuni tratti del «guru»: non necessariamente il più esperto o il più bravo, «mancandogli il talento di un grande ingegnere mise assieme una squadra di fuoriclasse e seppe sedurli o intimidirli perché realizzassero la loro opera più grande; il suo genio personale ne fece il massimo impresario e venditore dell'era digitale». Il prezzo da pagare per lavorare con lui è stato quasi sempre l'anonimato (qualcuno sa chi ha inventato l'iPhone?) e spesso anche il dolore: il «guru», come in una setta religiosa, può succhiare ai suoi collaboratori ogni linfa vitale. La sua aggressività in azienda era leggendaria, soprattutto nella prima puntata della sua storia al vertice di Apple: quando vi fece ritorno dopo il lungo esilio (1985-96), la solitudine e la malattia lo avevano reso più saggio. Doppiamente guru. È pensabile che esista una formula per creare un guru? Nel suo saggio *The Productive Nacissist*, lo psicologo Michael Maccoby spiega perché è quasi impossibile. Un chief executive «narcisista» come Jobs è un profeta, un visionario e uno showman, con un'autostima suprema che gli consente di assumere rischi estremi, nell'ambizione di trasformare il mondo.

Incantare le masse, ipnotizzare generazioni di giovani: quello che ai tempi dei Beatles era il ruolo dell'arte è stato conquistato dalla tecnologia.

# VI
# Get Back

GET BACK

Jojo was a man who thought he was a loner
But he knew it couldn't last
Jojo left his home in Tucson, Arizona
For some California grass

Get back, get back
Get back to where you once belonged
Get back, get back
Get back to where you once belonged
Get back Jojo. Go home
Get back, get back
Back to where you once belonged
Get back, get back
Back to where you once belonged
Get back Jo

Sweet Loretta Martin thought she was a woman
But she was another man
All the girls around her say she's got it coming
But she gets it while she can

Get back, get back
Get back to where you once belonged
Get back, get back
Get back to where you once belonged
Get back Loretta

Ah, get back
Yeah, get back
Get back to where you once belonged
Yeah, get back
Get back
Get back to where you once belonged
Get back
...

*«Ritorna indietro, ritorna indietro. / Ritorna al luogo a cui appartenevi...»*

Questa canzone del 1969 nasce come una satira contro Enoch Powell, leader dell'estrema destra xenofoba, il precursore inglese di Marine Le Pen. In un discorso intitolato *Fiumi di sangue*, Powell aveva denunciato come una catastrofe l'arrivo di diecimila immigrati asiatici in Inghilterra, prima ondata dovuta alle nuove regole del Commonwealth che liberalizzavano gli ingressi.

Con la globalizzazione abbiamo fatto un salto di dimensioni nei flussi migratori, che si sono ingigantiti. Ma già ai tempi dei Beatles si segnalavano resistenze e proteste. Il National Front di Powell, esplicitamente neofascista, lanciò una serie di manifestazioni dimostrative all'insegna del «Paki-bashing» (insultare i pachistani) in diverse città inglesi.

Facendogli il verso in *Get Back*, i Beatles si schieravano contro il razzismo. Con un risvolto malizioso, però, nella dinamica interna al quartetto. John Lennon si era appena messo con la giapponese Yoko Ono. Nessun personaggio è mai riuscito a unificare noialtri fan dei Beatles quanto Yoko Ono. A quei tempi potevamo dividerci tra gli appassionati di John o di Paul o anche di George (meno numerosi, ma fedelissimi, i patiti di Ringo), ma su una cosa ci ritrovavamo d'accordo: Yoko Ono era una sciagura. Discutibile artista pop, presuntuosa e narcisista, autoritaria e dominante nei confronti del suo compagno, distraeva John e seminava zizzania tra lui e gli altri tre. Illustri psicanalisti hanno esaminato canzoni che vanno da *Julia* a *The John and Yoko Ballad* per segnalare i sintomi di un rapporto quasi incestuoso: Lennon, mettendosi con una donna più anziana di lui di sette anni, avrebbe cercato inconsciamente di ricreare un rapporto con la mamma Julia che aveva conosciuto poco. Oltre che a noi, fan, naturalmente Yoko Ono stava antipatica agli altri tre. Invadente e onnipresente, era in studio il giorno in cui registravano *Get Back*. E Lennon era convinto che McCartney puntasse lo sguardo su di lei, ogni volta che cantava quella strofa: ritorna al luogo a cui appartenevi, vattene a casa...

Un salto di civiltà ci ha trasportati in un universo senza frontiere e senza distanze. Mai prima d'ora l'umanità ha avuto tanta facilità a spostarsi e a comunicare. Per necessità, e anche per scelta. Emigranti poveri in fuga dal sottosviluppo o dalle guerre; «cervelli» che si spostano all'estero in cerca di migliori opportunità.

A livello planetario il numero totale degli emigrati viene censito in 215 milioni di persone, con una crescita di 25 milioni nell'ultimo quindicennio. Un sondaggio Gallup World Poll rivela che sono 1 miliardo e 100 milioni coloro che «vogliono spostarsi temporaneamente all'estero nella speranza di trovare un lavoro migliore». Altri 600 milioni di persone vorrebbero «trasferirsi all'estero in modo permanente». Dunque è addirittura un terzo dell'umanità a sentirsi psicologicamente sul piede di partenza, disponibile o costretto, attirato o rassegnato a doversi rifare una vita «altrove». Ai due estremi del ventaglio delle migrazioni ci sono disperazione e libertà. Le diseguaglianze crescenti aumentano la pressione ad abbandonare i luoghi più miseri. Al tempo stesso viviamo in una cultura che esalta la mobilità come un valore positivo.

Murrieta, cittadina della California a 90 chilometri da San Diego, è la capitale di un'emergenza immigrazione: il boom degli immigrati bambini, in costante aumento dai paesi più poveri dell'America centrale. Lincoln, cittadina del Nebraska, è la capitale di una non emergenza: l'aumento costante, ordinato, per nulla inquietante, della popolazione asiatica. A Lincoln i media locali hanno trasformato in una piccola celebrità cittadina l'ufficiale Tu Tran della polizia locale. Lui è vietnamita, ed è il punto di riferimento di una comunità etnica tra le meglio integrate nella popolazione del Nebraska. Mentre le ultime ondate di arrivi dal Sud catalizzano l'attenzione e il dibattito politico, il Census Bureau federale che realizza i censimenti demografici rivela una realtà molto diversa: sono gli asiatici la componente più in crescita dell'immigrazione verso gli Stati Uniti. La loro rivoluzione silenziosa sta cambiando tutto: dalla geografia urbana alle gerarchie socioeconomiche. Senza provocare resistenze, o quasi. L'America del futuro avrà sembianze sempre più simili a Yoko Ono, e sempre meno simili ai Padri Pellegrini che sbarcarono dall'Inghilterra nel Seicento.

A Murrieta, in California, non passa giorno senza una manifestazione di protesta. Da una parte ci sono cittadini indignati che si oppongono all'arrivo dei torpedoni noleggiati dalla Border Patrol. Trasportano minorenni entrati clandestinamente dalla frontiera col Messico. Secondo quei manifestanti, troppi bambini e ragazzi, dopo un breve colloquio coi magistrati, riescono a rimanere negli Stati Uniti sfruttando leggi permissive sul diritto di asilo. Dall'altra parte dei torpedoni, manifestano cittadini altrettanto indignati, contrari alle deportazioni dei ragazzini che non superano l'esame con l'Immigration Office e il giudice.

Su un arco di tempo di 12 mesi sono entrati negli Stati Uniti 338.000 asiatici, con un aumento del 68 per cento rispetto alla recessione del 2008-09, quando la drammatica crisi del mercato del lavoro aveva frenato anche gli arrivi dall'estero. Negli stessi 12 mesi gli ispanici giunti negli Stati Uniti sono stati un numero inferiore, 244.000, e per di più in forte calo (meno 60 per cento) rispetto al picco massimo degli ingressi che avvenne nel 2005-06. Se l'autorevole studioso neoconservatore di geostrategia Samuel Huntington pochi anni prima di morire lanciava l'allarme per una «ispanizzazione strisciante» della società americana, e altri evocavano scenari apocalittici di una «Mexifornia» (il Messico che ingoia la California), il corso della storia sta deviando in un'altra direzione. È l'America dagli occhi a mandorla, il futuro che prevale.

Tra i due flussi migratori c'è una differenza qualitativa cruciale. La spiega il demografo William Frey della Brookings Institution di Washington: «I mestieri che vengono svolti dagli immigrati ispanici sono per lo più le attività manuali meno remunerate, dalla ristorazione all'edilizia. Attività che hanno ricevuto i colpi più duri durante la recessione». Inoltre, checché ne dica la destra che accusa Obama di lassismo, la sorveglianza della Border Patrol (polizia di frontiera) lungo il confine con il Messico è andata intensificandosi. Negli arrivi dall'Asia, sottolinea Frey, è più consistente invece la quota degli immigrati legali, quelli che hanno un visto regolare. E in ogni caso i due flussi migratori si dirigono verso destinazioni diverse. Gli ispanici finiscono in maggioranza nelle fasce sociali più basse. Gli asiatici-americani hanno un reddito medio superiore agli stessi bianchi, spesso fin dalla prima generazione. Un terzo delle imprese tecnologiche della Silicon Valley è posseduto e diretto da imprenditori e top manager di origine asiatica: cinesi, indiani, coreani.

Il cambiamento del «panorama» etnico e demografico accelera, per effetto dell'invecchiamento del ceppo bianco di origine europea. Le generazioni dei *baby-boomers*, le più numerose della storia (nati fra il 1945 e il 1965), si avviano gradualmente verso l'età pensionabile. I loro figli sono generazioni «sottili», tant'è che l'età mediana della popolazione Usa è salita di 2,3 anni nell'ultimo decennio. A compensare questa transizione demografica ci sono gli arrivi degli stranieri.

Gli ispanici restano tuttora la prima componente dopo i bianchi cosiddetti «caucasici» (nella classificazione del censimento Usa, caucasici veniamo definiti tutti noi che storicamente proveniamo dall'Europa): 54 milioni nell'ultimo censimento. Gli asiatici hanno appena raggiunto la soglia dei 20 milioni, ma crescono del 2,9 per cento all'anno, e nei trend di lungo periodo sono destinati ad agganciare e superare altre minoranze. Gli ispanici tendono a crescere soprattutto per effetto delle nascite locali (i figli di chi è già immigrato); mentre per gli asiatici la componente più dinamica della crescita viene ancora dall'immigrazione. Viste le qualifiche professionali di cui sono spesso portatori, e il dislivello d'istruzione in loro favore (nelle classifiche Ocse-Pisa i licei di Seul, Shanghai e Singapore stravincono la gara con quelli americani), per gli asiatici è più facile ottenere l'ambito visto H1-B che le aziende hi-tech procurano agli ingegneri informatici, e poi la Green Card. Per lo stesso motivo, i cinesi, vietnamiti, indiani e filippini in media sono un po' meno giovani dei messicani, ecuadoregni, salvadoregni, guatemaltechi. L'asiatico medio ha 36 anni, contro i 28 del latinoamericano. Questo perché nella prima categoria ci sono tanti che arrivano in cerca di lavoro al termine dei loro studi.

Perfino all'interno delle singole città il nuovo mix etnico imprime dei segni paesaggistici e culturali. Little Italy a Manhattan è ormai un'enclave assediata da Chinatown che l'abbraccia e la sommerge; avanza la selva delle insegne al neon con caratteri in mandarino e cantonese. A San Francisco la Chinatown storica continua ad attirare i turisti, ma è troppo stretta per accogliere le ondate dei nuovi immigrati asiatici, che si dirigono verso il vasto quartiere del Sunset o cittadine-satellite come Fremont. Dove meno te l'aspetti accadono metamorfosi come quella del Nebraska, lo Stato che dà il titolo al film di Alexander Payne premiato a Cannes nel 2013: una metafora dell'America profonda, la provincia bianca, tradizionalista e ottusa. Non certo una terra dalle tradizioni cosmopolite paragonabili a quelle delle metropoli portuali sulle due coste. Eppure, il Nebraska sta cambiando fisionomia, a furia di ondate fresche di asiatici. Cominciarono i vietnamiti fin dal 1975 (fuga da Saigon con il ritiro dell'esercito americano, seguita dalla crisi dei boat-people; oggi ce ne sono 1,7 milioni su tutto il territorio degli Stati Uniti). Poi sono arrivati i birmani e perfino gli immigrati del Bhutan. I residenti del Nebraska di origine asiatica sono aumentati del 70 per cento. E l'ufficiale di polizia Tran ha il suo daffare come interprete e uomo di relazioni pubbliche con la comunità dei 7000 connazionali.

Esistono delle «razze superiori» (ma non siamo noi). Indiani, cinesi, iraniani. Ecco alcune minoranze etniche che stravincono, quando gareggiano nello stesso campo di gioco: l'American Dream. Dobbiamo cominciare a studiare le loro ricette, almeno per applicarle ai nostri figli se vogliamo garantirgli un futuro migliore. Gli ingredienti del successo sono identici per tutti i gruppi etnici vincenti, e si riassumono in una «Triplice Combinazione»: complesso di superiorità; senso di insicurezza; spirito di sacrificio. È la tesi esplosiva di uno studio (*The Triple Package*, appunto) firmato da due docenti della Yale University. Un libro scottante, perché sfida i tabù della società multietnica, affronta temi proibiti nel discorso corrente del «politically correct». Gli autori sono già da tempo due celebrità nei rispettivi campi, ambedue appartenenti a minoranze etniche. Lei, la sino-americana Amy Chua, è nota al pubblico italiano per il suo best seller sulla «mamma tigre», in cui spiega i metodi educativi molto autoritari dei genitori asiatici (partendo dalla propria esperienza autobiografica: è figlia di immigrati cinesi). Lui, Jed Rubenfeld, oltre a essere suo marito è un autorevole giurista. Come ebreo americano, anche lui conosce per esperienza alcuni tratti tipici delle minoranze di successo. Ma questo saggio non è in stile autobiografico. Stavolta i due autori fanno tesoro di accreditate ricerche socio-economiche su tutte le minoranze immigrate nel melting-pot americano. E trovano una risposta anche al dilemma che tormenta Barack Obama: dov'è finito il Sogno americano? Prima ancora che scoppiasse la crisi del 2008, gli Stati Uniti avevano subìto un freno nella mobilità sociale. L'America non è più la Terra Promessa di un tempo, dove da una generazione all'altra il miglioramento del tenore di vita e dello status socio-professionale era quasi certo. Sempre più spesso, chi nasce in una famiglia povera è condannato a rimanere nello stesso ceto anche da adulto.

Amy Chua e Jed Rubenfeld affrontano il tema alla rovescia: andando a cercare quei gruppi per i quali il Sogno è vivo e vegeto. Ci sono minoranze etniche i cui figli si rendono tuttora protagonisti di un'ascesa fantastica. Gli indiani guadagnano quasi il doppio dell'americano medio: 90.000 dollari all'anno contro 50.000. Seguono gli iraniani, i libanesi, i cinesi. Se si guarda all'interno della componente bianca, una minoranza non etnica bensì religiosa come i mormoni è caratterizzata da un successo economico strabiliante, il loro piccolo gruppo genera una quantità spropositata di imprenditori brillanti (i proprietari degli hotel Marriott, della compagnia aerea JetBlue... nonché l'ex candidato alla Casa Bianca Mitt Romney, che si è arricchito come finanziere del gruppo Bain). Ovviamente, ammettono gli autori, il successo materiale non è tutto nella vita. Ma spesso queste minoranze esprimono talenti anche in altri campi. Gli ebrei americani non sono sovrarappresentati soltanto nel mondo della finanza. «Pur essendo solo il 2 per cento della popolazione degli Stati Uniti» osserva Rubenfeld «gli ebrei sono un terzo dei premi Nobel americani; un terzo dei giudici della Corte Suprema; due terzi dei musicisti che hanno vinto i Tony Award.»

La spiegazione più ovvia tende ad attribuire a queste minoranze «una marcia in più» perché arrivano in America con un alto livello di istruzione. O almeno così si presumeva. I dati però smentiscono che questa sia la spiegazione decisiva. Una ricerca compiuta dalla Russell Sage Foundation nel 2013 dimostra come i figli d'immigrati cinesi, coreani e vietnamiti conoscano una straordinaria mobilità sociale verso l'alto anche quando i loro genitori sono poveri e semianalfabeti. Chua e Rubenfeld hanno fatto un'altra verifica tra gli iscritti alle due scuole pubbliche più selettive di New York, cioè Stuyvesant e Bronx Science. Per entrare in questi ambitissimi licei bisogna passare attraverso una spietata selezione meritocratica, molti sono i candidati, pochi sono gli eletti. Ebbene, nel 2013 il liceo Stuyvesant ha accettato al termine degli esami 9 studenti afroamericani, 24 ispanici, 177 bianchi e 620 asiatici. Tra i vincitori ci sono ragazze e ragazzi cinesi i cui genitori lavorano come camerieri nei ristoranti.

Chua e Rubenfeld citano dati di fatto inoppugnabili. Ma sanno benissimo di camminare su un terreno minato. «Il semplice fatto di constatare che alcuni gruppi etnici vanno meglio di altri» ammettono i due autori «è sufficiente a provocare un putiferio nell'America di oggi, e inevitabili accuse di razzismo.» Secondo loro, la razza in senso biogenetico non c'entra proprio niente. Andando a guardare all'interno degli stessi gruppi etnici si scoprono infatti delle differenze clamorose. Per esempio, i nigeriani sono solo l'1 per cento della popolazione nera degli Stati Uniti e tuttavia sono un quarto dei neri ammessi alla prestigiosa Harvard Business School. E mentre gli ispanici in generale fanno parte delle minoranze «dimenticate» dall'American Dream, questo non è affatto vero per i cubani: loro hanno due volte più probabilità di guadagnare ben oltre i 50.000 dollari annui (il reddito medio dei bianchi). L'altro fenomeno che i due autori mettono in evidenza è che le minoranze subiscono a loro volta «ascesa e declino». Quei gruppi di immigrati che avevano la più elevata mobilità socio-professionale due o tre generazioni fa non sono gli stessi che oggi vincono la competizione. Vale anche per gli asiatici: una volta arrivati alla terza generazione, cioè ai nipoti di immigrati, gli stessi cinesi non si distinguono più, ottengono risultati accademici uguali alla media nazionale. Dunque non esistono «minoranze modello» il cui successo sia spiegabile con fattori innati, biologici, qualcosa di diverso nel loro Dna.

Sgombrato il campo dalle accuse di razzismo, Chua e Rubenfeld individuano la Triplice Combinazione che dà il titolo al loro saggio, ovvero, come spiega il sottotitolo: *I tre fattori improbabili che spiegano ascesa e declino di comunità culturali in America*. Da sottolineare i due aggettivi «improbabili» e «culturali». Gli ingredienti del successo sono controintuitivi, e appartengono ai valori etico-culturali. Il primo è il complesso di superiorità, la certezza di appartenere a un gruppo «eccezionale». Questo vale per gli iraniani, per i mormoni, che si considerano profeti di Dio in terra, per gli ebrei, «popolo eletto», e per i cinesi, che si reputano portatori di una civiltà superiore. Da solo, però, il complesso di superiorità può essere nefasto, se non è accompagnato dall'ingrediente che lo compensa e lo bilancia: il senso di insicurezza, spesso legato alla miseria originaria dei propri genitori, che crea una pressione psicologica verso il successo. Terzo e fondamentale fattore è «il controllo degli impulsi», ovverosia «la capacità di sacrificare i piaceri e le gratificazioni del presente, onde ottenere risultati futuri».

Nel secondo e terzo fattore si ritrovano anche alcuni aspetti della Madre Tigre raccontata da Amy Chua nel suo libro precedente. Tutta la Triplice Combinazione, comunque, è agli antipodi della cultura dominante nell'America bianca: permissiva, comprensiva, indulgente verso i figli, sempre ansiosa di sostenere la loro autostima. «L'America nacque come un'intera nazione outsider» sostengono i due autori «e alle origini la Tripla Combinazione fu una caratteristica nazionale.» Oggi, invece, quella parte del paese che non

riesce più a inseguire la mobilità sociale e sembra bloccata deve imparare a scrutarsi dentro per individuare le ragioni di un declino. «La cultura dominante è timorosa di
rovinare la felicità dei figli opprimendoli con i divieti o le
aspettative eccessive.» La forza dell'America? È che continua ad accogliere nel suo seno minoranze che la sfidano, la
incalzano, la costringono a fare meglio. Il Sogno americá-
no è vivo e vegeto, in questo senso. Purché lo si cerchi tra
quelli che sono arrivati da poco, si considerano molto speciali, ma sanno di doverlo dimostrare senza risparmiarsi.

Il razzismo in casa propria è una delle ragioni per cui la
Cina non è attrezzata oggi a competere con gli Stati Uniti
come modello di società multietnica. Quel razzismo, io l'ho
visto da vicino. Ne ho sentito tutta la durezza, anche se non
direttamente sulla mia pelle.

«Quando ero bambina, il nonno spesso si ammalava. Un
giorno mio padre arrivò con un uomo alto e forte dai riccioli
neri. Aveva un'aria gentile. Guardò il nonno e lasciò delle
medicine. Diede istruzioni a mio padre. Giorno dopo giorno il nonno cominciò a stare meglio. Ero molto sorpresa.
Com'era possibile? Poi mio padre mi disse che quello era
un medico di campagna. Da grande vorrei diventare come
lui, essere dottoressa. È il mio sogno. Se ci riesco vorrei aiutare i malati e i poveri. Vorrei aiutare i bambini senza una
casa a salvarsi, mandarli a scuola perché studino, aprirgli gli
occhi, e aiutarli a dimenticare che hanno perso i genitori.»

Questo mi scrive Shanzha, una delle mie due figlie cinesi. Sono passati cinque anni da quando ho lasciato Pechino per New York. Cinque anni sono tanti nella vita di tutti, per gli adolescenti i cambiamenti sono enormi. L'ultima
estate della mia vita di residente a Pechino, nel luglio 2009,
quando vennero a trovarmi a casa mia, Cheghe, Shanzha e
il fratellino Seila erano ancora bambini. Ora le due ragazze sono giovani donne, lui è molto più alto di me. Quando
posso, torno a trovarli, ma non spesso. Vivono a Xichang,

nel Sichuan. Lasciarli è stata una decisione non facile, ma alla fine l'unica possibile. In breve (la storia dettagliata l'ho raccontata nei libri *All'ombra di Mao* e *Alla mia sinistra*), i miei tre ragazzi non sono cinesi Han (il ceppo etnico maggioritario), appartengono al popolo Yi o Norsu, assomigliano un po' ai tibetani. Li trovai, ma è più esatto dire che loro trovarono me, durante una spedizione sulle montagne del Sichuan, in una zona tra le più povere della Cina, devastata dall'Aids e dalle tossicodipendenze (è sulle rotte di transito della droga dal Triangolo d'Oro fra Thailandia, Myanmar, Laos). Il loro è un villaggio fantasma dove gli adulti sono stati decimati, morti o finiti in carcere. Incontrai solo vecchi nonni malati e orfani. Tre di questi sono loro. Mi adottarono e da allora le nostre vite sono legate. Tentai di condurli a Pechino, ma dovetti scontrarmi con le sprezzanti discriminazioni dei cinesi. Li portavo a mangiare da McDonald's, e gli addetti del fast food gli ridevano in faccia, si rifiutavano di servirli se non ero io a ordinare gli hamburger. Se li portavo in un negozio di vestiti per comprargli una maglietta, le commesse li cacciavano fuori come ladri. Nessuna scuola li voleva iscrivere, solo istituti riservati a ragazzi affetti da malattie mentali. Finii per accettare il consiglio dei loro compaesani: meglio lasciarli nel Sichuan che farne degli infelici nella capitale. L'adozione legale era preclusa (troppa differenza di età tra noi, e altri ostacoli insormontabili nella normativa cinese), ma questo non importa troppo se il legame è forte: di affetto e di responsabilità.

Trasferiti nel capoluogo di contea Xichang, da allora studiano in un collegio-convitto. E ora si avvicinano scelte delicate. I loro insegnanti e i dirigenti dell'istituto mi hanno interpellato sul da farsi. Una decisione va presa solo adesso perché le due ragazze hanno concluso la scuola dell'obbligo con anni di ritardo, dovuti allo spaventoso handicap formativo che si portavano appresso dall'infanzia. La lettera che mi ha scritto Shanzha è la sua perorazione. Vorrebbe intraprendere gli studi liceali, gli unici che possono dare accesso all'università. Gli insegnanti non escludono che un giorno possa riuscire a superare le barriere di ammissione a un'università «del terzo livello», cioè di serie C, in un sistema cinese terribilmente selettivo. A me colpisce che una ragazza così sfortunata, rimasta orfana di padre e madre da bambina, partita da un ambiente tra i più derelitti che io abbia visto, sia animata dal desiderio di aiutare chi sta peggio di lei. Non ha dimenticato il villaggio di montagna in cui è cresciuta, non si aggrappa al modesto benessere conquistato. Vorrebbe poter tornare sui suoi passi e dare una mano a chi è rimasto indietro. Ma non posso ignorare tutto quello che la Cina le ha negato, a cominciare dall'accesso a un'istruzione di qualità. Non esiste un Chinese Dream, un Sogno Cinese che sia davvero alla portata di tutti, a prescindere dal colore della pelle, dall'etnia, dalla religione.

Gli esami non finiscono mai. All'età di 58 anni ho passato le mie vacanze estive a studiare per prepararmi al «test del cittadino». Ho finalmente deciso di chiedere la cittadinanza americana. Avrei potuto farlo tre anni fa. La regola infatti è questa: una volta che hai ottenuto la Green Card (permesso di residenza permanente), al termine di cinque anni automaticamente puoi presentare richiesta per diventare americano al 100 per cento. Ho avuto la Green Card nel 2006, dunque dal 2011 sono un potenziale cittadino Usa. Avevo rinviato per tante ragioni, ma fra queste non c'è il mio affetto verso l'Italia. È consentito infatti avere tutt'e due le cittadinanze, non devo rinunciare alla mia «italianità», a cui sono profondamente legato. E del resto, una cosa che apprezzo dell'America è proprio questa: la sua società multietnica si è evoluta diventando qualcosa di molto diverso da ciò che era ancora negli anni Cinquanta o Sessanta. Oggi le varie componenti etniche sono orgogliose delle proprie origini, coltivano con passione le rispettive identità culturali e, se l'hanno dimenticata, vanno alla riscoperta della loro lingua

madre. Oggi si è cinesi-americani, italo-americani, russo-
americani, e quel trattino di mezzo indica un esperimento
di fusione che ciascuno conduce tra due componenti della
propria identità e della propria storia.

Mi piace l'idea di essere anch'io un prodotto di questa
fabbrica di cittadini, unica al mondo, che sono gli Stati Uniti.
Nessun'altra nazione ha abbracciato in modo così coeren-
te l'idea che cittadini si diventa, che lo si è sottoscrivendo
un patto comune, un contratto collettivo. L'esame che ho
preparato è un condensato di queste idee. Oltre a cinque
anni di Green Card, cos'altro chiede l'America per includere un nuovo cittadino? Una padronanza dell'inglese abbastanza elementare. E la conoscenza della Costituzione.
Avendo imparato l'inglese da bambino, l'estate 2014 l'ho
dedicata alla Costituzione americana. Ovviamente qualcosa sapevo già, vuoi per cultura generale, vuoi per il mio
mestiere di giornalista, che mi impone un'immersione nel
sistema politico locale. Ma è un'esperienza nuova studiare la Costituzione su una specie di «bignamino» (un
manualetto semplificato e pensato *ad hoc* per chi deve sostenere l'esame) che viene redatto da un ufficio federale,
lo US Citizenship and Immigration Services. Comincia con
questa spiegazione elementare: «Imparare a conoscere il
sistema di governo americano ti aiuta a capire i tuoi diritti e le tue responsabilità. Ti consente di partecipare piena-
mente alla vita politica. I cittadini scelgono il governo e le
sue politiche, pertanto devono informarsi sulle questioni
importanti di attualità e devono impegnarsi nella vita delle comunità locali». Lo so, per un italiano cresciuto in un
clima di scetticismo, cinismo, disillusione queste parole
possono sembrare retoriche, vuote, anche ipocrite. Per il
mestiere che faccio, conosco il ruolo che hanno anche in
America le lobby, i potentati economici, il denaro che affluisce nelle campagne elettorali, i media posseduti da ma-
gnati con un'agenda politica. E tuttavia resto in ammira-
zione di fronte alla «professione di fede» democratica che

ciascun aspirante cittadino americano deve fare. Diritti e doveri. Diritti e responsabilità.

C'è pur sempre una bella differenza tra questa imperfettissima democrazia americana e tanti paesi che le forniscono immigrati, come la Cina o la Russia, l'Egitto o il Sudan. Capisco l'orgoglio con cui gli anonimi estensori del bignamino federale mi ricordano che la Costituzione americana è la più longeva del mondo. La Francia ha avuto la sua prima rivoluzione democratica due anni dopo gli Stati Uniti, ma di Costituzioni e Repubbliche ne ha già avute cinque.

Il superamento di questo esame significa potersi candidare al Congresso, al ruolo di governatore di uno Stato, a qualsiasi carica elettiva con l'unica eccezione del presidente (che deve essere americano dalla nascita). In Italia ci sono ragazzini filippini o cinesi nati sul nostro suolo, che parlano con l'accento romanesco o veneto, e non hanno nessuna certezza di poter diventare italiani. La «fabbrica dei cittadini» è una delle forze dell'America, le dà ancora una lunghezza di vantaggio sul resto del mondo.

Quando lasciai l'Italia per trasferirmi in California, nel 2000, eravamo 56 milioni. Tredici anni dopo la popolazione residente in Italia è salita a 59 milioni, secondo i dati Istat. Ma i cittadini italiani non sono aumentati: sono rimasti fermi a 56 milioni. Tutta la crescita demografica viene dall'immigrazione, e troppo pochi di questi immigrati ottengono (faticosamente) la cittadinanza. Nel corso dello stesso periodo i miei due figli, arrivati da adolescenti in California, hanno già aggiunto la cittadinanza americana a quella italiana. Ricordo questa differenza perché per l'economia Usa i flussi di immigrazione sono una risorsa formidabile, che dà alla crescita una marcia in più.

# VII
# Honey Pie

HONEY PIE

She was a working girl
North of England way
Now she's hit the big time
In the USA
And if she could only hear me
This is what I'd say

Honey pie
You are making me crazy
I'm in love, but I'm lazy
So won't you please come home

Oh, Honey Pie
My position is tragic
Come and show me the magic
Of your Hollywood song

You became a legend of the silver screen
And now the though of meeting you
Makes me weak in the knee

Oh, honey pie
You are driving me frantic
Sail across the Atlantic
To be where you belong
Honey pie, come back to me

Will the wind that blew her boat across the sea
Kindly send her
Sailing back to me

Now honey pie
You are making me crazy
I'm in love but I'm lazy
So won't you please come home
Honey pie, come back to me
Come, come back to me, Honey pie
Honey pie, Honey pie

«*Era un'operaia/stile Inghilterra del Nord./Ora ha fatto fortuna/in America./Se solo potesse sentirmi/ecco cosa le direi/ dolce miele/mi fai uscire pazzo/sono innamorato ma pigro/perché non torni a casa?*»

Anche sulla fuga dei cervelli, in un certo senso, i Beatles hanno fatto una canzone. È la storia di una ragazza inglese che spicca il volo. E va a cercare fortuna in America.

Perché l'Italia («innamorata» dei suoi giovani esuli? pigra certamente) fa poco o niente per far ritornare quelli che hanno fortuna all'estero, in America o altrove? Ci penso spesso quando mi reco nella Silicon Valley californiana. Il luogo mi è caro, ho vissuto a San Francisco all'inizio di questo millennio, negli anni ruggenti della prima New Economy. Palo Alto era già allora un centro mondiale dell'innovazione tecnologica, a due passi dall'università di Stanford. Alla fine degli anni Novanta e all'inizio della decade successiva c'erano dei locali dove la sera incontravi i protagonisti dell'economia digitale. Un ristorante italiano spiccava fra tutti. Il Fornaio, leggendario per l'affollamento dei grandi finanziatori del venture capital, imprenditori. Potevi imbatterti anche in Steve Jobs. Oggi la topografia dei ristoranti si è arricchita, alla mia ultima visita sono stato al ristorante pizzeria Terùn (pochi americani sanno cogliere l'autoironia di quel titolo: i gestori sono meridionali). Si mangia una buona pizza, mozzarella di bufala e burrata, melanzane alla parmigiana. Di nuovo incontri lì la *young crowd*, la folla giovane in cui pullulano talenti creativi. Mi ha colpito la storia dei tre fondatori di quel ristorante. Tutti italiani. Uno solo aveva una precedente esperienza nella ristorazione. Gli altri due sono un laureato in economia e un ingegnere di software. Pur di approdare nella Silicon Valley hanno accettato di riconvertirsi alla pizza. Contrariamente a quel che uno potrebbe pensare, li ho trovati felici della loro scelta, entusiasti, divertiti dalla nuova avventura che stanno vivendo.

Non sono affatto un caso raro. Anche a New York vedo arrivare dei giovani neolaureati che pur di lavorare aprono una trattoria. Anche se magari all'università hanno studiato economia o matematica. Non ho un atteggiamento elitario, sinceramente non credo che ci siano mestieri di serie A e di serie B. Inoltre da emigrato, nostalgico della cucina italiana, sono riconoscente a chi porta in America le nostre migliori tradizioni gastronomiche. Eppure c'è probabilmente uno spreco d'investimenti nell'istruzione, se una facoltà di ingegneria italiana sforna esperti di software che vanno a fare la pizza in California. Le storie di questi ragazzi dovrebbero interpellare chi governa l'Italia, costringere la classe dirigente a farsi un esame di coscienza. Il governo e il Parlamento dovrebbero promuovere indagini serie, condotte andando ad ascoltare migliaia di quei giovani immigrati in America, per scandagliare le loro storie personali, capire le loro motivazioni, fare un inventario di tutti gli ingredienti del modello americano che li hanno spinti a partire. Per poi trarne le conclusioni, trapiantare in Italia quegli ingredienti che mancano per trattenere da noi tanti giovani talenti. Invece l'Italia, come John Lennon, fa l'innamorata pigra e si limita a ripetere il ritornello: perché non torni a casa?

Oltre ai nostri giovani, anche intere aziende emigrano. In particolare le start-up, quei «germogli» di azienda che nascono da un'invenzione, da una tecnologia nuova, da un progetto avveniristico. Sempre più spesso le neonate imprese innovative scelgono la strada dell'estero. Di preferenza spiccano il volo verso la Silicon Valley. E questo nuovo tipo di «fuga» – che con le imprese trasporta all'estero cervelli, idee, brevetti – ha avuto una brusca accelerazione durante l'ultima crisi economica. La maggioranza ha scelto di venire negli Stati Uniti. «Corporate drain» è il neologismo coniato per designare questo fenomeno che si accentua e fa da moltiplicatore rispetto ad altri «drain», flussi che risucchiano risorse umane e invenzioni.

Diverse indagini condotte sul campo, tra gli italiani della Silicon Valley, rivelano una cosa importante: non è soltanto la mancanza di finanziamenti a far fuggire i nostri giovani inventori-imprenditori. Certo la Silicon Valley è l'Eden mondiale del venture capital, eppure in un'inchiesta recente (pubblicata in occasione dell'Italian Innovation Day 2013, a San Francisco) questa facilità di accesso ai fondi figura solo al quinto posto tra le motivazioni della fuga. Al primo posto, per il 69 per cento degli intervistati, c'è un fattore ben diverso. È il «network di contatti», seguito dalla possibilità di accesso a risorse umane di alto livello (ingegneri, programmatori, manager) e dalla prossimità con centri di ricerca. A loro volta, questi centri di ricerca (per lo più universitari) sono il bacino principale a cui attingere per cultura manageriale, invenzioni, reclutamento di personale altamente qualificato.

La conclusione della ricerca sfata alcuni luoghi comuni. La leadership mondiale della Silicon Valley californiana non è legata tanto all'abbondanza del capitale di rischio; è indifferente ai criteri di costo (la California ha una pressione fiscale tra le più elevate degli Stati Uniti e i salari al top). Quello che rende unica la Silicon Valley è «l'ambiente», la vicinanza delle grandi università (Stanford, Berkeley e molte altre) che forniscono materia grigia e capacità di ricerca. A loro volta queste università hanno una marcia in più grazie alla dotazione di fondi (privati e pubblici), alla meritocrazia, all'apertura alle relazioni con il business. Se la Silicon Valley accoglie a braccia aperte tante start-up italiane, è un riconoscimento della loro qualità. Il 40 per cento dei neoimprenditori innovativi che s'insedia in California sottolinea di «non avere incontrato alcun ostacolo nella costituzione della propria società». E questo ha a che vedere con un'altra qualità «ambientale» della Silicon Valley: il paesaggio normativo, burocratico e legale.

Quando torno a New York dopo una breve vacanza italiana, vedo doppio, triplo, quadruplo. A Milano, città dove ho vissuto a lungo, mi piace passare in un locale storico come il caffè Sant'Ambroeus sul corso Matteotti. È caro, ma la qualità della pasticceria è all'altezza della sua fama, e poi è un pezzo di tradizione milanese dagli anni Trenta. A Manhattan, se voglio prendere il caffè da Sant'Ambroeus ho quattro opzioni: ce ne sono due nell'Upper East Side, uno a Soho, uno nel West Village. Anche lì caffè e cornetto non sono a buon mercato, ma replicano la bontà dei prodotti milanesi. E perfino l'atmosfera: il locale del West Village è decorato con una maxifoto eccezionale, il maestro Arturo Toscanini che dirige l'orchestra della Scala al suo rientro in Italia dopo l'esilio antifascista a New York.

La storia newyorchese di Sant'Ambroeus segnala una questione che riguarda il futuro dell'Italia, dell'economia, dell'occupazione. Perché il locale di Milano, una volta sbarcato a Manhattan, si è moltiplicato? Oltre a quei quattro locali appena citati, lo stesso gruppo ha rilevato due ristoranti sotto altro nome. E siamo a sei. Sei piccole imprese che danno lavoro, laddove a Milano ne rimane sempre una sola. Conosco tanti casi simili. Il patron della rinomata Bottega del Vino di Verona ha aperto a Manhattan dirimpetto all'Apple Store sull'angolo sudest di Central Park. Avendo avuto successo, si è alleato con i fondatori storici del Bar Quadronno di Milano, precursori di tante «paninoteche». Ora questi soci stanno dilagando in tutta New York, rilevano altri locali. Un fenomeno simile lo avevo notato anni fa con pionieri come i Cipriani dell'Harry's Bar o la Bice di Milano. Poi c'è il trionfo recente di Oscar Farinetti con l'emporio Eataly di Manhattan preso d'assalto dai clienti a tutte le ore del giorno e della notte; presto seguito da un gemello a Ground Zero, oltre che da altri Eataly a Chicago, Filadelfia, Washington, Los Angeles (in America il gruppo avrà un fatturato superiore a quello italiano).

Tanti imprenditori meno famosi, appena sbarcano qui, se sono bravi fanno il salto dimensionale che non hanno compiuto in Italia. Pensano in grande, diventano piccole multinazionali. Gli scettici obietteranno: ma in questo modo non si rischia di trasformare ogni boutique in una «catena»? La mia esperienza mi dice, finora, che è possibile diventare grandi senza scadere, senza scendere a compromessi sulla qualità. Il know how è replicabile.

La differenza tra Italia e Stati Uniti è legata a tre fattori. Il primo, sul quale non possiamo fare niente, è la dimensione del mercato: con nove milioni di abitanti, New York concentra in una sola città quasi l'intera popolazione della Lombardia, e con un potere d'acquisto superiore. Il secondo fattore ha a che fare con lo spirito capitalista. Qui, se arriva un italiano bravo, dopo un po' viene notato da chi ha fiuto, spirito d'intrapresa e voglia di rischiare capitali propri. Costui o costei si avvicina al nostro genio da esportazione e gli fa questo discorso: visto che sei bravo, perché accontentarti di rimanere piccolo, perché aprire un solo locale quando puoi averne tre, o dieci? È l'atteggiamento americano che spiega tante storie di successo: nella mentalità locale, non c'è limite a quel che può realizzare l'ingegno imprenditoriale, tutti devono almeno tentare di diventare dei Bill Gates.

Infine c'è un elemento impalpabile, psicologico, legato all'atmosfera che si respira qui. Se hai un'idea nuova e la descrivi a un americano, la sua prima reazione è metterti alla prova, poi aiutarti a migliorarla, scommettere sulla riuscita. In Italia, purtroppo, spesso prevale il riflesso opposto: se uno «rischia» di avere del talento, proviamo a demolirlo sotto una valanga di dubbi, obiezioni, scetticismi, diffidenze e sospetti. Fruttero e Lucentini teorizzarono la «prevalenza del cretino». Il cretino non tramonta mai, sia chiaro. Ma oggi ci sono anche i sintomi di una prevalenza dell'invidioso. Bisogna reagire, vaccinarsi, ribellarsi. È una malattia che porta alla paralisi.

C'è qualche vantaggio a essere ottimisti? Nelle società europee in particolare, l'ottimismo gode di una mediocre reputazione. È considerato un indicatore di ingenuità, superficialità, leggerezza. O peggio, malafede: nasconde dei secondi fini, serve a «vendere sogni» a una clientela sprovveduta, magari di elettori.

Eppure, l'ottimismo ha una funzione motrice nella storia. Cristoforo Colombo non sarebbe partito sfidando gli oceani né il Mahatma (grande anima) Gandhi avrebbe sfidato l'impero britannico a piedi nudi e a furia di digiuni, se avessero pensato che il fallimento era probabile o quasi certo. Antonio Gramsci, che pure passò gran parte della vita nelle carceri fasciste, diceva di se stesso: «Sono pessimista con l'intelligenza, ma ottimista per la volontà». Ci si può allenare all'ottimismo? E soprattutto, ne vale la pena?

L'ottimismo ha una funzione sociale. Non nutre soltanto gli exploit individuali di filantropi, rivoluzionari, scienziati, artisti, inventori e imprenditori. Può diventare un generatore di benessere. Dal punto di vista economico, quest'affermazione è indiscutibile. Non a caso, un indicatore importante sullo stato dell'economia è «la fiducia dei consumatori». Appena i consumatori hanno aspettative più rosee sul futuro, le conseguenze si diffondono dai loro comportamenti di spesa alla crescita generale, poi alle assunzioni. Anche i fautori della «decrescita», quelli che vogliono un modello di sviluppo meno distruttivo per le risorse del pianeta (e meno stressante per la psiche), non disprezzano un certo tipo di ottimismo: quando c'è fiducia, crescono anche i consumi immateriali come la cultura.

L'America è da sempre più ottimista dell'Europa, e questa è una delle attrazioni che sentono i giovani italiani in cerca di una terra di opportunità. Esiste poi una «nuova frontiera dell'ottimismo» che coincide con le nazioni emergenti: tra i popoli che hanno una visione più positiva del proprio futuro – a torto o a ragione – ci sono cinesi, indiani, brasiliani. Gioca in loro favore il rapido miglioramento delle condizioni di vita registrato di recente, e la naturale tendenza a proiettarlo sul futuro: gli italiani erano ottimisti allo stesso modo negli anni Cinquanta e Sessanta. Nel pessimismo attuale di molte società europee pesa paradossalmente una concezione fin troppo economicista. Si ha una visione negativa soprattutto perché ci si sente impoveriti, e perché si prevede per i propri figli un tenore di vita in via di peggioramento. È la famosa inversione generazionale delle aspettative, che spezza quel ciclo positivo per cui i figli erano quasi certi di stare meglio dei genitori (un ciclo non lunghissimo per la verità: fino all'Ottocento, perfino in Occidente molte nazioni conobbero una stagnazione del benessere per la maggioranza della popolazione).

Ma se allargassimo la nostra visione dell'economia? Una prima scoperta positiva è questa: i beni che contano davvero costano sempre meno. Il progresso tecnologico ha reso accessibili a tutti dei medicinali salvavita, l'istruzione di massa, l'informazione in tempo reale. Mi piace ricordare il celebre paradosso della regina Vittoria, aiuta a capire che qualità della vita e ricchezza economica possono prendere due strade diverse: l'imperatrice che dominava su quattro continenti aveva un patrimonio personale considerevole, ma perse una figlia e una nipote per una malattia (la difterite) che oggi viene curata con un vaccino da pochi euro, alla portata anche dei paesi poveri. Il Vietnam ha raggiunto solo oggi il reddito pro capite dell'Inghilterra di Charles Dickens, ma il 95 per cento della sua popolazione sa leggere e scrivere contro il 69 per cento degli inglesi dell'Ottocento, e la longevità dei suoi abitanti raggiunge i 69 anni contro i 41 degli inglesi di allora.

Il pessimismo italiano ha dalla sua parte ragioni solide. La disoccupazione giovanile è ai massimi storici. Anche chi ha studiato molto, vede di fronte a sé un paese avaro di opportunità, dove tante strade sono bloccate. Nel mondo della ricerca universitaria, la frustrazione è arrivata a livelli tali da ispirare il cinema. *Smetto quando voglio*, la storia dei ricercatori che sono costretti a fabbricare e spacciare droga, è una satira agrodolce, stile neocommedia all'italiana, su un problema molto serio.

L'architetto Renzo Piano qui a New York è un testimone italiano che ha una prospettiva diversa. Una delle sue opere più recenti è indicativa della vitalità dell'America, in grado di attirare tanti giovani scienziati dal resto del mondo. È il nuovo campus della Columbia University, il più grande ateneo di New York. Il campus sorge nell'area di Manhattanville, che nonostante il nome altisonante è un quartiere prevalentemente povero e degradato. È stato un pezzo di storia industriale della città, con la fabbrica delle automobili Studebaker, ma la deindustrializzazione ne ha fatto un quartiere marginale e povero, un'appendice di Harlem. Il campus più antico della Columbia confina con Harlem. I professori non più giovanissimi e gli ex studenti di una generazione fa ricordano che la Columbia visse a lungo in una sorta di stato di assedio. Io ho vissuto l'epoca non tanto remota in cui Harlem era un quartiere violento e pericoloso, per «noi bianchi» era consigliabile attraversarlo in un'auto con finestrini chiusi, portiere bloccate con la sicura, qualche volta perfino evitando di fermarsi ai semafori rossi che potevano essere l'occasione di un agguato a mano armata.

Oggi di quella Harlem rimane poco, il quartiere è stato bonificato in molti sensi, in una New York che ha fatto progressi spettacolari in termini di ordine pubblico. Restano però delle sacche di disagio sociale sia a East Harlem sia a Manhattanville. Di qui il grande interesse della sfida di Piano. Da un lato l'architetto lavora a stretto contatto con i luminari delle neuroscienze perché il nuovo campus nasca da un'idea molto avanzata, un'organizzazione dello spazio che favorisca la ricerca, la creatività, la cooperazione tra discipline diverse. Il polo di medicina neurologica per sconfiggere l'Alzheimer e il Parkinson darà lavoro a centinaia di giovani ricercatori, anche italiani, assunti *ad hoc* per questo formidabile ampliamento. A fianco delle neuroscienze ci saranno anche centri studi per l'arte e per la geopolitica. L'altra dimensione che esplora Piano è quella del dialogo con il quartiere, l'apertura dell'ateneo alle esigenze della popolazione locale, perché la Columbia non sia vissuta come un «invasore alieno» che divora interi pezzi della città. Piano ha un osservatorio ideale per raccogliere qualche lezione utile dal sistema americano delle grandi università. Sta collaborando con due dei maggiori poli scientifici e didattici del pianeta, la Columbia e Harvard. Sono istituzioni che hanno una capacità di ricerca ineguagliata ed esercitano una potente attrazione verso il resto del mondo. Una parte della fuga dei cervelli, dall'Italia agli Stati Uniti, si dirige verso questi centri. Li aiuta il fatto di disporre di risorse stratosferiche, pressoché illimitate, rispetto alle università italiane.

Piano ha un'esperienza concreta di questo sistema: nel suo lavoro per la Columbia e Harvard ha contatti personali con i grandi mecenati che finanziano questi progetti. Il tema del mecenatismo privato è ancora in larga parte inesplorato in Italia. E tuttavia una riflessione seria non è più rinviabile. Siamo in un'epoca di «povertà dello Stato» e al tempo stesso di diseguaglianze estreme, la patologia mortale dei nostri sistemi capitalistici. Il mecenatismo è una risposta molto parziale, provvisoria e insufficiente, ma non priva di utilità. Se gli straricchi non pagano abbastanza tasse, almeno che donino una parte dei loro patrimoni per opere di utilità pubblica. Da noi, il più delle volte, non fanno neanche questo.

VIII

# Taxman

TAXMAN

Let me tell you how it will be
There's one for you, nineteen for me
'Cause I'm the taxman
Yeah, I'm the taxman

Should five percent appear too small
Be thankful I don't take it all
'Cause I'm the taxman
Yeah, I'm the taxman

If you drive a car, I'll tax the street
If you try to sit, I'll tax your seat
If you get too cold, I'll tax the heat
If you take a walk, I'll tax your feet

Taxman!

'Cause I'm the taxman
Yeah, I'm the taxman

Don't ask me what I want it for
(Ah, ah, Mr. Wilson)
If you don't want to pay some more
(Ah, ah, Mr. Heath)
'Cause I'm the taxman
Yeah, I'm the taxman

Now my advice for those who die
Declare the pennies on your eyes
'Cause I'm the taxman
Yeah, I'm the taxman
And you're working for no one but me

«*Uno per te, diciannove per me, / io sono l'agente del fisco.*»

La canzone antitasse la compone George Harrison, è uno dei suoi primi successi. Siamo ancora lontani dalla sua fase mistica e indiana, o dai capolavori della sua maturità come *Something*.

Entrato nella band come un ragazzino ancora alle prese con la pubertà, col denaro lui aveva avuto un rapporto tra l'ingenuo e il distaccato. La prima volta che il quartetto firmò un contratto con una casa discografica importante (Emi), e un giornalista chiese a George cos'avrebbe fatto di quei soldi, la risposta fu: «Comprerò un autobus a mio padre, lui fa l'autista dei mezzi pubblici». Ma a metà degli anni Sessanta i guadagni cominciano a diventare davvero sostanziosi. E George si scopre un po' più attento alla contabilità.

*Taxman* è l'unica canzone in cui i Beatles si occupano in modo esplicito di economia. I conti che fa Harrison sono precisi, per quanto riguarda la parte da leone che il fisco cattura per sé. Siamo nel maggio 1966 quando incide *Taxman*. A marzo è appena stato rieletto con una maggioranza travolgente Harold Wilson, premier laburista inglese. Da Margaret Thatcher a David Cameron, noi ormai ci siamo abituati a considerare la Gran Bretagna come una roccaforte del neoliberismo. L'epopea della beatlemania, invece, coincide con una lunga stagione di «socialismo in salsa inglese». Wilson

vince quattro elezioni consecutive, governa dal 1964 al 1976
(con una sola interruzione). È un'epoca in cui larga parte
dell'industria inglese è nazionalizzata, i sindacati sono for-
tissimi, il Labour vara inoltre le grandi riforme «valoriali»:
liberalizza divorzio, aborto, omosessualità; abolisce la pena
di morte e la censura. Sono cambiamenti storici, anche se
il Labour passa per essere una sinistra moderata rispetto
ai partiti socialcomunisti del Continente. Lo stesso Wilson
ironizza sul fatto di essere spesso in minoranza tra i suoi
ministri, ancora più moderati di lui: «Mi sento un bolsce-
vico alla guida di un esecutivo zarista». Oggi, però, il suo
fisco verrebbe considerato come un esproprio comunista.
Per i ricchi, sullo scaglione di reddito più elevato l'aliquota
dell'imposta (equivalente all'Irpef) arriva al 95 per cento,
cioè esattamente quel rapporto di 19 a uno che George canta, furibondo, in *Taxman*.

Per una volta che si occupano di economia, i Beatles gettano la maschera? Sembrano addirittura i precursori e i profeti delle grandi rivolte fiscali che hanno segnato la storia
del neocapitalismo: dalla Thatcher in Inghilterra (la Lady
di Ferro conservatrice diventerà premier nel 1979) a Ronald
Reagan negli Stati Uniti (1981), fino al Tea Party americano
di oggi e ai diversi emuli nei populismi europei.

Qualcuno all'epoca di *Taxman* maliziosamente osserva
che la stangata fiscale sulle royalty dei Beatles «è il conto
che gli viene presentato per la loro onorificenza». La regina
d'Inghilterra li ha fatti baronetti, proprio su proposta di Harold Wilson, come riconoscimento allo straordinario impul-
so che danno all'immagine del paese e al fascino del «made
in England». I quattro ventenni si trovano in una posizione
scomoda. Pagare tutte quelle tasse dà un gran fastidio, ovviamente. Ma non possono aspettarsi una solidarietà fiscale
dai loro fan, che a larga maggioranza appartengono al ceto
medio o alla classe operaia. Loro stessi, i Fab Four, vengono da una Liverpool povera e di sinistra. Si sono arricchiti
a una velocità fulminea, hanno le Rolls-Royce, ma non di-

menticano le proprie origini e conservano un senso d'ironia pungente verso il mondo dei ricchi. È passata alla storia la deliziosa battuta di John Lennon in un concerto dal vivo al Prince of Wales Theater di Londra, a cui assistevano dal palco reale la regina madre e la principessa Margaret. Dopo una travolgente interpretazione di *Twist and Shout*, John si rivolge al pubblico in sala: «Per quest'ultimo brano vorrei chiedere il vostro aiuto. I poveri seduti nei posti più economici, per favore battete le mani? In quanto agli altri: basta che facciate tintinnare tutti i vostri gioielli...».

Così, anche nella canzone *Taxman* c'è un colpo al cerchio e uno alla botte, nelle parole c'è un attacco al laburista Wilson e poi uno al partito conservatore, allora guidato da Edward Heath. D'altronde va ricordato che l'aliquota marginale era stata a quei livelli (95 per cento sulla fascia dei redditi più elevati) anche nell'America di Dwight Eisenhower, presidente repubblicano, eppure l'alta tassazione coincise con anni di vigorosa crescita e pieno impiego. Il tono beffardo e irriverente della canzone ottiene un risultato importante: i Beatles riescono a dipingere la loro «protesta da ricchi» come un grido antiestablishment. E qui davvero sono visionari: perché sarà proprio questa la chiave di successo di tanti movimenti antitasse, che in seguito vinceranno consensi riuscendo ad aizzare la rabbia popolare contro il ceto politico, per poi fare gli interessi prevalentemente dei ricchi e delle grandi imprese.

Oggi in nessun paese al mondo – neppure in Svezia o nella Cina che si dice comunista – esistono delle aliquote al 95 per cento. Reagan e la Thatcher non sono passati invano. Eppure la Grande Paura dei ricchi verso il fisco rapace è più viva che mai. Oggi i privilegiati fanno quello che i Beatles non si sono sognati mai di fare: scappano. Rispetto ai tempi di *Taxman*, mezzo secolo dopo è aumentata la mobilità dei ricchi, la loro capacità di scegliersi una patria fiscale amica. E allora, si salvi chi può! A Monte Carlo o a Singapore? O magari a Mosca? In Francia l'attore Gérard Depardieu segue l'esempio di Bernard Arnault, rinunciando alla cittadinanza per sottrarsi all'aliquota del 75 per cento sui redditi oltre il milione introdotta dal presidente François Hollande. A strappare il passaporto, ma quello americano, ci ha pensato ancora prima di loro Eduardo Saverin, il cofondatore di Facebook. Pur di mettere al riparo il suo patrimonio di due miliardi di dollari l'ex socio di Mark Zuckerberg ha preso la cittadinanza di Singapore. A rischio di non poter mai più mettere piede negli Stati Uniti. La scelta di Saverin risale al 2012, quando ancora il ricchissimo candidato repubblicano Mitt Romney sembrava in grado di conquistare la Casa Bianca... e comunque, tanto per non sbagliare, Romney aveva parcheggiato le sue ricchezze su conti bancari offshore alle isole Cayman.

Non è la prima volta nella storia che i ricchi vivono una Grande Paura. Senza risalire alla Rivoluzione francese del 1789 o a quella bolscevica del 1917, ci sono esempi più recenti di fughe illustri. Il barone Guy de Rothschild nel 1981 si autoesilia dalla Francia dopo che François Mitterrand gli ha nazionalizzato la banca di famiglia. Il tennista Björn Borg si ribella alla tassa patrimoniale svedese e sceglie Monte Carlo, imitato poi da tanti sportivi di grido.

Stavolta, però, la Grande Paura ha una dimensione nuova. La interpreta alla perfezione proprio Depardieu nel suo grido di rabbia: «Successo, creatività e talento vengono penalizzati». I ricchi si svegliano da un lungo sogno meraviglioso, iniziato all'epoca di Reagan e Thatcher. Una loro Età dell'Oro in cui sono stati idolatrati. Più di un trentennio segnato dalla dilatazione delle diseguaglianze sociali, e al tempo stesso da una cultura di darwinismo sociale: il denaro come segnale della qualità delle persone, premio a chi genera ricchezza collettiva, giusto riconoscimento ai motori della crescita. La grande crisi scoppiata nel 2008 ha avuto un effetto analogo alla depressione degli anni Trenta: ha travolto un sistema di valori, un paradigma.

Di colpo i ricchi non si sentono più amati. Lo s'intuisce da un'altra notizia, che viene da Londra. Il 22 per cento dei milionari ha preso in considerazione di lasciare la Gran Bretagna: «Non a causa delle tasse, ma delle condizioni meteorologiche, della criminalità e dei comportamenti antisociali». Questo lo rivela un sondaggio Lloyds Tsb. Il meteo, la delinquenza? È credibile che i ricchi inglesi abbiano scoperto solo oggi il clima piovoso del loro paese? Che si sentano insicuri sotto il governo conservatore di Cameron? Non risulta che Londra viva nel terrore dei sequestri di persona a scopo di riscatto. Più probabile è che anch'essi sentano un cambio di atmosfera, una rottura culturale, la fine di un'era.

Non tutti i ricchi sono in preda al panico, per carità. Negli Stati Uniti ci sono voci di buon senso che anche ai vertici della piramide sociale auspicano da tempo politiche più egualitarie. Warren Buffett e Bill Gates, che di anno in anno si contendono il primo e secondo posto nella classifica della ricchezza, fanno parte di questa categoria.

Buffett diede una mano a Obama in campagna elettorale denunciando il fatto che «con il sistema fiscale ereditato dagli sgravi di George W. Bush, la mia segretaria viene tassata a un'aliquota superiore a quella che colpisce me» (per la differenza tra l'Irpef e la tassazione ben più agevolata sui *capital gain*). Obama ha battezzato «tassa Buffett» la sua proposta, ispirata dal miliardario progressista, di alzare almeno al 30 per cento il prelievo fiscale minimo sulle famiglie che guadagnano più di un milione all'anno.

Bill Gates ha in larga parte diseredato i figli, decidendo in anticipo che la maggiore fetta della sua fortuna andrà alla fondazione filantropica che porta il suo nome. E ha giustificato la sua scelta con una visione del capitalismo: «Se crediamo alla meritocrazia, l'istituto dell'eredità è una contraddizione rispetto alla necessità di essere competitivi. Quando l'America vuole vincere medaglie alle Olimpiadi, non seleziona nella sua squadra i figli degli olimpionici di una generazione fa».

Buffett e Gates concordano su una previsione: aumentando le tasse sui ricchi non ci sarebbero conseguenze negative sulla crescita, e neppure sul mecenatismo che ha così tanta importanza in America. Buffett, soprannominato «il saggio di Omaha» per il suo acume negli affari, non ha dubbi: «In vita mia, non ho mai preso una decisione d'investimento basandomi su considerazioni fiscali». Ahi. Purtroppo questo non è vero. Nell'agosto 2014 il miliardario progressista si contraddice vistosamente, e dà un vero dispiacere a Obama. Buffett finanzia un'operazione della catena di fast food Burger King, che serve a spostare la sua sede in Canada per pagare meno tasse. Ecco un'altra dimensione della ricchezza, che i governi stentano a colpire. Lo dice Larry Summers, ex segretario al Tesoro di Bill Clinton e consigliere di Obama: «Resta un grosso problema nella tassazione societaria: troppe imprese eludono le imposte grazie alle sedi offshore».

Burger King è solo un caso tra i più recenti. Più celebri ancora sono i misfatti di Apple e Google, che da anni fanno «affluire» gran parte degli utili in sedi sostanzialmente fittizie in Irlanda, Olanda, Bermuda (tutte zone a tassazione ridotta). In America il capitalismo non ha l'abitudine di evadere, ma «elude» le imposte legalmente e senza pudori. Sui 150 miliardi di cash di cui dispone Apple, i due terzi fanno capo a filiali estere e farli rientrare «avrebbe conseguenze fiscali indesiderate», secondo l'espressione in codice usata nelle presentazioni per gli investitori. Apple non viola nessuna legge. La sua è un'elusione fiscale, in senso tecnico, ma non viene commesso nessun illecito, nessun reato. Le leggi sono state fatte su misura per le multinazionali che giostrano l'allocazione dei loro profitti nei bilanci delle filiali estere in modo da minimizzare il carico fiscale. Apple e tutti gli altri giganti transnazionali fanno «shopping fiscale», cioè vanno in giro per il mondo a cercarsi le sedi più convenienti per minimizzare le imposte.

Piacerebbe anche a me, e a tutti i lavoratori dipendenti, nonché a tante piccole e medie imprese poter fare lo stesso. Quando si discute di vincoli del bilancio pubblico, scarsità di risorse con cui rilanciare la crescita, la soluzione dei nostri problemi è sotto gli occhi di tutti. Cominciamo a tagliare i privilegi delle multinazionali...

L'idea di far pagare le tasse ai ricchi non è sempre stata ovvia. Fino alla Rivoluzione francese, uno dei piaceri di essere nobile era che le tasse non le pagavi: anzi, le prelevavi dagli altri. L'aristocrazia, fra i tanti privilegi, aveva un'esenzione totale dai balzelli, e a sua volta spremeva contadini e borghesi per finanziare il proprio tenore di vita. Ma c'erano stati in precedenza dei sistemi più «moderni» di questo: nell'antica Roma, quando iniziava una guerra i cittadini dovevano contribuire in un modo o nell'altro, o combattendo personalmente o finanziando l'esercito. L'antica Roma è importante perché lì nasce il *fiscus*, che una delle etimologie indica come il paniere dove si raccoglievano i contributi. È l'inizio di quello che oggi si può definire il «patto di cittadinanza» sui cui deve reggersi una società funzionante: il rispetto del dovere fiscale è uno dei metri di misura di una comunità coesa, solidale, efficiente. La geografia dei paesi più instabili, tormentati da guerre civili, sottosviluppo, alta corruzione, coincide con i luoghi dove il fisco è allo sfascio, evasione e frodi dilagano, e gli Stati non riescono a finanziare le proprie funzioni essenziali.

La questione fiscale – a chi far pagare le tasse, quante, come – è al centro della scienza economica fin dalle sue origini. Alla fine del Settecento la dottrina fisiocratica di Condorcet elabora un'idea delle tasse che è valida tuttora: se le imposte servono a finanziare dei servizi pubblici veramente utili, finché i cittadini sono soddisfatti delle prestazioni che ricevono in cambio, allora il livello del prelievo è legittimo.

Via via che l'economia si sviluppava, e il dibattito sulle tasse pure, alla funzione utilitaristica se ne sono affiancate altre. Le tasse come strumento per attenuare le diseguaglianze: la redistribuzione. Le tasse come strumento per frenare o accelerare la crescita (alzare le tasse nei boom, ridurle nelle recessioni): la regolazione macroeconomica di Keynes. Le tasse come incentivi/disincentivi, per punire comportamenti distruttivi e premiare la virtù: ecco la tassa sulle sigarette o sull'alcol, gli sgravi fiscali sull'auto meno inquinante o sui pannelli solari. Quest'ultima è un'idea che ha un fondamento economico, non solo etico o politico. Chi fuma ha più probabilità di ammalarsi e le sue cure andranno a pesare sulla spesa sanitaria della collettività; quindi è giusto tassarlo. Chi inquina crea danni economici che pagano tutti: l'acqua contaminata, l'aria tossica, il cambiamento climatico. Si dice che queste sono «diseconomie esterne», cioè danni che non vengono contabilizzati nel bilancio della singola impresa che inquina, o del singolo consumatore che ha il comportamento dannoso. La tassa serve a far pagare quel danno a chi lo commette. Almeno in teoria; nella pratica sappiamo che le «tasse sul vizio» sono una generosa fonte di entrate per gli Stati, tant'è che fino a epoche recenti abbiamo avuto un controsenso come i monopoli di Stato per le sigarette...

Uno dei dibattiti da sempre più accesi e virulenti riguarda il livello di tassazione ottimale, cioè quello che consente una vita economica ordinata senza soffocare l'attività e la crescita. *Taxman* si collega proprio a quel dibattito. Anche se, paradossalmente, la conclusione non è quella implicita nella canzone. Un'aliquota del 95 per cento sullo scaglione di reddito più alto dei ricchi, secondo i liberisti, è un poderoso disincentivo a lavorare. Chi me lo fa fare di continuare a produrre, se da un certo livello di guadagno in poi lo Stato si prende quasi tutto e a me lascia un misero 5 per cento?

Di fatto, però, i Beatles continuavano a comporre brani meravigliosi, nonostante quella tassazione delle royalty. Le loro canzoni di maggior successo sarebbero arrivate dopo *Taxman*, e avrebbero arricchito ancora di più il fisco inglese. Così come, ai tempi di Eisenhower o di Kennedy, i ricchi vivevano bene e lavoravano sodo negli Stati Uniti malgrado i livelli di prelievo simili all'Inghilterra laburista. In Svezia, in quegli anni la famiglia Wallenberg, padrona di Ericsson, Abb, Electrolux, continuava a vivere nel lusso malgrado la supertassazione redistributiva della socialdemocrazia scandinava. Non c'è prova che le alte tasse disincentivino il lavoro. La California e New York sono gli Stati Usa che hanno le tasse locali più alte; invece il Delaware è un paradiso fiscale. I grandi innovatori del nostro tempo, però, preferiscono starsene nella Silicon Valley o alla Columbia University, e pagare più tasse, anziché andare a morire di noia nel Delaware... Nei confronti tra nazioni, la Germania resta fra le zone più tassate del mondo; questo non impedisce che gli imprenditori tedeschi continuino a conquistare i mercati mondiali grazie all'efficienza della loro produzione.

Tra le ragioni della fuga dei cervelli (o delle imprese) dall'Italia spesso viene indicato anche il fisco troppo esoso. È vero che in fatto di aliquote siamo tra i campioni mondiali. Ci collochiamo grosso modo ai livelli dell'Europa nordico-germanica, cioè un'area ad alta pressione fiscale. Ma lassù nel profondo Nord quelle tasse le pagano davvero tutti. Da noi no. Si stima (sono calcoli del Fondo monetario internazionale) che il «nero» nell'economia italiana abbia un peso almeno del 15 per cento del Pil, il livello massimo tra i paesi industrializzati. La piaga dell'evasione fa dell'Italia uno dei paesi più arretrati dell'Occidente. È una perversione sociale, che danneggia in modo crudele chi le tasse le deve pagare fino all'ultimo centesimo. Per ogni evasore c'è un italiano che deve pagare una «sovraimposta da evasione»: nel senso che è costretto a finanziare quei servizi pubblici che «l'altro» sta usando a sbafo. L'evasione è il sintomo di un'illegalità più vasta e distruttiva. Il paese dove avvocati o idraulici, ristoratori o medici non rilasciano ricevuta fiscale, è lo stesso dove camorra, mafia e 'ndrangheta controllano ampie aree dell'economia.

Forse vi stupirà scoprire che in America lo scontrino fiscale non esiste. Quando faccio la spesa al supermercato a

New York naturalmente la cassiera mi rilascia uno scontrino, ma serve solo a dimostrare che non sto rubando la merce e ho pagato il dovuto; non ha alcun valore fiscale. Nell'era di Internet, in cui gran parte delle nostre transazioni vengono registrate in formato digitale, e inoltre la maggioranza dei clienti americani paga con carte di credito, è anacronistico collezionare pezzetti di carta ai fini delle verifiche fiscali. Comunque negli Stati Uniti non sono mai esistite le ricevute fiscali, neppure prima di Internet, e tuttavia questo è uno dei paesi con l'evasione più bassa del mondo. Mentre invece i blitz tanto «mediatici» della Guardia di Finanza a Portofino o a Cortina d'Ampezzo non cambiano in modo radicale la situazione italiana.

Perché il sistema americano funziona meglio, anche senza l'accumulo di «carte» come gli scontrini fiscali? Non bisogna credere che gli accertamenti dell'Internal Revenue Service (abbreviato Irs, è l'agenzia federale delle entrate, negli Stati Uniti) siano percentualmente altissimi. In realtà, se uno guarda le statistiche, anche negli Stati Uniti la probabilità di essere oggetto di un accertamento è modesta. Il che non toglie che sia dissuasiva. Proprio perché l'Irs ha risorse limitate, gli ispettori del fisco americano cercano di usare con la massima intelligenza ed efficacia i mezzi di cui dispongono. Non è essenziale fare controlli a tappeto, è importante colpire il bersaglio giusto, e fare centro. Ecco allora che il fisco Usa è particolarmente attento agli indizi sospetti, per esempio quando un ristoratore o un albergatore denuncia un reddito annuo che non sembra congruo: è inferiore a quello dei suoi concorrenti, e mal si addice alla zona in cui si trova, il flusso di clienti, eccetera. In America, dunque, non c'è il dovere di emettere pezzetti di carta con su stampato un codice fiscale, però il buonsenso consiglia di dichiarare un reddito che sia quantomeno realistico. Se accadesse, come in Italia, che un padrone dichiara di guadagnare meno dei suoi dipendenti, gli agenti dell'Irs sarebbero già a casa sua.

Ma anche i controlli hanno un effetto deterrente limitato, rispetto ad altri fattori che contano di più. Diversi studi americani hanno dimostrato che «l'imitazione virtuosa» ispirata dalle notizie sul rispetto delle regole ha una potenza superiore alla paura dei controlli e delle sanzioni. Se esce sui giornali la notizia che il 97 per cento dei contribuenti fa scrupolosamente il proprio dovere, questa notizia esercita di per sé un formidabile effetto: la dittatura del conformismo. Se io so che la maggioranza dei miei vicini rispetta le regole, perché devo mettermi proprio io nella situazione anomala, inusuale, dunque potenzialmente pericolosa, di essere «il diverso»? Il conformismo della legalità è una forza così efficace che l'Irs ha imparato a usarla. Più che dare notizia dei blitz dei suoi ispettori, l'agenzia delle entrate americana spesso privilegia le notizie buone: quelle sull'alta percentuale dei contribuenti fedeli.

Il circolo virtuoso è un meccanismo che va sfruttato: non costa quasi niente fare pubblicità ai contribuenti onesti. Funzionerebbe in Italia? O siamo invece un paese dove alligna una cultura della «eccezionalità», in cui i «furbi» sono orgogliosi di essere diversi dalla massa? Forse occorre invocare un altro meccanismo che funziona qui in America. La *culture of shame*: la cultura della vergogna. È quella che dà forza alla maggioranza degli onesti: si sentono in diritto-dovere di sommergere i cosiddetti «furbi» sotto una montagna di disprezzo.

Il problema di fondo riguarda il nostro «capitale sociale»: è il livello di fiducia che abbiamo nei nostri concittadini, nelle nostre istituzioni, è quello che ci porta ad accettare la condivisione dei costi del Welfare. Fiducia uguale lealtà, lo sappiamo quando ci troviamo con i nostri amici e parenti più stretti: fatta una spesa in comune, non ci verrebbe in mente di imbrogliare sul conto per alleggerire la nostra parte. Ecco, il tedesco o il danese o lo svedese quando paga le tasse si comporta proprio così. Ha in mente il suo vicino di casa, il suo collega di lavoro, il suo migliore amico: persone per bene, alle quali non vorrebbe mai fare un torto. Sa che loro pagano, e non si sognerebbe di danneggiarli fregando il fisco. Oltretutto, lo stesso tedesco o danese o svedese è anche piuttosto soddisfatto della scuola pubblica, dei trasporti pubblici, della sanità, della polizia, e quindi trova normale che questi servizi gli costino qualcosa.

Nei paesi dove il «capitale sociale» è più basso, dove troppi fanno i furbi e vogliono profittare dei vantaggi dello Stato sociale scaricandone i costi su altri, l'evasione dilaga e si traduce anche in un debito pubblico spaventoso, patologico. L'evasione fiscale è la spia di un male più profondo: è malata la coscienza civile, il senso del dovere, il patto che lega tutti al rispetto delle stesse regole. In Italia interi strati sociali hanno da tempo dichiarato una silenziosa secessione, attraverso l'evasione di massa, il parassitismo, le frodi, la corruzione. Non solo i politici corrotti, o le organizzazioni criminali, ma corpose e rispettabili categorie sociali si sono abituate per decenni a vivere in un mondo parallelo, dove i servizi pubblici esistono e fanno comodo, mentre le tasse sono un optional.

I paesi dove il capitale sociale è così esiguo, sono anche quelli dove esiste un alibi culturale di massa: vi sono le burocrazie pubbliche più scassate, inaffidabili, improduttive. Questi sono anche i paesi dove gli impiegati pubblici hanno mediamente un basso livello di produttività, la loro etica del lavoro lascia assai a desiderare, i loro sindacati usano in modo selvaggio gli scioperi contro gli utenti dei servizi collettivi; e i ministri non vanno in ufficio usando la metropolitana bensì scortati da bodyguard armate.

È difficile stabilire se sia nato prima l'uovo o la gallina: viene prima l'inefficienza dello Stato oppure la sfiducia di quel cittadino che si sente legittimato moralmente a evadere le imposte? La lotta contro l'evasione e la lotta contro i parassiti della burocrazia pubblica sono le due facce della stessa medaglia.

IX

# When I'm Sixty-Four

# WHEN I'M SIXTY-FOUR

When I get older, losing my hair
Many years from now
Will you still be sending me a valentine
Birthday greetings, bottle of wine
If I'd been out till quarter to three
Would you lock the door
Will you still need me
Will you still feed me
When I'm sixty-four

You'll be older too
And if you say the word
I could stay with you

I could be handy mending a fuse
When your light have gone
You can knit a sweater by the fireside
Sunday mornings, go for a ride
Doing the garden, digging the weeds
Who could ask for more
Will you still need me
Will you still feed me
When I'm sixty-four

Every summer we can rent a cottage
On the Isle of Wight, if it's not too dear
We shall scrimp and save
Grandchildren on your knee
Vera, Chuck, and Dave

Send me a postcard, drop me a line
Stating point of view
Indicate precisely what you mean to say
Yours sincerely wasting away
Give me your answer fill in a form
Mine for evermore
Will you still need me
Will you still feed me
When I'm sixty-four

*«Quando diventerò vecchio, e perderò i capelli,/tra molti anni/...
avrai ancora bisogno di me,/mi nutrirai ancora,/quando avrò
64 anni?»*

Una prima versione di questa canzone, Paul McCartney la
compone a casa, al pianoforte di suo padre, quando ha solo
16 anni, i Beatles non sono ancora quei quattro lì (manca
Ringo Starr) e non si chiamano neppure The Beatles, bensì
The Quarrymen. Lui la definisce un «vaudeville», perché
ha un tono leggero e scherzoso.

La riprende e la finisce nel 1966, al sessantaquattresimo
compleanno di suo padre.

Quella canzone fa sorridere per altri motivi, oggi che Sir
Paul ha superato i 70...

A meno che il vero Paul sia morto, e quello che continua
a fare il pienone nei concerti in giro per il mondo sia un sosia... La leggenda della morte di Paul ebbe una forte presa
negli anni del massimo «culto» giovanile dei Beatles, ma
sopravvive ancora oggi. Nel 2014, andando a curiosare su
YouTube per guardare alcuni video sulle sue recenti performance in concerto, mi sono imbattuto in diversi commenti che rilanciano quel mito. Ne cito uno fra tanti, di un'italiana, Luisa Perrotti, incollato a un brano: «Ma la sapete
quella storia che si dice su Paul McCartney? Pare sia un
sosia perché lui morì giovane e quindi fu sostituito; però

ci sono opinioni discordanti, mah! Io non ci credo... Hanno fatto anche un servizio in televisione, hanno ricostruito addirittura la sua struttura facciale al computer per confrontarla con quella precedente la data in cui sarebbe morto. Poi c'è il dilemma della copertina dell'album, quella in cui attraversano la strada tutti con le scarpe ai piedi tranne Paul, che è scalzo come a indicare il passaggio nell'aldilà...». (La foto in questione è celebre, i quattro attraversano Abbey Road sulle strisce pedonali; da quell'album-culto in poi, la via che porta quel nome a Londra è perennemente intasata, il traffico è intralciato per i turisti che vanno a rifarsi la foto nello stesso attraversamento.)

Rileggere mezzo secolo dopo queste elucubrazioni mi diverte, perché è un tuffo nella mia adolescenza, ma non solo per questo. La leggenda di Paul morto e tuttavia condannato a vivere sempre, clonato o sostituito da un sosia, fa pensare a quella rivoluzione della longevità che è allo stesso tempo un privilegio e una condanna delle nostre generazioni. Quando Paul sedicenne scriveva questa canzone, ai suoi occhi un sessantaquattrenne era praticamente decrepito, costretto ad appoggiarsi sull'assistenza di figli e nipoti, a implorare la loro benevolenza. Quel ragazzino di Liverpool non poteva certo immaginare se stesso nel futuro, più vecchio di suo padre, nei panni del ricchissimo Sir McCartney, la cui seconda carriera musicale non accenna a tramontare (come quella di Mick Jagger e dei Rolling Stones, di Bob Dylan, Sting, Bruce Springsteen e tanti altri). Ma lasciamo da parte questi casi estremi. Un sessantaquattrenne di oggi, lungi dal farsi nutrire da figli e nipoti, più probabilmente sta occupandosi dei genitori novantenni; forse continua a dare qualche sostegno economico anche ai figli trentenni, che non riescono a trovare lavoro o a risparmiare abbastanza per sposarsi e comprare casa.

Lo studio della demografia è una chiave di lettura indispensabile per decifrare l'economia. Dai tempi del reverendo Thomas Robert Malthus, vissuto in Inghilterra a cavallo fra Settecento e Ottocento, lo studio della popolazione ha ricevuto un'enorme attenzione da parte di chi voleva capire i fattori che rendono ricche o povere le nazioni. Malthus univa un notevole rigore scientifico a una visione etica da austero sacerdote anglicano. La sua visione pessimistica prevede un inevitabile impoverimento via via che la popolazione cresce e l'agricoltura non riesce ad aumentare di pari passo la sua produttività per sfamare tutti. Solo le carestie, o un controllo delle nascite effettuato attraverso l'astinenza dai rapporti sessuali, potevano ristabilire l'equilibrio. Oggi sappiamo che l'agricoltura ha fatto balzi di produttività inconcepibili nell'Ottocento, e ha la capacità di sfamare un pianeta la cui popolazione si è moltiplicata. Ma esiste un malthusianesimo moderno, molto attuale, che ispira molti allarmi ambientalisti: l'idea che la sovrappopolazione stia portando a un catastrofico saccheggio delle risorse naturali. Malthus è uno di quei fondatori della scienza economica classica, come Adam Smith e Karl Marx, le cui idee mostrano una longevità notevole.

Nel frattempo, dall'Ottocento, anche le dinamiche demografiche hanno imboccato strade impreviste, svolte sorprendenti, gravide di conseguenze. Per gran parte della storia umana, le nostre civiltà sono state caratterizzate dalla superiorità numerica dei giovani sugli anziani. Malattie, carestie o guerre hanno falcidiato le popolazioni, la cui speranza di vita media era molto breve. Di conseguenza, la struttura più «normale» di una nazione era come quella di una piramide, con una base larga, fatta di giovani. Più si saliva verso il vertice, più la piramide si restringeva, perché la mortalità riduceva la popolazione. In cima c'era una punta stretta: i veri vecchi erano una rarità. Questa è stata spesso la struttura demografica della società, fino ai grandi progressi della medicina, alle vaccinazioni e all'igiene pubblica (fognature, acqua potabile). È ancora oggi la struttura tipica di alcuni paesi molto poveri. Ma la piramide non è l'unica forma possibile di una popolazione. Le nazioni più ricche, con qualche eccezione, tendono a diventare come dei «birilli»: la pancia è gonfia, la base è più stretta. Il calo delle nascite fa restringere le generazioni più giovani, cioè la base. Al centro del birillo la pancia è grossa perché lì si addensano le classi di età più affollate, quelle che erano adolescenti durante la beatlemania. Il birillo è una forma instabile, perché gli anni passano e i *baby-boomers* – così chiamati perché nati nel ventennio eccezionale di boom delle nascite postbellico, tra il 1946 e il 1964 – si avvicinano alla soglia dei sixty-four. Se non interviene qualche correttivo, per esempio una ripresa delle nascite, oppure un aumento di popolazione dovuto all'immigrazione, la forma del birillo tende a trasformarsi in quella di un fungo: con la parte «gonfia» che sta in alto, nelle fasce di età mature e anziane, mentre sotto c'è una base esile. Pochi giovani, che in teoria dovrebbero sostenere quei sixty-four e in realtà non ne hanno i mezzi.

«Ogni 24 ore in America diecimila *baby-boomers* stanno andando in pensione.» A dare le dimensioni di questo esodo generazionale è la Social Security, l'agenzia federale che gestisce la previdenza Usa. È allarme per l'equilibrio delle finanze previdenziali, naturalmente. Ma quella cifra ha anche un altro significato molto più vasto. È iniziato il «lungo addio» della generazione più popolosa della storia. Solo negli Stati Uniti i *baby-boomers* sono quasi 80 milioni. In America due presidenti aprono e chiudono questa fascia di età: Bill Clinton è il *baby-boomer* anziano; Barack Obama, che ha compiuto 53 anni nel 2014, si colloca tra i più giovani. Insieme rappresentano una generazione anomala, irripetibile, non a caso protagonista di tante rivoluzioni: politiche, sociali, sessuali, tecnologiche. Unica nella storia per la sua dimensione: prima dei *baby-boomers* ci sono state generazioni decimate dalle guerre e con una longevità minore; dopo di loro sono venuti i figli poco numerosi, assottigliati dalla denatalità (con i *baby-boomers* nasce anche la pillola anticoncezionale). Il fenomeno del *baby-boom* postbellico fu particolarmente accentuato negli Stati Uniti, ma contagiò anche l'Europa occidentale, Italia inclusa. Nato nel 1956, io mi colloco esattamente nel mezzo di questa generazione ingombrante.

Il fatto che i più anziani tra noi comincino ora ad andare in pensione apre una fase di transizione non solo demografica ed economica. Inizia il passaggio delle consegne, anche se i *baby-boomers* continueranno a esercitare il potere a lungo. In America, nel 2016, una delle *baby-boomers* più anziane, Hillary Clinton, potrebbe diventare la prima donna presidente. Ma per riuscirci sarà essenziale per lei conquistare i consensi della generazione di sua figlia Chelsea, i cosiddetti *millennials* (perché hanno raggiunto l'età adulta nel terzo millennio). L'ascesa di Hillary alla Casa Bianca potrebbe rappresentare il capitolo conclusivo nella lunga egemonia dei *baby-boomers*. L'Italia ha già vissuto uno strappo quando Matteo Renzi ha dato la scalata al potere con lo slogan della «rottamazione» dei leader più vecchi di lui.

Dalla politica all'economia, dalla cultura alla tecnologia, vivremo in un mondo molto diverso quando la maggioranza dei *baby-boomers* sarà in pensione. Un mondo dove Bill Gates sarà stato dimenticato e Mark Zuckerberg sarà il «decano» della Generazione Millennio.

Il trapasso è denso di implicazioni in ogni campo dei comportamenti umani: i *baby-boomers* sono stati l'elemento di traino del mercato dei computer, mentre la Generazione Millennio accede a Internet dallo smartphone; i coetanei dei Clinton e di Obama sono forse gli ultimi «divoratori di carta» (libri e giornali), mentre i loro figli sono «nativi digitali».

Uno dei più acuti studiosi di questa transizione storica è Paul Taylor, già autorevole reporter, che ha lasciato il giornalismo per lavorare al Pew Research Center, uno dei più grandi istituti demoscopici americani. *The Next America* è la sintesi delle sue ricerche. La prossima America, dunque, con un sottotitolo eloquente: «*Baby-boomers*, Generazione Millennio e l'imminente sfida tra generazioni». Il futuro è già in mezzo a noi, spiega Taylor: «Le due vittorie di

Obama non si spiegano senza guardare all'impatto enorme del passaggio generazionale». Se avessero votato solo i *baby-boomers*, Obama non ce l'avrebbe fatta, nonostante sia uno di loro. Decisivo è stato il voto della nuova nazione: i giovani e le minoranze etniche. Si tratta di due categorie che crescono di pari passo: tra la Generazione Millennio ci sono molti più ispanici, asiatici, neri. Più giovane e più multietnica, la «Next America» è quella che ha compiuto in pochi anni degli strappi valoriali inauditi, come il ribaltamento della posizione sui matrimoni gay plebiscitati dai giovani. All'ora in cui anche i capelli di Obama sono diventati tutti grigio-bianchi, i *baby-boomers* guardano con ambivalenza ai propri sogni di gioventù. Insieme alla musica dei Beatles e di Bob Dylan, hanno scoperto il sesso prematrimoniale e il femminismo, la marijuana e la rivolta antiautoritaria. Sono stati i veri protagonisti del primo boom consumistico, sostenuto da un'etica dell'individualismo sfrenato. Sono diventati le cavie consenzienti del grande esperimento neoliberista. Fino a sposare, in percentuali tutt'altro che irrisorie, il riflusso conservatore e la riscoperta della religione. Consegnano ai propri figli un'economia più diseguale di quella in cui sono nati e cresciuti loro. «Ceto medio» sta diventando un'espressione quasi obsoleta, priva di senso per la Generazione Millennio.

Perciò, lo stesso shock pensionistico ha un impatto cruciale su questa transizione generazionale, nel momento in cui nella sola America ben quattro milioni di *baby-boomers* all'anno stanno «passando all'incasso». Un esaurimento del *trust fund* della Social Security, la dotazione in capitale della previdenza, è ormai una possibilità concreta, quasi una certezza a meno di svolte drastiche. La data di quell'Apocalisse finanziaria dista appena un quindicennio, l'anno chiave sarà il 2030, quando i più giovani dei *baby-boomers* (gli attuali quarantanovenni) lasceranno il lavoro.

L'America si scopre vulnerabile nonostante abbia una demografia molto più virtuosa di quella europea. Grazie all'immigrazione, infatti, la popolazione Usa continua a crescere e la natalità resta superiore alla media dei paesi ricchi. Tuttavia, non basta più neanche l'afflusso di nuovi residenti, dall'America latina e dall'Asia. I *baby-boomers* lasciano comunque dietro di loro generazioni mediamente più povere.

La capacità di risparmio, che ancora negli anni Settanta e Ottanta consentiva agli americani di accantonare più del 10 per cento dei loro redditi, oggi si è dimezzata. I nuovi posti di lavoro che vengono creati in questa ripresa americana (non pochi: oltre 200.000 al mese, dal 2009), sono soprattutto in aziende medio-piccole che non offrono fondi pensione integrativi. Il salario medio è regredito in termini reali sotto il livello di trent'anni fa. Cresce il precariato, il lavoro part-time, l'universo dei freelance, tutte figure professionali nei confronti delle quali i datori di lavoro risparmiano sui versamenti previdenziali.

Il risultato è sintetizzato in un vademecum per la sopravvivenza che pubblica il magazine «Time». Primo imperativo: «work longer»; lavorare più a lungo è già oggi una necessità per molti *baby-boomers* che non possono permettersi di vivere di sola pensione; diventerà praticamente obbligatorio per le generazioni successive, o *millennials*. Seconda regola: «live together»; la convivenza sotto uno stesso tetto di nonni, genitori e figli adulti sta già tornando a essere un fenomeno diffuso, e lo sarà sempre di più per l'esigenza di risparmiare sui costi fissi delle abitazioni, come le bollette, le tasse comunali, ecc. Una vera rivoluzione, per un paese come l'America dove i figli erano abituati a spiccare il volo al compimento del diciottesimo anno di età e le loro vite si svolgevano a grande distanza dai genitori. Il ritorno alla famiglia plurigenerazionale riunita in una sola abitazione era un fenomeno impensabile fino a pochi anni fa. Terzo consiglio di «Time»: «tap into equity», ovverosia «attingete al patrimonio». Molti pensionati dovranno rassegnarsi a vendere le case per andare in affitto, i risparmi di una vita andranno usati per finanziare le spese correnti. Nella realtà di oggi il sessantaquattrenne affettuosamente preso in giro dalla canzone di Paul McCartney sta pensando se deve vendere la casa e andare in affitto, o smobilitare una parte dei suoi risparmi, anche per sopperire allo scarso reddito dei figli.

Un'alternativa ben più positiva e solida ci sarebbe: una ripresa economica che crei posti di lavoro pagati molto meglio per la Generazione Millennio; il ritorno di aumenti salariali consistenti e superiori all'inflazione; una lotta decisa contro le diseguaglianze che soffocano la crescita. Questo consentirebbe alle nuove generazioni di recuperare una capacità di risparmio e anche di rifinanziare la previdenza con le loro buste paga. Nelle indagini del Pew Research Center illustrate da Paul Taylor c'è un raggio di speranza: intervistati sul loro futuro, i ventenni della Generazione Millennio esibiscono un ottimismo quasi stupefacente. Quasi il 90 per cento si dice sicuro che «raggiungerà il livello di reddito a cui aspira, la posizione economica adeguata per soddisfare tutte le proprie necessità». E magari anche quelle dei genitori, convertitisi con l'età a un pessimismo apocalittico.

Ma hanno ragione quei *millennials* americani che professano fiducia nel loro futuro? O invece sono proprio loro le vittime predestinate di questo modello di sviluppo economico? A cominciare dalla questione tecnologica, che ha sempre assillato i *baby-boomers*. La mia generazione, proprio perché protagonista di tante rivoluzioni, è stata ossessionata dal bisogno di rincorrere *the next thing*, la prossima cosa nuova. Il terrore dei *baby-boomers*, nell'economia digitale, è di essere un passo indietro, superati, obsoleti. Quel verso della canzone di Paul, «will you still need me», oggi è l'ossessione di tanti cinquantenni di fronte al ritmo dell'innovazione: l'economia ha ancora bisogno di noi? Ma ormai siamo in buona compagnia. Non è solo la generazione dei *baby-boomers* a sentirsi spaesata o inadeguata nella padronanza delle tecnologie, rispetto ai *millennials*. Ora i ventenni sentono il fiato sul collo di una generazione più agguerrita di loro. I nuovi inventori corteggiati da Apple e Google stanno facendo ancora la scuola media. Le frontiere del reclutamento di cervelli nella Silicon Valley diventano sempre più precoci. Un esercito di dodicenni e tredicenni affolla le conferenze tecnologiche per presentare i proprio brevetti, vince competizioni internazionali, piazza le sue app sugli smartphone.

Finiscono sul «Wall Street Journal» i campioni di questa nuova fascia di età, milionari prima di aver superato la pubertà. Il quotidiano economico intervista in prima pagina Grant Goodman, 14 anni e già al suo terzo brevetto di successo. Quando Apple ha deciso che sui nuovi iPhone non ci sarebbe stato YouTube in dotazione, il ragazzino si è tuffato sull'opportunità. Ha inventato Prodigus, un'app che consente di guardare video sull'iPhone senza la pubblicità imposta da YouTube. «Se cominci così presto» dice Goodman al «Wall Street Journal» «hai un buon vantaggio rispetto ai ventenni.» Lui ha già costituito una società, la Macster Software, per gestire la sua attività d'inventore. Sa mettere in competizione fra loro Apple e Google, cimentandosi con app per tutti i loro prodotti. Ne ha brevettata una che serve a vedere il livello di carica della batteria degli occhiali Google Glass, un minuscolo indicatore luminoso. Ha anche inventato un videogame.

Ci sono casi perfino più precoci. Quando Google organizza a San Francisco la sua conferenza annua I/O, dedicata a tutti gli inventori che sviluppano nuovi software e app, prevede un apposito «programma giovani» con duecento partecipanti. I più piccoli tra loro hanno 11 anni, e guai a guardarli dall'alto in basso: sottovalutarli può essere un errore micidiale. Per non essere meno competitiva dei rivali, nel reclutamento dei giovanissimi cervelli, Apple già nel 2012 ha cominciato ad abbassare l'età minima per essere ammessi alle sue conferenze di *developer*: dai 18 ai 13 anni. La metà delle borse di studio per partecipare gratis alle conferenze tecniche di Apple, riservate a veri professionisti, è stata vinta da minorenni.

La creatività di questi enfant prodige è ben remunerata. Google in un anno ha versato 5 miliardi di dollari agli inventori delle migliori app, mentre Apple addirittura il doppio: 10 miliardi. I ragazzini negano che il guadagno sia la molla che li spinge a rinunciare alle feste da ballo o al baseball per passare pomeriggi e sere a escogitare nuove invenzioni. La mamma di Grant, Becky Goodman, non accetta insinuazioni o processi alle intenzioni: «Non abbiamo investito emotivamente nella speranza che lui sia il prossimo Mark Zuckerberg. A noi interessa solo che sia felice». E tuttavia... A quell'età i compagni di classe possono essere crudeli verso i *nerd*, come vengono chiamati i secchioni troppo bravi in matematica e informatica. I B-movie di Hollywood con episodi di bullismo sono pieni di *nerd* umiliati da compagni più bravi nello sport o nel rimorchiare le ragazzine. Salvo ricredersi, quando arrivano a casa i primi assegni delle royalty? Nick D'Aloisio, che ha compiuto 18 anni, ma che ha cominciato anche lui nella preadolescenza, ha venduto a Yahoo! per 30 milioni di dollari la sua app Summly, che offre una sintesi veloce delle principali notizie di attualità.

Il filosofo francese Michel Serres, che insegna alla Stanford University in California, usa il personaggio delle favole Petit Poucet, cioè Pollicino, per descrivere la generazione mutante dei «nativi digitali», i cui pollici prensili viaggiano alla velocità della luce sul display del telefonino. *No country for old men*, non è un mondo per vecchi, così hanno anche tradotto le teorie di Serres sul potenziale rivoluzionario di questa generazione. Ora anche i ventenni devono guardarsi alle spalle, incalzati da un'obsolescenza già in agguato.

«Bye-Bye, Baby», addio bambino. Sembra il classico titolo che preannuncia una lamentazione allarmistica sul crollo della natalità. Al contrario, è il «manifesto ottimista» di due esperti di storia della demografia che esaltano il declino delle nascite. Un fenomeno, ci avvertono, che non è più proprio solo dei paesi ricchi, ma sta dilagando in molte nazioni emergenti. Michael Teitelbaum di Harvard e Jay Winter di Yale sono gli autori anche dello studio intitolato *The Global Spread of Fertility Decline*, la diffusione globale del calo di fertilità. La prima sorpresa è proprio questa. Siamo abituati alle geremiadi catastrofiste sugli effetti della caduta della popolazione in Occidente, spesso associata a un declino economico e a un'invasione degli «altri», gli immigrati che provengono da paesi ad alta crescita demografica. Contrordine. Quello scenario è datato, superato dai fatti. La diminuzione delle nascite non fa più distinzioni Nord-Sud né Est-Ovest. Colpisce il Brasile e l'Iran così come la vecchia Europa occidentale (dove, anzi, c'è qualche paese in controtendenza). L'elenco che fanno Teitelbaum e Winter dei paesi che si stanno unendo a noi nel trend della denatalità spazia dal Bhutan a El Salvador, dall'Armenia al Qatar. La metà dei cittadini del pianeta oggi abita in nazioni dove in media le donne hanno due figli a testa o ancora meno, ci troviamo cioè al di sotto di quella soglia che garantisce la stabilità della popolazione ai livelli attuali. Restano delle eccezioni importanti, concentrate prevalentemente nell'Africa subsahariana, dove cinque paesi hanno ancora dei tassi di natalità di sei figli per donna. Il trend, però, è dappertutto quello di un calo delle nascite, «è universale, non dipende soltanto dalla prosperità economica o dalla secolarizzazione» scrivono i due esperti. La nazione più popolosa del mondo, la Cina, ha toccato nel 2012 il picco massimo in termini di forza lavoro attiva e da allora è iniziata la sua lenta decrescita. Non mancano neanche in Cina gli allarmisti, preoccupati che la Repubblica popolare «diventi vecchia prima di diventare ricca».

Questi allarmi non sono affatto nuovi. Malthus fu il capostipite dei catastrofisti per la «troppa» natalità, fu seguito da una lunga scia di discepoli, autori di best seller come Paul Ehrlich che nel 1968 divulgò scenari apocalittici nella *Bomba demografica*. Sul fronte avverso, i teorici del tramonto dell'Occidente si appoggiarono anche loro sulle tendenze demografiche. All'inizio del secolo scorso il presidente americano Theodore Roosevelt ammonì sul rischio di un «suicidio razziale degli anglosassoni» di fronte all'avanzata di altri popoli ben più prolifici. Una letteratura sconfinata ha generato visioni cupe, di un futuro dove gli occidentali saranno sommersi dalle ondate migratorie in provenienza dai paesi dove non si pratica il controllo delle nascite. Tra gli apocalittici recenti figurano un ideologo della destra americana come Jonathan Last, un geostratega come Steven Philip Kramer e perfino il settimanale «The Economist», che ha pubblicato diversi studi sul «Giappone che svanisce», dove il paese del Sol Levante è additato come il caso limite dei danni della denatalità.

Ma dobbiamo aggiornare le nostre informazioni. Teitelbaum e Winter ci avvertono, per esempio, che il famoso spopolamento della Russia è già un fenomeno superato. Era legato al crollo delle nascite che ha coinciso con i primi anni postsovietici, nonché con l'alta mortalità dei maschi adulti decimati dall'alcolismo. Entrambe le tendenze si stanno attenuando: le donne russe cominciano ad avere più figli e la mortalità si riduce. Gli Stati Uniti sono un caso di natalità elevata delle minoranze etniche già integrate. Francia e Svezia sono due nazioni della vecchia Europa dove incentivi e sostegni alle famiglie e alle donne che lavorano hanno fatto risalire moderatamente la natalità.

I due esperti americani non vogliono sottovalutare l'importanza degli assestamenti, anzi sottolineano che «l'umanità intera è di fronte a una sorta di cambiamento geologico, come nell'era glaciale», e proprio per questo non dobbiamo «fraintenderlo». Guai a non vederne gli aspetti positivi «di fronte alle minacce del cambiamento climatico» che richiedono uno sviluppo più sostenibile. La riduzione delle nascite è «nel mondo intero, associata con più diritti e più opportunità per le donne». Anche per i bambini: «In India un calo delle nascite significa poter finalmente concentrare le risorse su un'istruzione di qualità; lo Stato indiano del Kerala, che ha un tasso di nascite inferiore al resto del paese, ha anche uno sviluppo più avanzato». La Cina, grazie al calo delle nascite, può riconvertirsi e passare da un'economia fondata sullo sfruttamento della manodopera abbondante e sottopagata, a produzioni più qualificate e salari migliori. Soprattutto, è positivo il cambiamento nell'emisfero Sud del pianeta: «Messico, Filippine, Bangladesh dovevano incoraggiare l'emigrazione come risposta ai loro problemi» di sovrappopolazione; ora la riduzione delle nascite consente di governare meglio anche i grandi flussi migratori.

La vecchiaia è antieconomica? Peggio ancora, è colpa dei vecchi se i giovani sono condannati a un'economia della stagnazione e della penuria? Uno dei dogmi più tenaci nell'interpretazione di questa crisi è il «conflitto generazionale»: perché i giovani possano avere un futuro bisogna rottamare i loro genitori. E ancora: il grande ristagno europeo è causato da uno Stato sociale che drena risorse a favore dei vecchi, cioè spese pensionistiche e sanitarie. Da questo punto di vista, l'alternativa classica è il Welfare all'americana, cioè superleggero e per lo più privatizzato.

Ne so qualcosa. Sulla mia pelle. Per avere sperimentato l'esordio della nuova sanità Usa targata Obama. E perché devo pormi una domanda assillante: potrò permettermi di vivere a New York anche da vecchio, da pensionato?

Per arrivare ai 64 anni del padre di McCartney, mentre scrivo mi mancano ancora sei anni. Ma sapete com'è: sei anni passano in un baleno, ti svegli un mattino e sei un sixty-four.

Sul Welfare all'americana, ultralight, so tutto. E non ve lo consiglio. Platino, oro, argento: che tipo di salute voglio avere? Più realisticamente, la domanda che devo pormi è: che tipo di salute posso permettermi? Platino, oro e argento sono le tre categorie in cui sono suddivise le polizze di assicurazione sanitaria. All'inizio del 2014 è entrata in vigore «Obamacare», la riforma sanitaria. Il partito repubblicano, nella sua guerra santa contro questa legge, l'ha paragonata a una forma di socialismo. Parola che evoca il Male assoluto, per loro. Vista da vicino, la nuova sanità è quanto di meno socialista si possa immaginare. Non è paragonabile a un «sistema sanitario nazionale» tipo quello che esiste in Italia, Francia, Inghilterra. L'idea di affidare l'intera sanità americana allo Stato – in origine un cavallo di battaglia dei democratici – è stata abbandonata già all'epoca di Bill Clinton dopo una memorabile disfatta contro le lobby dell'industria farmaceutica e ospedaliera.

La nuova sanità resta comunque affidata ai protagonisti del sistema precedente: le assicurazioni private. All'insegna della trasparenza, l'amministrazione Obama ha costituito dei «mercati online», dove il cittadino è incoraggiato a confrontare i prezzi delle varie polizze assicurative. Evviva la trasparenza, certo, però fa un effetto sinistro vedersi porre come prima domanda quella del «colore». Vuoi comprarti un'assistenza di serie A (platino), di serie B (oro) o di serie C (argento)? Come tutti gli americani, devo farmi i conti in tasca e ogni anno decidere quali cure mediche sono alla portata del mio reddito. Non che prima fosse meglio. Non si usavano quei tre colori, ma la realtà era spietata. Per farmi i conti in tasca: fino al 2013 ho dovuto pagare mille dollari al mese per assicurare solo me stesso (polizza individuale) e si tratta di un'assistenza avara se giudicata con criteri europei. Quando vado dal medico di famiglia devo sborsare un ticket di 50 dollari, che può essere più caro in caso di visita da uno specialista. I rimborsi dei medicinali sono imprevedibili, spesso esigui. Finché non raggiungo un «massimale» di spese pagate di tasca mia, non ci sono rimborsi: le banali gocce che devo mettermi negli occhi tutte le sere per la prevenzione del glaucoma le ho pagate fino a 200 dollari la confezione; una boccetta mi dura un mese. In caso di analisi o test possono arrivare delle fatture tremende. Uno degli aspetti più stressanti delle assicurazioni private è la giungla di regole, l'arbitrio, l'imprevedibilità: non so mai quanto rimborsa la compagnia e quanto tocca a me. Una volta mia moglie ha avuto un malessere influenzale durante un weekend e, non potendo andare dal medico, è finita al pronto soccorso. Per un mal di testa e qualche linea di febbre le hanno fatto le analisi del sangue e delle urine. Non le hanno trovato niente di anomalo. Qualche settimana dopo, a casa è arrivata una fattura da 1700 dollari, che l'assicurazione non prendeva in carico. Ancora oggi benedico il fatto che mia moglie, per un istintivo sospetto, rifiutò di farsi fare anche la Tac. Loro insistevano. Se avesse ceduto, all'arrivo della fattura avremmo dovuto chiedere un mutuo in banca.

Dove ci piacerebbe vivere quando andremo in pensione? A New York? È una città affascinante, meravigliosa. Dubito che potrò permettermi, con la mia pensione, di vivere qui negli anni in cui il bisogno di cure mediche tenderà a crescere. *No country for old men.*

Di conseguenza, se fosse vero che questa crisi va letta come una «guerra fra generazioni», l'America così avara di Welfare, così esosa con i malati e con gli anziani, dovrebbe essere il paradiso per i giovani, giusto?

Dipende. Dipende di chi sono i figli.

Daria, assistente di redazione della «Repubblica» a New York, ha avuto Giulio poco più di un anno fa. A quest'età un bambino dà molto da fare a qualsiasi mamma in ogni parte del mondo. A New York un figlio di un anno la carica di un'incombenza aggiuntiva. Quasi una *mission impossible*: trovare una scuola, decente e accessibile. Non mi riferisco solo all'asilo nido e alla scuola materna, che già sono un problema. No, quando il pupo ha un anno di vita qui bisogna occuparsi seriamente delle sue elementari, medie, liceo. E con un pensierino all'università. Guai se non ti muovi subito. Daria deve destreggiarsi fra i tre ostacoli maggiori: penuria di posti; scarsa qualità dell'istruzione; costi assurdi.

Manhattan concentra questi problemi a un livello spaventoso, ma non è un'anomalia negli Stati Uniti. Ricordo
che quando vivevo a San Francisco la situazione era molto
simile. E con il passare degli anni sta peggiorando. Vivendo a Manhattan, Daria avrebbe in realtà una soluzione: essere multimilionaria, meglio ancora se miliardaria. In quel
caso potrebbe bussare alla porta di quei prestigiosi istituti
privati che, per una modica retta annua dai 40.000 dollari
in su (non avete letto male: quarantamila all'anno fin dalle elementari) garantiscono un'istruzione di qualità. Inten-
diamoci, anche se la mamma e il babbo possono staccare
l'assegno senza batter ciglio, quelle scuole sono iperseletti-
ve, hanno esami di ammissione tosti e severi. Pertanto anche i ricchi devono elaborare le loro strategie, assoldando
per la bimba o il bimbo di uno/due anni un «tutor» (istrut-
tore privato) che li prepari ad affrontare i test di ammissione. I mega-ricchi hanno un'opzione in più, che è quella
di fare una donazione di svariati milioni, magari far costruire una palestra o un laboratorio sperimentale intitolato a proprio nome, e a quel punto la commissione esamina-
trice della scuola privata diventa indulgente con il pargolo
del plutocrate.

Ma torniamo a Daria e alle mamme normali. La scuola
pubblica? Nella maggior parte dei casi, a Manhattan versa
in uno stato pietoso. Le cause sono di due ordini. La prima
è che i fondi scarseggiano per tutto ciò che è pubblico, in
un'America dove la destra neoliberista ha avuto l'egemonia ideologica negli ultimi quarant'anni (anche quando go-
vernavano i democratici). La seconda causa, nelle metropoli
multietniche come New York o Los Angeles, è l'immigrazione. Le scuole pubbliche, semigratuite, accolgono ondate di bambini ispanici e asiatici che parlano male l'inglese.
I professori, malpagati e spesso con una formazione inadeguata, spendono tempo ed energie a cercare di integra-
re i piccoli immigrati. La scuola pubblica ha una funzione
essenziale come «fabbrica di nuovi americani», e quindi il

suo degrado contribuisce ad abbassare il livello generale di istruzione.

Esistono le scuole pubbliche di qualità, ma sono rarissime, ricercatissime, dunque costrette a operare una selezione spietata: se tuo figlio è il nuovo Albert Einstein dovrebbe farcela, altrimenti è dura assai. Poi c'è il fenomeno delle scuole statali per ricchi. In un sistema federale come quello americano, anche la scuola pubblica ha un finanziamento locale che varia a seconda del gettito dell'imposta sulla casa. Dunque, se abiti in un quartiere di soli ricchi, perfino la scuola di Stato ha più risorse. Inoltre, presidi e maestri possono sempre chiedere donazioni «volontarie» ai genitori, e ancora una volta si scava una differenza tra quartieri ricchi e poveri. Ma le zone dove abitano in prevalenza i ricchi sono sobborghi residenziali o cittadine di provincia. Manhattan è «promiscua», ricchi e ceti mediobassi coabitano a pochi isolati di distanza. Dunque essere mamma a Manhattan è proprio difficile. Un'angoscia supplementare deriva dal fatto che, in un sistema meritocratico, se «sbagli» scuola per i tuoi figli dalle prime elementari, probabilmente li infili su un binario di serie B per tutta la carriera scolastica e gli sarà difficile accedere alle migliori università. Un tempo la scuola era l'istituzione-simbolo di un'America ad alta mobilità sociale, dove chi partiva povero aveva le sue chance. Oggi questo sogno diventa sempre più lontano. Proprio a scuola cominciano a cristallizzarsi diseguaglianze estreme.

X

# Eight Days A Week

EIGHT DAYS A WEEK

Oh I need your love, babe
Guess you know it's true
Hope you need my love, babe
Just like I need you

Hold me, love me, hold me, love me
I ain't got nothing but love, babe
Eight days a week

Love you every day, girl
Always on my mind
One thing I can say, girl
Love you all the time

Hold me, love me, hold me, love me
...

Eight days a week
I love you
Eight days a week
Is not enough to show I care

Oh I need your love, babe
...

Hold me, love me, hold me, love me
...

Love you every day, girl
Always on my mind
One thing I can say girl
Love you all the time

Hold me, love me, hold me, love me
...

Eight days a week
...

*«Stringimi, amami, stringimi, amami/Io non ho nient'altro che amore, piccola/Otto giorni alla settimana…»*

Otto giorni alla settimana? L'idea per il titolo la diede l'autista che portava i Beatles in tournée, dicendo che lavorava otto giorni alla settimana per dare un'idea del ritmo frenetico dei loro impegni. Ci fu un periodo, relativamente breve ma intensissimo, dal 1963 al 1966, in cui la beatlemania costrinse i quattro ragazzi a un calendario terrificante di concerti dal vivo: praticamente vivevano sempre insieme e sempre in viaggio, e perfino le nuove canzoni nascevano durante le trasferte, tra una performance e l'altra. L'idea dell'autista la trasformarono in una canzone d'amore: «Bambina, ti amo ogni giorno, otto giorni alla settimana».

Ma l'autista aveva visto lontano… Oggi viviamo in un mondo dove, per chi un lavoro ce l'ha, si è imposta davvero la «settimana di otto giorni».

Guadalupe Rangel è finito in prima pagina del «New York Times», suo malgrado, per un record di cui avrebbe fatto volentieri a meno. Per anni ha lavorato una media di 70 ore alla settimana. Fare la media è facile: sono dieci ore al giorno inclusi i sabati e le domeniche. Senza tregua. In certi giorni i suoi turni arrivavano a 11 ore consecutive. E non ha mai visto un centesimo di straordinario. *Wage theft* (furto di salari), così si chiama questo sopruso. Ricordo che negli anni in cui vivevo in Cina questa era una piaga molto diffusa; la lamentela sugli straordinari non pagati è una delle più frequenti nelle fabbriche cinesi e non di rado è la scintilla che fa scoppiare agitazioni e scioperi spontanei. Guadalupe Rangel non vive in Cina. Il *Wage theft* è una pratica illegale che dilaga negli Stati Uniti. Spesso ne fanno le spese gli immigrati: Rangel è un messicano. Ma non si tratta necessariamente di lavoratori clandestini impiegati da padroncini senza scrupoli che operano nell'economia sommersa, in settori come la piccola ristorazione dove il «nero» è un fatto risaputo. No, Rangel timbra il cartellino presso una grande azienda di logistica, la Schneider, che gestisce molti magazzini di deposito e smistamento merci per conto di Walmart, numero uno della grande distribuzione. Al termine di una class action, la Schneider è stata costretta a pagare 21 milioni di dollari di arretrati sottratti ai suoi dipendenti.

La legislazione sugli straordinari in America esiste da 75 anni. Prevede che al termine dell'orario di lavoro regolare le ore supplementari siano pagate il 50 per cento in più. Non sono prestazioni volontarie. Una quota crescente di lavoratori americani non ha scelta. Rangel è uno di questi. Deve lavorare a oltranza, farsi tutte le ore aggiuntive richieste dai capi, arrivando anche a giornate lavorative di dieci ore, senza riposi il sabato o la domenica, a volte per 90 giorni consecutivi. Alcuni studi legali specializzati in cause di lavoro riescono a mettere insieme un numero sufficiente di dipendenti derubati e trascinano le aziende in tribunale. Qualche volta hanno l'appoggio delle agenzie federali del lavoro o delle autorità locali, soprattutto negli Stati più progressisti come la California. Ma è solo la punta dell'iceberg, quella che affiora nei processi. Nella maggior parte dei casi, i lavoratori subiscono e basta.

Come nel caso Schneider, colpisce il fatto che gli abusi vengano da grandi aziende, nomi noti del capitalismo americano. La stessa Walmart è stata denunciata per aver defraudato in questo modo i commessi dei suoi ipermercati. FedEx, il gigante delle consegne rapide, fa lavorare i suoi autisti dieci ore al giorno senza riconoscergli lo straordinario, con un trucco: li assume come collaboratori esterni, come se fossero dei piccoli imprenditori in proprio che guidano i camion con l'insegna FedEx. Anche McDonald's è stato riconosciuto colpevole di furti di straordinari ai danni dei suoi dipendenti nei fast food, così come la grande catena alberghiera DoubleTree. «Non abbiamo mai avuto così tanti casi come negli ultimi anni» dice la ministra del Lavoro dello Stato della California, Julie Su. In un altro angolo di America straricca, a New York, il procuratore generale Eric Schneiderman ha recuperato solo negli ultimi tre anni 17 milioni di dollari di straordinari non pagati a lavoratori dipendenti.

«Nessun settore economico è al riparo» dice la Su «e non bisogna pensare che le vittime siano solo immigrati o lavoratori a salario minimo con le mansioni più umili. L'abuso di straordinari e il furto dei compensi previsti dalla legge colpisce sempre più spesso anche il ceto medio. Il mio dipartimento sta scoprendo una quantità di casi senza precedenti nella nostra storia.»

Certo, non si possono mettere sullo stesso piano la condizione di camerieri, manovali e fattorini e quella dei colletti bianchi del ceto medio. E tuttavia, anche nelle professioni più qualificate, il lavoro sta diventando sempre più invasivo «grazie» alle nuove tecnologie che ci rendono sempre raggiungibili nei momenti di (teorico) riposo. L'aumento della produttività del nostro lavoro non risparmia quasi nessuno.

In America, più ancora che nel resto del mondo, i tuoi capi, i tuoi colleghi, i tuoi clienti e interlocutori professionali si considerano autorizzati a invadere il tuo tempo di vita. La sera tardi. Il weekend. Mentre sei in vacanza, in viaggio, in aereo. Se non rispondi alle e-mail entro poche ore, arrivano sollecitazioni irritate e pressanti (magari mascherate da forme di finta cortesia: «Forse lei non ha ricevuto questo messaggio urgente?...»). Il tuo numero di cellulare finisce in mano a una miriade di persone, che chiamano o mandano sms senza badare agli orari di lavoro, tantomeno ai fusi orari. Una serie di professioni che un tempo avevano l'assistenza di figure ausiliarie hanno dovuto farne a meno: oggi tanti manager d'impresa di livello medio-alto devono rispondere da soli alle e-mail e alle telefonate, devono scriversi le relazioni sul computer, tutte incombenze che ancora un paio di decenni fa erano svolte da segretarie, dattilografe, centraliniste. Se a un tuo interlocutore serviva d'urgenza la fotocopia di un documento che portavi in viaggio con te, potevi rispondere che eri in cima all'Himalaya e sprovvisto di fotocopiatrice o fax; oggi ci si aspetta che scannerizzi o fotografi il documento con il tuo smartphone e lo mandi all'istante, ovunque tu sia sul pianeta.

Quest'ultimo esempio illustra l'aspetto ambivalente delle tecnologie: da un lato facilitano il nostro lavoro, dall'altro e per lo stesso motivo cancellano ogni frontiera tra lavoro e tempo libero, lavoro e riposo, lavoro e viaggio. Proprio perché tante operazioni sono diventate più semplici, ci si aspetta un tempo di reazione alle richieste altrui che si misura in frazioni di secondo.

Ecco alcuni dati sulla situazione in America, paese che nell'uso invasivo delle tecnologie «fa tendenza» e contagia il resto del mondo. Secondo uno studio del McKinsey Global Institute, chiunque lavori in un ufficio spende il 28 per cento del suo tempo solo a leggere le e-mail che affluiscono al suo indirizzo. In media, controlliamo le e-mail 74 volte al giorno, secondo un'altra ricerca di Gloria Mark, docente alla University of California. Il quadro peggiora ulteriormente se si include la consultazione del proprio smartphone: gli americani vanno a controllare sul display del cellulare messaggi e posta elettronica di tipo professionale per 13,5 ore al giorno, quindi ben oltre l'orario ufficiale di lavoro. Il 38 per cento consulta le e-mail sul telefonino anche durante i pasti in famiglia. Il 50 per cento appena si sveglia alla mattina fa lo stesso gesto: accende lo smartphone per vedere se sono arrivate e-mail durante la notte. Lo scenario angosciante spinge il tecnologo Clive Thompson a lanciare sul «New York Times» un appello rivolto ai boss, ai top manager, ai capufficio: «Diciamo basta alla dittatura delle e-mail 24/7, 24 ore al giorno e sette giorni alla settimana». Ma gli risponde con una lettera al giornale (mandata via e-mail, naturalmente) Matthew Nimetz, un funzionario che ha lavorato anche al Dipartimento di Stato, dunque un membro della burocrazia pubblica, un settore che solitamente non consideriamo sinonimo di attività frenetica. Ecco quel che scrive Nimetz: «L'appello di Clive Thompson contro la tirannide 24/7 delle e-mail purtroppo è condannato a cadere nel vuoto in quest'epoca di lavoro globalizzato. Per molti di noi colletti bianchi i fusi orari sono diventati irrilevanti. Io non posso neppure sognare di staccarmi dalle e-mail se il mio capo sta viaggiando in missione a Tokyo, Bangalore o Tel Aviv. Un cliente di Shanghai pretende che il suo avvocato di Londra gli dia risposte immediate. Un designer di New York la cui fabbrica sta a Dacca deve sintonizzarsi sul fuso orario del Bangladesh. Se lavoro a Washington alla sezione del Dipartimento di Stato che si occupa del Kenya devo essere disponibile durante gli orari di lavoro di Nairobi. Organizzare le nostre vite in modo che le responsabilità professionali siano compatibili coi bisogni della biologia umana è un compito difficile».

Non doveva essere questo, il risultato del progresso. È accaduto l'esatto contrario di quello che prevedeva John Maynard Keynes, probabilmente il più grande economista di tutti i tempi. Keynes vide giusto in tanti casi. In particolare, fu l'economista inglese a ispirare le terapie contro la Grande Depressione: capì che in una crisi così estrema l'unica salvezza poteva venire da un deciso intervento pubblico. In almeno un caso, però, le sue previsioni si rivelarono totalmente sbagliate. Accadde quando Keynes provò a immaginare cosa sarebbe diventata la società postindustriale. In una conferenza del 1928, poi trasformata in un pamphlet nel 1930 (*Possibilità economiche per i nostri nipoti*, pubblicato in Italia da Adelphi), dipinse un affresco visionario del futuro.

Una parte di quello scenario si è avverato: la crescita esponenziale della ricchezza aggregata. Un'altra no: non abbiamo usato il progresso tecnologico per ridurre drasticamente il tempo di lavoro e allargare a dismisura la sfera delle nostre attività culturali, artistiche, filantropiche. In quell'opera Keynes immaginava nel futuro una settimana di 15 ore, grazie all'innovazione e all'aumento della produttività. Una sorta di Arcadia, un paradiso in terra: delegando alle macchine gran parte della fatica lavorativa, saremmo tutti diventati un po' artisti, un po' filosofi, o sportivi, o benefattori dell'umanità, grazie a tutto il tempo libero da usare al meglio. Ottantacinque anni dopo, quella visione di Keynes si è realizzata alla rovescia: il nostro tempo libero viene divorato, invaso, inquinato dalle tecnologie.

E chi si è appropriato dei benefici di questo aumento di produttività? La ripartizione del reddito fra profitti e salari dimostra che di certo il frutto di tale aumento non è finito nelle nostre tasche...

Fino a qualche tempo fa, avevamo almeno una consolazione. La perdita del tempo libero colpiva in modo ancora più estremo i nostri capi. Più si saliva nella scala gerarchica, peggio era. Dai top manager ai leader politici, la vita privata era inesistente, il riposo negato. Il prezzo del potere era quello: enormi sacrifici imposti alla vita familiare, alle vacanze. Ora, però, sono proprio loro a permettersi un ripensamento, a rivedere le loro priorità. I Vip si riprendono il tempo libero, il diritto al riposo, a staccare la spina durante i weekend e le vacanze.

La rivendicazione lanciata nell'estate del 2014 dal vice-cancelliere tedesco Sigmar Gabriel – «governanti del mondo intero, liberiamoci dalle nostre catene» – era stata preceduta da esempi ancora più autorevoli. In quella stessa estate, Barack Obama, non appena finito il discorso alla nazione dopo la decapitazione del giornalista americano James Foley da parte dei jihadisti, se n'era tornato subito sul campo di golf a Martha's Vineyard, l'isola del Massachusetts dove passava le vacanze con la famiglia. I repubblicani, e anche qualche democratico, l'hanno criticato. La risposta dallo staff della casa Bianca è stata secca: «Le vacanze servono al presidente per mantenere il giusto distacco, ridurre lo stress, prendere con lucidità e senza affanno le decisioni giuste nell'interesse del paese». Beccatevi questo, milioni di americani che di vacanze non ne fate, schiavi di una cultura produttivista, stakanovista, *workaholic* (drogati del lavoro): voi state lavorando come degli automi, i vostri capi hanno capito che così non si è veramente efficaci. «Guai se l'agenda del leader più potente del mondo diventa eterodiretta, dirottata dai suoi nemici» ribadisce la Casa Bianca.

Obama fece la stessa cosa nel mezzo delle proteste razziali di Ferguson per l'uccisione del giovane nero Michael Brown: breve interruzione di vacanza, conferenza stampa e poi via di corsa a giocare a golf a Martha's Vineyard. Dall'altra parte del pianeta lo imitava il premier giapponese Shinzō Abe: 40 morti e 47 dispersi per delle frane a Hiroshima, ma lui decideva di non interrompere la villeggiatura (e il golf) in una località turistica di montagna.

Colpisce questa sintonia America-Giappone. Perché sono proprio i due paesi del mondo dove i comuni mortali fanno meno vacanze, dove gli orari di lavoro sono i più lunghi. Per un certo tipo di manodopera, gli Stati Uniti hanno praticamente abolito la domenica: in settori come la grande distribuzione è tutto aperto 365 giorni all'anno, in certi casi 24 ore su 24. Per decenni, la cultura del management nippo-americana ha sbeffeggiato la vecchia Europa con i suoi riti sacri d'altri tempi, come il weekend, i ponti festivi, le lunghe vacanze estive in cui le città si svuotano. Ora il socialdemocratico tedesco Gabriel arriva in leggero ritardo su Obama e Abe, che proclamano la sacralità delle ferie di agosto.

La «liberazione dei Vip» dalla schiavitù del lavoro era cominciata proprio là dove sono iniziate tante rivoluzioni tecnologiche, valoriali e di costume: nella Silicon Valley californiana. Ancora prima dei politici, erano stati alcuni top manager a indicare la strada. Eric Schmidt, presidente di Google, ha fatto scalpore rivelando che lui ogni tanto s'impone di staccare la presa dalle tecnologie digitali, di interrompere la consultazione frenetica di e-mail e sms. «Perché altrimenti non riuscirei mai a leggere un buon libro.» Proprio i padroni della Rete, quelli che violano senza pudori la nostra privacy, stanno costruendosi difese e corazze, a cominciare da una riscoperta del tempo libero come segreto per rimanere creativi. Molte aziende della Silicon Valley offrono ai giovani talenti dell'informatica degli orari di lavoro ultraflessibili, compresi i weekend lunghi, in nome della creatività che ha bisogno di menti fresche e riposate. Intel, il colosso californiano dei micro-chip, ha lanciato tra i suoi dipendenti «i venerdì senza e-mail». Un altro caso celebre è Sheryl Sandberg, direttrice generale di Facebook e la donna manager più potente d'America: stacca tutte le sere alle 17.30 «per non essere mai in ritardo all'ora di cena in famiglia, dove mi aspettano i miei figli».

L'autista dei Beatles, senza saperlo, puntava il dito su uno dei temi più importanti della scienza economica. La questione degli orari di lavoro ha sempre ricevuto un'attenzione enorme per le conseguenze sulla produttività e sull'occupazione, ma anche sulla qualità della vita. Una pagina gloriosa di storia del movimento operaio e della sinistra europea la scrive il Fronte popolare di Léon Blum in Francia: nel 1936 sancisce per legge la settimana lavorativa di 40 ore e le ferie pagate. Queste norme sono considerate delle pietre miliari, delle conquiste di civiltà, rispetto alla condizione di partenza dei lavoratori nel primo Novecento. Quei nuovi diritti riguardavano proprio la ripartizione fra tempo di lavoro e tempo libero.

Sempre in Francia, ma in un'epoca più recente, il dibattito sugli orari di lavoro ha preso una piega diversa. Nel 2000 il governo socialista di Lionel Jospin abbassa per legge a 35 ore settimanali la durata del tempo di lavoro, realizzando una promessa che i socialisti avevano fatto nella campagna elettorale del 1997. La vicenda delle 35 ore francesi ha delle conseguenze anche in Italia. Rifondazione comunista vuole fare come i socialisti francesi: una delle ragioni per cui il suo leader Fausto Bertinotti fa cadere il governo Prodi nel 1998 è il mancato accordo sulle 35 ore alla francese. Sul finire degli anni Novanta la riduzione dell'orario assume un senso diverso rispetto all'epoca del Fronte popolare. Più che tempo libero e qualità della vita, l'obiettivo dominante è creare nuova occupazione.

«Lavorare meno, lavorare tutti» era uno slogan diffuso in Italia nella sinistra radicale già dagli anni Settanta. In Francia, però, il bilancio delle 35 ore è deludente. Nei primi anni di applicazione il governo Jospin sostiene che la riduzione della settimana lavorativa ha creato 350.000 posti di lavoro; altre stime dicono invece che l'impatto è stato nullo o addirittura negativo. La Francia non ha abbassato durevolmente la sua disoccupazione giovanile, e ha perso competitività rispetto al suo concorrente principale, la Germania.

Dietro la norma delle 35 ore affiora una visione semplicistica dell'economia: l'idea che il lavoro sia una quantità fissa, una «torta» di dimensioni immutabili, che va ripartita. Secondo questa visione, basta dare un po' meno lavoro a chi ce l'ha già per «redistribuirne» a chi non ce l'ha. In realtà, il lavoro non è una torta da ripartire, la sua quantità totale può aumentare o diminuire. La visione sbagliata dietro le 35 ore è la stessa che in Italia ha portato all'uso dissennato dei prepensionamenti: l'idea che, cacciando dal lavoro i cinquantenni, finalmente si apriranno le porte delle aziende ai giovani disoccupati. È successo il contrario, proprio perché il lavoro non è una quantità fissa. L'Italia dei prepensionati e degli esodati è anche il paese che ha continuato ad avere il record negativo della disoccupazione giovanile. I cinquantenni espulsi dalle aziende non sono stati sostituiti con nuovi assunti di vent'anni. Anzi, la spesa sociale per il mantenimento dei prepensionati ha fatto salire ulteriormente gli oneri contributivi e il costo del lavoro, scoraggiando le assunzioni dei giovani.

Eppure ci sono dei casi in cui la riduzione dell'orario di lavoro è stata benefica. È accaduto proprio nell'economia più ricca e più efficiente d'Europa.

Il signor Manfred Wittenstein ha 1300 dipendenti. La sua azienda, la Wittenstein Ag, produce scatole del cambio e ruote per automobili sportive, tra cui la Porsche. È una tipica media azienda a conduzione familiare, una delle decine di migliaia che formano il nerbo del capitalismo tedesco più tradizionale, il *Mittelstand*. Quando è scoppiata la recessione del 2008-09, iniziata in America, anche il tessuto industriale robusto del made in Germany è stato colpito duramente dalla caduta delle esportazioni. Il primo riflesso di Manfred Wittenstein, però, non è stato di licenziare. A differenza dei colossi come Bmw e Bosch, lui non ha cercato subito di mettersi al riparo sfruttando la legge sulle eccedenze di organico. Il sistema del *Kurzarbeit* tedesco è una specie di cassa integrazione: le aziende in crisi possono mandare a casa una parte dei dipendenti, che da quel momento ricevono dallo Stato i due terzi del loro ultimo salario. I colossi industriali lo usano regolarmente, ma nelle imprese medie c'è una certa reticenza a espellere i propri dipendenti mettendoli sulle spalle dello Stato. «Dopo che io ho accumulato profitti negli anni buoni» dice Wittenstein «non è giusto che siano i miei lavoratori a pagare quando arrivano i tempi difficili.» Come molti esponenti del capitalismo familiare tedesco, sente di avere delle responsabilità sociali. «Sono più forte io dei miei impiegati, ho spalle più robuste e finché posso devo affrontare il rischio finanziario di un'attività ridotta, anziché scaricarlo tutto su di loro.»

L'atteggiamento del *Mittelstand* non è per forza dettato da nobili sentimenti. Nel ripudiare la logica del licenziamento facile, l'imprenditore fa i propri interessi. Negli anni delle vacche grasse l'industria tedesca ha sofferto per la penuria di personale qualificato. Per lungo tempo la Germania si è lamentata perché nelle sue università si laureavano troppi pochi ingegneri. Per soddisfare le esigenze delle imprese tecnologiche bisognava importare in Germania una quantità crescente di ingegneri dall'India, dalla Cina. I tecnici e i quadri tedeschi di qualità sono preziosi, e l'imprenditore ha imparato a tenerseli cari. Licenziarli appena arriva una crisi non è certo un modo per incentivare lo spirito di fedeltà all'azienda. Quando torneranno tempi migliori l'imprenditore avrà di nuovo bisogno di loro. «Molte imprese come la mia» dice Wittenstein «esitano a mandar via il personale qualificato, perché pensano che poi sarà difficile recuperarlo quando arriverà la ripresa economica.»

È da questa logica che è nata una soluzione originale: la banca delle ore straordinarie. È un'idea che ha richiesto una certa dose di creatività e di duttilità da parte di tutti. Ecco come funziona. Quando le cose andavano bene, la Wittenstein chiedeva spesso ai suoi dipendenti di lavorare più dell'orario normale. Le ore di straordinario, però, non venivano pagate a fine mese. Erano messe da parte, depositate: il loro valore apparteneva ai lavoratori, ma restava custodito in azienda. Quando è arrivata la bufera (tra novembre e dicembre 2008 la Wittenstein ha visto crollare le esportazioni del 30 per cento in un solo mese) l'impresa ha attinto a quel deposito di straordinari non pagati. Ha ridotto per tutti la durata dei turni di lavoro, ma senza ridurre le retribuzioni. Ha potuto permettersi di pagare stipendi pieni anche se produceva meno, perché ha attinto alla sua «banca degli straordinari», la riserva di premi retributivi che erano stati risparmiati nel periodo pre-crisi. In quel sistema c'è perfino una elasticità addizionale: ogni dipendente della Wittenstein in media ha una riserva di 200 ore di straordinario non pagate, ma se la crisi dura molto a lungo può farsi «prestare» dall'azienda fino a 300 ore virtuali di futuro lavoro. Sempre con la stessa finalità: ridurre l'orario quando la produzione scende, senza dover decurtare il proprio reddito. Si può obiettare che non tutte le aziende hanno le spalle abbastanza robuste per adottare questo dispositivo. Ma la Wittenstein ha queste riserve anche perché negli anni in cui gli affari andavano a gonfie vele non ha inseguito la massimizzazione del profitto nel breve termine. Ha investito sulle relazioni umane, la coesione della squadra.

Il caso della Wittenstein non è raro nel *Mittelstand* tedesco. È tipico di quel «capitalismo renano» che ha avuto i suoi momenti di gloria negli anni Ottanta: un'economia di mercato attenta al consenso sociale, dove lo Stato interviene attivamente per ridurre le diseguaglianze e proteggere i più deboli. È stato definito renano perché quel modello aveva messo solide radici nelle zone d'Europa bagnate dal Reno e nelle aree limitrofe: oltre alla Germania anche la Svizzera, i Paesi Bassi, il Lussemburgo e le regioni germanofone della Francia.

Quella tradizione è tornata a galla con la crisi. Jaga, un piccolo fabbricante di radiatori con 300 dipendenti nella regione belga delle Fiandre, invece di licenziare un quinto dei suoi lavoratori ha preferito tenerli tutti e convincerli ad accorciare di un quinto l'orario di lavoro, autoriducendosi di altrettanto il salario. La prima risposta alla crisi è stata la settimana corta di quattro giorni, ovvero il weekend lungo dal venerdì alla domenica: tanto tempo libero in più, ma meno soldi da spendere durante quel tempo libero. È una logica opposta alla «darwiniana» selezione dei migliori. Il management della Jaga avrebbe potuto affrontare le sue difficoltà di bilancio liberandosi dei dipendenti meno produttivi, o di quelli meno graditi ai capi. Ha preferito far leva sul senso di solidarietà: meglio stringere la cinghia tutti assieme anziché far fuori una minoranza. In realtà, i dipendenti non subiscono davvero una riduzione del 20 per cento dello stipendio, ma solo di un decimo, perché il resto lo copre lo Stato belga. La soluzione adottata dalla fiamminga Jaga è molto diffusa nell'Europa renana: un'autoriduzione degli orari per salvare i livelli occupazionali, con l'intervento dei relativi governi per compensare parzialmente i tagli nelle buste paga. Dunque, questa triangolazione ha dei costi per il contribuente, che li sopporta in nome di una solidarietà collettiva.

Il solidarismo renano ha dei caratteri in comune con i capitalismi fioriti in alcune nazioni dell'Estremo Oriente. Come la Germania, anche la Corea del Sud ha un'economia fondata sulle esportazioni. La recessione del 2008-09 l'ha colpita con una violenza spaventosa. Sono crollati le vendite all'estero, la produzione industriale, i consumi. L'occupazione, però, ha sofferto meno di quanto ci si potesse aspettare. Il caso della Shin Chang Electrics, che produce componenti per automobili, aiuta a capire perché. Nel 2009 i dirigenti della Shin Chang hanno proposto ai sindacati una riduzione del 20 per cento di tutte le retribuzioni (l'amministratore delegato si è tagliato il suo stipendio del 40 per cento e gli altri dirigenti del 30 per cento). In cambio di quel sacrificio nelle buste paga, l'impresa ha garantito che nessuno degli 810 dipendenti sarebbe stato licenziato.

La Shin Chang non è un caso isolato: è la norma. Un accordo nazionale lo generalizza. L'hanno chiamato «il grande patto dell'unità sociale». I contenuti sono semplici: gli industriali si impegnano a non licenziare; i sindacati accettano riduzioni salariali; il governo aiuta entrambe le parti con sgravi fiscali alle imprese che mantengono stabile l'occupazione. Questo tipo di patto sociale per lungo tempo ha caratterizzato diversi capitalismi asiatici. L'obiezione liberista è semplice: un'economia dove non si licenzia è anche un'economia dove si assume poco, perché le imprese diventano restie a caricarsi di una manodopera inamovibile. Anche quegli occidentali che guardavano con benevola curiosità ai paesi asiatici hanno finito per concludere che i loro sistemi consociativi non sono applicabili da noi.

In Asia c'è un forte rispetto delle gerarchie, un'etica del lavoro ben radicata; questo consente di ottenere dai lavoratori la massima produttività anche senza «frustarli» con lo spauracchio del licenziamento. Nella società atomizzata e individualista che prevale in Occidente – così ci è stato spiegato negli ultimi decenni – bisogna usare altri sistemi, fondati sugli incentivi e disincentivi economici: da noi i dipendenti sono efficienti se il datore di lavoro può usare la carota degli aumenti di stipendio e il bastone della disoccupazione. Nei paesi dove non c'è un innato senso della gerarchia, l'eccesso di sicurezza del posto di lavoro genera comportamenti parassitari, abbassa la produttività, favorisce l'assenteismo: è il caso estremo di certe burocrazie statali. Ma gli stereotipi sono fuorvianti. Nel cuore dell'Europa renana, l'alta produttività si ottiene anche attraverso la concertazione tra dipendenti e datori di lavoro.

Qualche esperimento interessante si segnala anche in Italia. Nel 2013 il sito lavoce.info ha segnalato quello che è avvenuto all'Ifoa di Reggio Emilia, un istituto di formazione aziendale dove è stato siglato un «contratto di solidarietà espansivo»: sono stati assunti definitivamente 29 precari in cambio di una riduzione minima degli stipendi e dell'orario dei lavoratori a tempo indeterminato. In base all'accordo, i suoi 84 impiegati in organico hanno accettato una riduzione di orario da 40 a 38 ore e un taglio dello stipendio di circa il 5 per cento (cioè una media di 80 euro mensili in meno in busta paga). Ciò ha permesso di assumere 29 persone a tempo indeterminato.

Per stipulare l'accordo, Ifoa e sindacati hanno fatto ricorso alla legge 863 del 1984, che prevede sia il contratto di solidarietà «difensivo» (riduzione degli stipendi in cambio di mantenimento degli organici nel periodo di crisi) sia quello «espansivo» (riduzione degli stipendi in cambio di nuove assunzioni). Mentre la solidarietà difensiva è stata spesso utilizzata nella crisi economica, gli esempi del secondo tipo sono rarissimi.

Questi esperimenti sull'orario di lavoro sembrano lontani anni luce dalle regole del gioco che prevalgono in America. In realtà, però, rappresentano soluzioni già adottate proprio negli Stati Uniti per uscire dalla Grande Depressione degli anni Trenta. Allora la Kellogg's, la celebre marca di cereali per la colazione, sperimentò la settimana di 30 ore e la giornata lavorativa di sei ore: era un modo per evitare i licenziamenti e ridurre i costi del lavoro in una fase di caduta delle vendite. I risultati sul morale dei dipendenti furono sorprendenti: in due anni la produttività aumentò a tal punto che in 30 ore gli stabilimenti della Kellogg's riuscivano a produrre gli stessi volumi di prima della crisi. L'85 per cento dei lavoratori furono entusiasti fautori della settimana ultracorta, nonostante la riduzione dei salari.

In quanto alle conseguenze del troppo lavoro sulla qualità di quello che facciamo, i Beatles ne erano ben consapevoli. John Lennon compone *Eight Days A Week* mettendoci una carica di rabbia personale, di sincera esasperazione. In quel periodo, il ritmo delle esibizioni in pubblico sta rischiando di ridurre la loro creatività. Per giostrarsi fra gli impegni presi con le case discografiche e i calendari già fissati con gli impresari dei concerti, sono costretti a produrre alcuni dischi fatti di vecchie canzoni, brani che loro stessi considerano di serie B, o veri e propri scarti. Lo stress dei concerti incide in tanti modi: all'apice della «beatlemania», appena loro salgono su un palco il pubblico comincia a urlare in modo scomposto, coprendo la musica. «Il chiasso degli spettatori è tale che non ci sentiamo suonare fra noi, andiamo a memoria, ogni tanto sbagliamo i tempi» confessa Paul. L'unico pubblico che li ascolta in religioso silenzio, la folla giapponese in un concerto a Tokyo, li sorprende e li spiazza: di colpo i quattro si accorgono di quanto stanno suonando male, ora che c'è il silenzio attorno. Nel 1966 i Fab Four decidono, a modo loro, una drastica «riduzione dell'orario di lavoro». È l'addio ai concerti dal vivo.

# XI
# Paperback Writer

PAPERBACK WRITER

Paperback writer
(Paperback writer, writer)
Dear Sir or Madam will you read my book
It took me years to write, will you take a look
It's based on a novel by a man named Lear
And I need a job,
So I want to be a paperback writer
Paperback writer

It's the dirty story of a dirty man
And his clinging wife doesn't understand
His son is working for the Daily Mail
It's a steady job,
But he wants to be a paperback writer
Paperback writer

Paperback writer
(Paperback writer, writer)

It's a thousand pages give or take a few
I'll be writing more in a week or two
I can make it longer if you like the style
I can change it round
And I want to be a paperback writer
Paperback writer

If you really like it you can have the rights
It could make a million for you overnight
If you must return if you can send it here
But I need a break
And I want to be a paperback writer
Paperback writer

Paperback writer
(Paperback writer, writer)
...

*«Caro Signore, cara Signora, leggerete il mio libro? /Ci ho messo anni a scriverlo, gli darete un'occhiata? /E ho bisogno di lavoro…»*

È la canzone dell'aspirante scrittore, che spera di sfondare con il suo *paperback* (libro tascabile). Esprime una piccola frustrazione vissuta in prima persona da John Lennon, che si è cimentato con la scrittura, ha pubblicato un paio di libri nel suo stile surreale, ma nonostante la notorietà ha avuto un successo modesto in libreria. Geni musicali, i Beatles non hanno mai veramente convinto quando si sono avventurati in altri mestieri, dal cinema al business.

Di che cosa vive il *paperback writer*, ammesso che qualcuno voglia leggerlo? Di diritti d'autore, royalty. Come chiunque crei un'opera dell'ingegno, che sia un libro o una canzone, un film o un software informatico.

Nell'Inghilterra dei Beatles, il trend della minigonna lanciata da Mary Quant e Twiggy contribuì a un temporaneo rilancio dell'industria dell'abbigliamento made in Britain. Un'industria che oggi praticamente non esiste più. Viviamo nell'economia del copyright. Molto più della produzione di cose, di beni materiali, il capitalismo di punta si basa sull'innovazione, la creatività, la produzione di idee. Il suo centro più rappresentativo è la Silicon Valley, insomma. Ma chi si appropria del valore economico, quando un artista crea un «contenuto» originale?

Com'è cambiato il mestiere del *paperback writer*, e anche quello del musicista, dall'epoca di una start-up chiamata The Beatles...

So di rivolgermi a un pubblico tendenzialmente amico. Se state leggendo questo libro, probabilmente l'avete anche comprato. Accettate ancora il principio di pagare un diritto d'autore a chi scrive. Ma siete forse, anche voi lettori paganti, una razza minacciata dall'estinzione? L'idea che la conoscenza e la creazione di contenuti debbano essere gratuite sta dilagando; questo principio sta invadendo silenziosamente settori molto diversi dal giornalismo e dalla scrittura. Su Internet trovate tutto quello che vi serve: diagnosi mediche o ricette di gastronomia, guide turistiche e corsi universitari online. Pensate, tutte le università di élite americane, quelle stesse Harvard e Stanford che riscuotono rette da 60.000 dollari per ogni singolo studente che frequenta i corsi «in carne e ossa», al tempo stesso si stanno buttando furiosamente nel business della formazione online. Semigratuita.

E chi paga quei professori che insegnano via Internet? Il modello che sta emergendo è il seguente: un singolo premio Nobel, registrando i suoi corsi online, può raggiungere da solo milioni di studenti nel mondo intero. Di conseguenza, lui può anche permettersi di praticare dei prezzi popolari, scontatissimi, low cost. Il premio Nobel si conquista un pubblico di massa talmente vasto che alla fine il suo fatturato personale sarà enorme. Il problema riguarda tutti gli altri professori, anche quelli bravi, ma che non hanno raggiunto lo status della *celebrity* mondiale. Per loro, la gratuità di Internet sarà l'anticamera della disoccupazione? Anche un mestiere come l'insegnamento, di questo passo, rischia di essere risucchiato in una dinamica delle diseguaglianze estreme, che abbiamo già visto all'opera in altre professioni. Ci saranno le superstar che prosperano nel futuro digitale dell'istruzione, e una massa di diseredati che insegnano guadagnando pochissimo.

Una rivoluzione altrettanto inquietante è avvenuta proprio nella musica. Il business musicale è letteralmente irriconoscibile, dai tempi dei Beatles. Oggi, se voglio ascoltare un brano di Paul McCartney, me lo guardo su YouTube. Gratis. Oppure vado su Pandora Radio o Spotify. Ancora gratis. Rispetto al mio comportamento da adolescente, quando «investivo» la paghetta per correre a comprare l'ultimo Lp (33 giri, vinile) dei Beatles, e quindi versavo il mio umile contributo alle loro royalty, oggi posso benissimo ascoltarli a sbafo, e quando capita lo faccio come centinaia di milioni di appassionati.

Per Paul McCartney non è un dramma. Quello che sta perdendo in royalty, in un mondo dove tutti si abituano a scaricare musiche gratis da Internet, Sir Paul lo recupera grazie al revival economico dei concerti. Ironia della sorte. Nel 1966 i Beatles smisero di fare concerti dal vivo, per varie ragioni: erano stufi per lo stress e la fatica di tournée massacranti; erano preoccupati per lo scadimento del loro talento artistico, messo a dura prova da quegli happening, diventati più fenomeni di sociologia collettiva (e problemi di ordine pubblico) che eventi musicali. Infine, però, i loro manager si accorsero anche di un problema economico: per quanto riempissero gli stadi, con i concerti i Beatles guadagnavano relativamente poco rispetto al fatturato immenso delle vendite dei dischi. Ritirandosi a registrare in studio, fecero un balzo prodigioso in termini di innovazione musicale (*Sgt. Pepper's* e *The White Album*, i dischi dei Beatles più innovativi, nascono nel chiuso degli studi di registrazione, lontano dal clamore dei raduni di massa). E le loro finanze non soffrirono affatto.

Oggi il mondo di Paul McCartney si è rovesciato. Le case discografiche sono in crisi, i Cd si vendono sempre meno, i giovani non pagano più per ascoltare ciò che possono scaricare da Internet. Gli stessi giovani, però, non esitano a tirar fuori 90 euro per un concerto dei Rolling Stones al Circo Massimo di Roma. E al Madison Square Garden di New York ci sono concerti di Paul McCartney, di Leonard Cohen o di Paul Simon dove i posti migliori sono stati messi in vendita a 1500 dollari cadauno. Cosa succede?

Lo stesso pubblico che si è assuefatto alla gratuità di Internet oggi va in cerca di un rapporto ravvicinato, intenso, «caldo» e personalizzato con l'autore-interprete preferito; è disposto a pagare tanto, pur di esserci dal vivo. Ma questo nuovo paradigma economico funziona solo per pochissime superstar. Un bravo musicista di modesta notorietà fa la fame. Molto peggio che ai tempi dei Beatles. E la stessa divaricazione feroce avviene nella musica classica. Dal fenomeno del trio Pavarotti-Domingo-Carreras fino a Lang Lang, l'opera lirica o la musica sinfonica hanno visto la nascita di superstar, celebrity mondiali. Anche loro riempiono gli stadi, letteralmente (Lang Lang ha suonato il piano alle Olimpiadi di Pechino). Al tempo stesso, tanti teatri dell'opera e orchestre filarmoniche sono sull'orlo del fallimento.

La Rete sta rovinando una generazione di musicisti. Da una parte c'è la religione della gratuità, con il dogma «naturale» per le generazioni più giovani: la musica si ascolta e non si paga. Fenomeno di cui ricordo bene le origini, perché partì da San Francisco con Napster, che mise la pirateria alla portata di tutti gli adolescenti. Dall'altra parte c'è l'anti-Napster, nato sulle ceneri di quella società: il meganegozio digitale di iTunes, una delle trovate geniali di Steve Jobs. Con pochi comandi del mio polpastrello, sfiorando lo schermo dell'iPod o dell'iPhone, compro su iTunes qualsiasi brano musicale per la modica cifra di 99 centesimi di dollaro. Una semplicità disarmante. Di quei 99 centesimi, quanta parte va al musicista? Quasi niente. Jobs ha inventato iTunes per arricchire Apple, non i musicisti. Dunque, se io sono un teenager, normalmente ascolto la musica senza pagare niente a nessuno; se sono un adulto ligio a costumi antichi, ascolto la musica pagando Apple o Amazon. Chi ci rimane fregato è il musicista. Sempre.

Ci siamo tutti fatti sedurre dal canto delle sirene, abbiamo creduto davvero di vivere nel giardino dell'Eden, il paradiso terrestre dove ogni bendidio è alla portata di un «clic», gratis? Molti giovani appassionati di musica hanno sinceramente visto nella Rete un alleato. Non solo per scaricare brani e ascoltarli a costo zero, ma anche per creare musica, diffonderla, arrivare direttamente al pubblico saltando l'intermediazione rapace delle case discografiche. Tuttavia, i talenti che riescono a emergere sulla scena musicale usando la Rete come piattaforma sono un numero esiguo. Tutti gli altri: servi della gleba. Producono musica, magari di ottima qualità, che viene consumata gratis. A guadagnarci è YouTube, che piazza la sua pubblicità quando noi clicchiamo su un segmento di video o di audio.

Tutta la nuova economia digitale funziona così. Interi mestieri stanno scivolando verso la povertà cronica, sottopagati o non pagati affatto. Amazon sta facendo lo stesso con gli scrittori. E Google sta saccheggiando il lavoro dei traduttori, che «amalgama e aggrega» nel suo algoritmo di traduzione. Dietro quel traduttore automatico c'è tanto lavoro non pagato. Ecco il nuovo «business model»: una massa sterminata di servi della gleba genera contenuti gratis, che poi loro stessi consumano gratis in veste di utenti. In mezzo, il sistema è presidiato da potenti aggregatori e intermediari, i Padroni del Cyber-universo, che ai propri azionisti e top manager garantiscono una ricchezza smisurata.

Ogni singolo utente di Facebook è chiamato a sua volta a offrire generosamente un contenuto gratuito (informazioni su se stesso, i propri gusti, le proprie amicizie) che i proprietari di Facebook trasformano in ricchezza privata, vendendola sotto forma di pubblicità e contatti di marketing. Lo stesso fanno gli altri big della Rete: vendono tutto quello che sanno su di noi alle aziende che piazzano prodotti e servizi su iTunes, Amazon, pubblicità a pagamento su Google. Le aziende devono pagare un pedaggio esoso per ottenere dai giganti dell'economia digitale quelle stesse informazioni che noi, invece, abbiamo regalato senza nessun compenso.

Lettore, stai attento: quando su Internet ti dicono «gratis», vuol dire che il prodotto sei tu. Con la gratuità ti hanno fatto abbassare le difese, e ora stai concedendo ai padroni della Rete cose che un tempo ti sarebbero parse inimmaginabili. Eccoti un esempio. Siccome Internet è lo spazio di tutte le nostre comunicazioni, è moltiplicato all'ennesima potenza quello che ai tempi dei Beatles era il telefono fisso in casa: l'infrastruttura essenziale per collegarsi all'esterno. Non a caso, allora le compagnie telefoniche erano delle utility pubbliche o regolamentate per tutelare alcuni diritti dell'utente. Allora immagina te stesso all'epoca in cui tutti avevano in casa il telefono fisso, poi immagina un tecnico della Telecom (o della Sip, come si chiamava ai tempi dei Beatles) che entra in casa tua per un allacciamento o una riparazione o una lettura di bolletta, e ne approfitta per: fotografare ogni stanza del tuo appartamento; rovistare nei tuoi cassetti; aprire e leggere i tuoi documenti personali, fotografando anche quelli; filmarti a tua insaputa mentre mangi, leggi, guardi la Tv (che programmi guardi?), dormi. Alla fine, lo stesso tecnico offre a pagamento tutte queste informazioni: alle banche, alle assicurazioni, alla grande distribuzione, al marketing di tutte le multinazionali. Questo è Internet gratuito: gratis perché in vendita sei tu.

Se è vero che la gratuità di Internet è un generatore di ricchezza alla portata di tutti, dove sono i posti di lavoro? Dov'è la nuova ricchezza diffusa a piene mani grazie a Google, Facebook, Amazon e Twitter? A parte i milionari della Silicon Valley e le oasi di benessere create in alcune tecnopoli come San Francisco e Seattle, gli ultimi vent'anni hanno visto un rattrappimento della *middle class* americana, un impoverimento dei lavoratori e del ceto medio.

E mentre eserciti di avvocati della Silicon Valley combattono una guerra senza quartiere per accaparrare brevetti industriali a favore di questo o quel colosso capitalistico, il diritto d'autore dei piccoli creativi è terreno di caccia per scorribande corsare. Istinto monopolistico, concentrazione di ricchezza, intrusione nei diritti dell'individuo: com'è lontano il giardino dell'Eden che ci era stato promesso, nei vangeli aprocrifi della «mia» California.

Qual è il medico più consultato dagli americani? Google. Proprio così: milioni di americani (e non solo loro), quando hanno dei sintomi di malattia, vanno prima di tutto a fare un'indagine online, usando il motore di ricerca Google che, a sua volta, saccheggia Wikipedia e varie enciclopedie mediche in Rete. Solo dopo aver fatto questa prima auto-diagnosi, e sulla base dei risultati ottenuti, decidono se sia il caso di consultare uno specialista. Risultato: milioni di visite vengono «sottratte» annualmente ai medici di famiglia, riducendo di altrettanto il loro lavoro e il loro reddito. E Google, naturalmente, si appresta a lucrare su questo suo nuovo mestiere, e si sta preparando a entrare nel business della salute con software diagnostici sempre più sofisticati, da usare a domicilio. L'esempio appena citato è usato da Tyler Cowen, uno degli economisti americani più acuti nell'analizzare le potenzialità dell'intelligenza artificiale. Sì, perché quando parliamo di intelligenza artificiale, noi spesso pensiamo a scenari da fantascienza: gli androidi di *Blade Runner*, il robot sterminatore di *Terminator*, o la seducente e possessiva cyber-assistente di *Lei* (con voce prestata da Scarlett Johansson). Finiamo così per ignorare che l'intelligenza artificiale è già in mezzo a noi, con fattezze più banali e prosaiche, e sta svuotando di contenuto, di status e di reddito anche professioni prestigiose come quella medica.

Ora a lanciare l'allarme sui pericoli dell'intelligenza artificiale è un imprenditore al di sopra di ogni sospetto: Elon Musk, fondatore e capo di Tesla Motors, l'azienda di auto elettriche con sede nella Silicon Valley. Il quarantatreenne Musk è un «innovatore seriale», il contrario di un oscurantista. Abbraccia il progresso tecnologico, anzi lo promuove. Spesso con un atteggiamento disinteressato: ha rinunciato alla proprietà dei brevetti Tesla incoraggiando i concorrenti a copiarli, per accelerare la diffusione dell'auto elettrica. Proprio per questo fa scalpore il suo monito, affidato a un messaggio su Twitter: «Dobbiamo stare molto attenti con l'intelligenza artificiale: è potenzialmente più pericolosa del nucleare».

Musk racconta che il suo timore è stato ispirato e amplificato dalla lettura di un saggio di Nick Bostrom, *Superintelligence: Paths, Dangers, Strategies*, dove si analizzano i problemi legati alla creazione di computer sempre più potenti, capaci di superarci e sostituirci. Musk si sente direttamente coinvolto, e in qualche modo responsabile, perché nella sua attività di venture capital investe insieme a Mark Zuckerberg (Facebook) in una società che si occupa proprio di spostare sempre più avanti le frontiere dell'intelligenza artificiale. L'azienda si chiama Vicarious, la dirige Scott Phoenix, e il suo obiettivo dichiarato è «costruire un computer che pensa esattamente come un essere umano, ma a differenza di noi non ha bisogno di mangiare o di dormire».

I saggi più dibattuti degli ultimi anni, nella Silicon Valley, riguardano proprio la sfida che l'intelligenza artificiale pone a noi umani. Da una parte c'è Tyler Cowen con *Average Is Over*, dall'altra *The Second Machine Age* di Erik Brynjolfsson. Con toni tutt'altro che apocalittici, descrivono una conquista strisciante, già adesso molto più avanzata di quanto crediamo. Quando Barack Obama esulta per i segnali di una reindustrializzazione dell'America – un inizio d'inversione di tendenza dopo decenni di delocalizzazioni nei paesi emergenti – sottovaluta il fatto che le nuove fabbriche vengono costruite sì sul territorio degli Stati Uniti, ma con poca o nulla manodopera «umana». Sono aziende che puntano sulla robotica, l'automazione pressoché totale, alle quali si applica una descrizione paradossale: «L'impresa del futuro impiegherà solo un uomo e un cane. L'uomo deve nutrire il cane. Il cane deve tenere l'uomo lontano dalle macchine».

L'intelligenza artificiale non deve avere necessariamente le sembianze dei personaggi di *Terminator*, *Lei* o *Blade Runner*. È già oggi in poderosa avanzata, protagonista di un'invasione strisciante nei nostri luoghi di lavoro. Ha le fattezze di Google-medico, o di Google-traduttore. La stessa azienda Vicarious finanziata da Musk elabora, fra le tante tecnologie innovative, «un sistema di percezione visuale che interpreta i contenuti delle fotografie e dei video in un modo simile agli esseri umani». Ben presto anche tecnici televisivi e registi cinematografici saranno sostituiti da computer?

L'allarme di Musk viene respinto da uno dei guru più celebri dell'intelligenza artificiale, quel Raymond Kurzweil che, alla soglia dei 70 anni, è ancora una mente fertile d'invenzioni (è il padre dello scanner, fra l'altro). «Gli esseri umani, quelli biologici,» ribatte Kurzweil «non saranno spiazzati dall'intelligenza artificiale, perché la useranno sempre più come uno strumento al proprio servizio, per esaltare e potenziare le loro stesse capacità. Non vedo una guerra fra noi e le macchine, semmai un'alleanza e una fusione. Che ci renderà migliori.» Guarda caso, però, Kurzweil è uno dei più importanti cervelli di Google, mentre Musk è alleato di Facebook.

L'intelligenza artificiale è già oggi un terreno di sfida e di competizione tra i colossi della Rete. E la Singularity University di Moffett Field nella Silicon Valley, cofondata da Kurzweil, sta già sperimentando un'altra sostituzione uomo-macchina: i professori robot. Uno degli scenari discussi alla Singularity University che allarma Musk vede in noi umani una sorta di stadio intermedio dell'evoluzione: gli «assistenti biologici» incaricati di funzioni ancillari rispetto a macchine più evolute.

Un gigantesco ratto accoglie ogni mattina i giovani talentuosi che vanno a lavorare nella sede newyorchese di Google, al Chelsea Market. In America il megaratto di plastica gonfiabile è un'icona classica delle proteste sindacali, viene usa-

to per denunciare vistosamente aziende che non rispettano
i diritti dei lavoratori. Quel roditore in formato King Kong
non è rivolto a Google, bensì a una ditta edile che fa dei lavori nel palazzo. I dipendenti di Google, liberal e progressisti, simpatizzano con la protesta. Non li sfiora l'idea che
quel ratto potrebbero gonfiarlo loro e portarselo in ufficio,
per protestare contro il proprio datore di lavoro. In casa
Google il sindacato non esiste. Non è mai esistito. Non è
previsto. E per quei giovani con master o Ph.D. nelle migliori università d'America è normale così. Non si conce-
piscono come una categoria, ancor meno una «classe», che
potrebbe avere legittime rivendicazioni collettive. Ciascuno per sé è il motto del carrierismo individuale che regna
nelle aziende hi-tech.

Salvo scoprire che il padrone è sempre un padrone. Proprio Google è stata colta in fallo, in collusione con Apple,
in un maxiprocesso ricco di colpi di scena. L'antefatto risale all'epoca in cui Steve Jobs era ancora vivo e al timone
di Apple. Con il chief executive di Google, Eric Schmidt,
Apple fece un «patto di non aggressione»: tu non mi rubi
i miei ingegneri, io non assumerò mai nessuno dei tuoi dipendenti. Un modo per congelare la mobilità, cancellare
ogni concorrenza tra datori di lavoro, quindi evitare aumenti di stipendio.

Il fondatore di Amazon, Jeff Bezos, è protagonista di una
guerra senza quartiere contro editori e autori di libri. I metodi di Amazon fanno paura: il colosso del commercio online
è arrivato a cancellare dai propri listini i libri dei suoi nemici, per far calare le vendite e metterli in ginocchio. Decine
di scrittori hanno denunciato i metodi ricattatori. Lo scontro ha avuto un risvolto «orwelliano» quando Amazon ha
chiamato in causa proprio il defunto George Orwell, l'autore
antitotalitario di *1984* e *La fattoria degli animali*, cercando di
usarlo a proprio sostegno. Salvo scoprire che Amazon aveva
capovolto il pensiero di Orwell. Curioso destino, quello di
Bezos. Ricordo bene quando nacque Amazon, perché di lì a

poco mi trasferii a vivere in California, all'epoca della prima New Economy. Ne divenni subito un cliente affezionato. Il suo catalogo sterminato, la facilità d'uso del sito, la velocità e affidabilità delle consegne, il servizio postvendita: Amazon ci trasportava in un mondo dove il lettore era sovrano, un sistema di vendita più efficiente rispetto alle catene di librerie-supermarket. Ma una volta messi in ginocchio i librai, Amazon ha gettato la maschera. Ormai vende di tutto. Sa tutto di noi consumatori. E vuole fare terra bruciata della concorrenza.

È una storia familiare. Ci sono passati tutti, senza eccezioni. Prima Bill Gates. Poi Steve Jobs. I fondatori di Google, Larry Page e Sergey Brin. Fino a Mark Zuckerberg di Facebook. Tre generazioni, con storie diverse, ma unite dalla stessa parabola. I «ragazzi del web» cominciano sempre come degli idealisti. Nella generazione di Steve Jobs, la cultura era la stessa dei figli dei fiori, il movimento hippy esploso con la Summer of Love di San Francisco. Libertari, antiautoritari, trasgressivi, ambientalisti, amici delle minoranze oppresse. Quei valori restano nel Dna della Rete: molti di questi capitalisti donano generosamente alle cause liberal, come i matrimoni gay o la lotta contro il cambiamento climatico. Come imprenditori, però, hanno finito per gettare la maschera: i ragazzi ribelli di ieri sono i monopolisti prepotenti di oggi. Google è alle prese con l'antitrust europeo. Facebook è capace di usarci tutti come delle cavie da laboratorio: uno degli ultimi esperimenti è la manipolazione segreta di ciò che alcuni utenti mettono su Facebook, per studiare come i loro sentimenti possono essere influenzabili. La nostra privacy è terreno di scorribande sempre più spregiudicate.

Com'è stata possibile questa involuzione? Perché i giovani trasgressivi di ieri si sono trasformati nei «cattivi ragazzi» della Rete? In parte, è un copione classico nella storia dell'economia moderna. I capitalisti, checché dicano nei convegni, non amano la concorrenza. Il loro sogno è il monopolio, che garantisce i massimi profitti con il minimo rischio. Il mercato va protetto dalle loro mire, e in America, dagli anni Ottanta in poi, questo è accaduto sempre meno: da Ronald Reagan fino a George Bush è stato un arretramento continuo dell'antitrust. L'amministrazione Obama avrebbe voluto invertire la tendenza, ma i Padroni della Rete sono progressisti e generosi finanziatori del Partito democratico. Un'altra spiegazione del destino monopolista è in un vizio culturale originario. La cultura della Silicon Valley è ultraprogressista, ma anche di un individualismo sfrenato: di qui l'avversione per il sindacato; la venerazione dell'imprenditore-genio. Le degenerazioni di questa visione portano fino ai progetti stravaganti di creare sedi offshore su piattaforme marine extraterritoriali, Stati sovrani dove trapiantare la Silicon Valley lontano dai vincoli della politica e del consenso.

Mi trasferii a San Francisco nel 2000, per vivere nel cuore della Silicon Valley la prima rivoluzione di Internet. Ero l'unico corrispondente di un giornale italiano sulla West Coast. Per quattro anni mi sono immerso in quel mondo, per me così accogliente e al tempo stesso molto più «esotico» di quanto non si creda in Europa. In California, allora come oggi, nascevano a getto continuo le tecnologie che hanno cambiato la nostra vita e il nostro lavoro: il modo di comunicare, di informarci, di coltivare le amicizie, di protestare e di fare politica. Ho messo radici profonde in quella terra, dove i miei figli sono diventati cittadini americani e dove mia figlia vive tuttora. È un mondo che continua ad affascinarmi e al tempo stesso mi spaventa sempre di più. La sua realtà quotidiana è molto diversa dalle visioni degli utopisti che progettavano un nuovo mondo di accesso egualitario, di sapere e opportunità alla portata di tutti.

Alla larga dalla tecnofobia, guai a disprezzare i benefici a cui ci siamo assuefatti: nessuno di noi vorrebbe veramente tornare indietro, se abbiamo l'onestà di ricordare, se capiamo cosa significherebbe regredire alle tecnologie degli anni Ottanta. Ma il tecno-totalitarismo che avanza non è neutro né innocente. I nuovi Padroni dell'Universo si chiamano Apple e Google, Facebook, Amazon e Twitter.

So di appartenere a una generazione di «immigrati digitali», quelli che sono nati nell'era pre-Internet e hanno dovuto via via imparare a maneggiare tutte le nuove tecnologie che venivano sfornate alla velocità della luce; ben diversi i miei figli, «nativi digitali», che conoscono solo il mondo della Rete, trovano tutto facile e normale perché questa è la loro terra d'origine. Ma proprio perché ricordo come si stava prima, sono vaccinato contro le nostalgie superficiali e gli snobismi retrò. Quando, nel 1989, facevo il reporter durante le rivoluzioni postcomuniste e seguivo la rivolta in Romania contro il dittatore Ceausescu, erano enormi le difficoltà per accedere alle poche linee telefoniche internazionali e mandare notizie su quegli eventi tragici da Bucarest al resto del mondo. Oggi io scrivo volando a 8000 metri di altitudine sulla rotta San Francisco - New York, con il wi-fi che mi consente di navigare su Internet, consultare lo scibile umano usando il motore di ricerca Google e l'enciclopedia online Wikipedia, poi trasmettere quel che scrivo in tempo reale. Posso orientarmi sui miei viaggi prima ancora di atterrare, usando il Gps e le mappature digitali. Dialogo con i miei lettori istantaneamente su Facebook e Twitter. Per non parlare dei progressi che riguardano la stessa vita umana: il jet su cui viaggio è molto più sicuro di alcuni decenni fa, grazie all'informatica. E al prossimo appuntamento per un'intervista con lui, Bill Gates mi spiegherà ancora una volta in modo convincente quali passi da gigante la tecnologia ha consentito di fare per abbattere i costi di alcune cure mediche, vitali per la sopravvivenza di interi popoli.

Al tempo stesso avverto il pericolo che questa straordinaria facilitazione che la Rete ci offre in tutte le attività umane ci stia rendendo più superficiali, distratti, immersi in un frastuono di cose irrilevanti. Lo scibile umano è a portata di pochi gesti con i polpastrelli delle dita sul display di uno smartphone, ma sappiamo davvero come utilizzare questa immensa quantità di conoscenze? Abbiamo ancora la disciplina per selezionare le cose importanti, imporci una gerarchia di valori e di priorità? Fare il silenzio attorno a noi? Riflettere? Leggere un libro, da cima a fondo, senza essere interrotti da e-mail, sms, foto su Instagram e WhatsApp?

Mi preoccupa anche il tecno-feticismo che ha invaso il discorso politico. Vi ricordate con quanta superficialità le rivolte delle primavere arabe furono analizzate da tanti intellettuali occidentali, che le definirono «le rivoluzioni di Twitter e di Facebook»? Certo che sapevano usare Twitter e Facebook, i ragazzi egiziani in prima linea nelle manifestazioni di piazza Tahrir contro Mubarak. È bastato perché fossero vittoriosi i loro ideali di libertà? No, le tecnologie non sono onnipotenti. Chi le idolatra finisce per ridicolizzarsi, come è avvenuto più volte: in Italia con l'adorazione acritica del Dio Internet da parte del Movimento 5 Stelle. Le tecnologie non hanno un segno politico, non sono portatrici di valori: le sa usare anche Vladimir Putin; hanno imparato a usare Twitter e Facebook anche gli imam che predicano l'integralismo più oscurantista e la *jihad*.

Ho visto da vicino, e ho misurato sulla mia pelle, cosa può diventare la Rete nelle mani di un grande e moderno apparato autoritario: la Cina. Sono stato corrispondente a Pechino per cinque anni, magnifici e anche terrificanti. Ho vissuto le repressioni feroci delle rivolte etnico-religiose nel Tibet e nello Xinjiang. Sono penetrato in quelle regioni da clandestino, e ho scoperto cosa sa fare il governo cinese: blackout informatici, oscuramento di Internet e della telefonia mobile. E anche nel mio ufficio di Pechino avevo accesso solo a una Rete «selettiva», epurata di notizie sgradite alla nomenklatura comunista. È la stessa nomenklatura cinese che alleva nelle sue accademie militari giovani geni informatici specializzati nella nuova guerra, i cyber-attacchi degli hacker che praticano lo spionaggio industriale e militare.

Vivendo negli Stati Uniti, sento che qualcosa sta cambiando nella percezione delle tecnologie: l'atmosfera è meno acritica, il tecno-ottimismo perde colpi proprio nella sua patria originaria. Grandi pensatori s'interrogano sulle biforcazioni malefiche che ha imboccato il progresso. Internet è nata come un bene pubblico; poi è stata oggetto di una forsennata appropriazione privata, che ha coinciso con un'inaudita accumulazione di ricchezze. A vantaggio di pochi. Mi colpisce la collusione e la complicità sempre più frequente tra questi due capitalismi vecchio e nuovo. I giovani capitani d'industria di Internet hanno sedotto gli anziani banchieri di Wall Street, che a loro volta sono stati generosi di bolle speculative che hanno avuto a che fare con la Silicon Valley... E, in comune, queste due facce del capitalismo moderno hanno una stessa forma ideologica: vogliono convincerci della loro inevitabilità, ineluttabilità.

# XII

# You Never Give Me Your Money

YOU NEVER GIVE ME YOUR MONEY

You never give me your money
You only give me your funny paper
And in the middle of negotiation you break down

I never give you my number
I only give you my situation
And in the middle of a investigation I break down

Out of college money spent
See no future, pay no rent
All the money's gone, nowhere to go
Any jobber got the sack
Monday morning turning back
Yellow lorry slow, nowhere to go

But oh, that magic feeling
Nowhere to go
Oh, that magic feeling
Nowhere to go
Nowhere to go

One sweet dream
Pick up the bags and get in the limousine
Soon we'll be away from here
Step on the gas and wipe that tear away
One sweet dream
Came true today
Came true today
Came true today

One two three four five six seven
All good children go to heaven
One two three four five six seven
All good children go to heaven...

*«Non mi dai mai i tuoi soldi…»*

*You Never Give Me Your Money* è una canzone molto triste, parole e musica sono intrise di malinconia. Pochi fan a
quell'epoca lo capiscono. Per chi legge fra le righe, preannuncia l'inizio della fine di una meravigliosa avventura artistica, che era anche stata la storia di un'amicizia fra quattro
ragazzi. Viene composta in un anno (il 1969) in cui questioni
di soldi accentuano nel gruppo quelle tensioni che porte-
ranno presto allo scioglimento. Dopo la morte, nel 1967 (uf-
ficialmente per overdose, ma forse si trattò di suicidio), del
loro primo manager Brian Epstein, la ricerca del suo successore alimenta incomprensioni. Paul McCartney tenta di
imporre come manager il cognato, fratello di sua moglie
Linda Eastman. Gli altri tre lo accusano di «familismo» e
si mettono d'accordo su un altro amministratore. I Beatles
non sono mai stati realmente venali, le diatribe sul denaro
forse non sarebbero bastate a separarli. Ma i sospetti sulla
scelta del manager si aggiungono alla «zizzania» seminata
da Yoko Ono, alla pessima intesa fra tutte le mogli. Soprattutto, la loro armonia artistica si sta logorando in modo irrimediabile. Alla simbiosi creativa – soprattutto fra John e
Paul – stanno subentrando rivalità, gelosia, intolleranza.
La registrazione degli ultimi album, da *Let It Be* ad *Abbey
Road*, avviene «in un clima d'inferno», secondo i ricordi di

Lennon. (Ne vengono fuori, misteriosamente, miracolosamente, alcuni dei loro capolavori.)

Per quanto Steve Jobs li ammirasse, i Beatles furono dei pessimi uomini d'affari. Passarono gran parte della loro vita a «rincorrere» copyright sulle loro canzoni che avevano ceduto ad altri in modo dissennato, per distrazione, ingenuità o cattivi consigli. In uno dei momenti in cui stavano tentando di «ricomprarsi i diritti su se stessi», Lennon disse: «I'm sick of being fucked about by men in suits sitting on their fat arses in the City» (mi fa vomitare essere preso per il culo da uomini in giacca e cravatta che siedono sui loro grassi culi nella City). Il linguaggio colorito era tipico di John. Ce l'aveva a morte con avvocati e banchieri, gli uomini della City finanziaria di Londra, che secondo lui lo fregavano nei negoziati sui copyright.

Dopo l'assassinio di John, si presentò un'occasione in cui Paul avrebbe potuto ricomprare tutti i diritti sull'opera omnia dei Beatles, ma non trovò un accordo con Yoko Ono. Alla fine spuntò fuori Michael Jackson, amico ed estimatore di Paul (insieme i due hanno composto e cantato brani eccellenti come *Say Say Say*). Fu Michael Jackson a tirar fuori 47 milioni di dollari (105 milioni al valore di oggi) per comprare l'intero pacchetto dei diritti Beatles, per poi rivenderlo, alcuni anni dopo, alla multinazionale giapponese Sony, trasformandolo in un business miliardario.

Con 600 milioni di dischi venduti, i Beatles restano ineguagliati nella storia musicale di tutti i tempi. Dopo lo scioglimento della band, McCartney da solo ha venduto altri 100 milioni di dischi suoi. Per avere un metro di paragone: i Rolling Stones, con una carriera musicale assai più lunga visto che dura tuttora, hanno venduto un terzo dei Beatles: 200 milioni di dischi.

Sono cifre che danno le vertigini. I Beatles sono stati un'industria, un fenomeno economico di primaria importanza, il loro successo ha coinciso con l'esplosione di un mercato di massa per la musica pop. Eppure, oggi, la ricchezza

personale di Sir Paul, 680 milioni di sterline, pur ragguardevole, è una cifra che «scompare» rispetto ai patrimoni
di tanti sconosciuti trader degli hedge fund di Wall Street.
Michael Bloomberg, l'ex sindaco di New York che prima
aveva fatto fortuna creando una società d'informazione finanziaria per le banche, ha una ricchezza personale di 33 miliardi di dollari, cioè oltre trenta volte maggiore di quella di
McCartney. E Bloomberg è solo l'ultimo piazzato nella top
ten degli americani più ricchi. Per arrivare al secondo posto, che appartiene a Warren Buffett, fondatore del conglomerato finanziario Berkshire Hathaway, bisogna «pesare»
67 miliardi. Bill Gates, numero uno, è a quota 81 miliardi.
Questi «veri straricchi» sono personaggi molto diversi tra
loro, ma c'è un filo comune che li unisce tutti: la Borsa. Se
sono riusciti ad accumulare patrimoni stratosferici, è per il
valore di Borsa delle loro azioni. La vera ricchezza sta nella finanza. Questo vale anche per le star del management,
i chief executive, che si arricchiscono con le stock option e
i premi in azioni, più ancora che con i loro megastipendi.

Non chiamateli l'«1 per cento». Potrebbero offendersi. Loro sono lo 0,01 per cento, per la precisione. Gli straricchi sono tornati più potenti che mai. Rifioriscono non
«malgrado» la crisi, ma «grazie» al cataclisma economico
esploso nel 2008. Alla radice di alcune fra le maggiori fortune finanziarie di oggi ci sono proprio delle operazioni speculative legate a quel disastro. I nomi più altisonanti moltiplicavano il proprio patrimonio, mentre il resto della nazione
(e del mondo) andava a picco. Warren Buffett era già prima del 2008 uno dei più ricchi. Nel suo caso, una buona
dose di acume finanziario e sangue freddo l'hanno aiutato. «Siate timorosi quando gli altri sono accecati dall'avidità, siate avidi quando gli altri hanno paura.» Questa sua
massima, l'ha messa in pratica nel momento più buio: tra
il 2008 e il 2009 ha fatto incetta di azioni di grandi società
quotate, da Goldman Sachs a General Electric. Mentre il piccolo risparmiatore cedeva al panico, e così facendo liquida

va con forti perdite i propri portafogli azionari, lui rastrel-
lava a man bassa e a prezzi di liquidazione.

Esistono poi quelli, più invisi alla pubblica opinione, che
si sono arricchiti direttamente speculando sulle disgrazie
altrui. Il grande manager di hedge fund John Paulson, per
esempio, aveva puntato proprio sul default dei mutui subprime. Mentre il crac dei titoli legati a quei mutui seminava
disperazione tra milioni di famiglie colpite da pignoramenti
giudiziari, lui intascava plusvalenze sulle sue speculazioni
al ribasso. Ed era così accorto da farlo nella legalità, senza
incappare nelle conseguenze giudiziarie che perseguita-
no grandi banche del calibro di JPMorgan Chase o Bank of
America Merrill Lynch (anche loro accusate di avere contribuito al disastro dei mutui subprime, con azioni fraudo-
lente nei confronti degli investitori e dei clienti).

Ci sono anche storie meno note, nomi sconosciuti al grande pubblico, e tuttavia altrettanto clamorose. Bruce Karsh
e Howard Marks, gestori del fondo d'investimento californiano Oaktree Capital Management, proprio nel 2008 si
misero a fare incetta di bond privati, obbligazioni emesse
da aziende. Le sceglievano tra le più malandate: *distressed
debt*, letteralmente «debito disperato», titoli emessi da imprese che sembravano condannate alla bancarotta. In certi
casi il *distressed debt* può essere peggio dei *junk bond*, i titoli
spazzatura. Karsh e Marks, attraverso Oaktree, ne compra-
rono per 6 miliardi di dollari. Appena cinque anni dopo, il
valore di quei titoli è esattamente raddoppiato: la plusva-
lenza è di 6 miliardi netti. Alcune aziende *distressed* sono
davvero finite gambe all'aria, ma altre sono sopravvissute
alla bufera, si sono risanate, e quei titoli che loro compra-
rono per pochi spiccioli ora valgono una fortuna. Un'altra
storia che finisce in questo elenco ha come protagonista
Joshua Harris, fondatore della finanziaria Apollo Global
Management. Quando tutti vendevano in preda al panico, o erano costretti a farlo per rimborsare i propri debiti,
lui rastrellò titoli obbligazionari nel settore petrolchimico.

Ci ha guadagnato così tanto che si è tolto lo sfizio di comprare due squadre sportive, i Philadelphia 76ers della Nba (basket) e i New Jersey Devils della Nhl (hockey).

Due tratti spesso uniscono i «profittatori» della grande crisi. In primo luogo, sono quasi sempre legati al mondo della finanza. Nel caso di Harris e dei suoi colleghi nel top management della finanziaria Apollo, vengono tutti dalla defunta banca d'affari Drexel Burnham Lambert. Il nome di Drexel sembra appartenere a un'altra era geologica. Fu la banca spericolata per eccellenza, negli anni Ottanta. Ebbe al suo vertice Michael Milken, il trader dei *junk bond* condannato nel 1989 a dieci anni di carcere, personaggio che in parte ispirò il personaggio di Gordon Gekko nel primo film *Wall Street* di Oliver Stone. Oggi Milken è tornato in auge, ha un patrimonio di 2 miliardi, tiene conferenze nelle università. Oltre al filo comune della finanza, gli straricchi condividono la passione per investimenti immobiliari nella categoria dei «trofei». Marks ha pagato 52 milioni per un appartamento al 740 Park Avenue di Manhattan.

I Beatles furono i primi inglesi a conquistare l'America, imponendole una pop music venuta dall'altra sponda dell'Atlantico. Fu un vero shock per l'orgoglio nazionale: la patria di Elvis Presley non pensava di doversi inchinare alla reinvenzione del rock a opera di stranieri. Ma era dai tempi dell'inglese John Maynard Keynes, oltre ottant'anni fa, che l'America non si lasciava conquistare da un economista europeo. La nazione più ricca e più avanzata del mondo riteneva di non aver nulla da imparare dalla vecchia Europa, almeno nella scienza economica. Oggi si ricrede. È merito di un quarantenne francese, Thomas Piketty, autore del libro *Il Capitale nel XXI secolo*, un monumentale studio su due secoli di diseguaglianze, la loro storia e le loro cause. Barack Obama l'ha invitato a Washington, a New York l'hanno voluto accogliere i due premi Nobel per l'economia Paul Krugman e Joseph Stiglitz.

In cerca di un nuovo «pensiero forte» dopo la grande crisi del 2008, l'America sembra averlo trovato in questo francese che l'ha ripudiata anni fa. L'originalità di Piketty sta nell'aver ricostruito l'andamento secolare delle diseguaglianze, sia nei redditi sia nei patrimoni. In sintesi, ecco il risultato: il capitalismo è stato accompagnato da diseguaglianze estreme dalla Rivoluzione francese fino alla prima guerra mondiale; è seguito un periodo di relativo livellamento dei patrimoni e dei redditi fra le classi sociali nel XX secolo (compreso il trentennio «glorioso» dopo la seconda guerra mondiale); infine, dal 1980 a oggi, le disparità hanno ricominciato a salire a livelli estremi. Dopo la descrizione, Piketty fornisce l'interpretazione. Una causa delle diseguaglianze odierne sta nel fatto che un'élite (tra cui i top manager) ha «fatto secessione» dal resto della società, si è conquistata il potere di fissare i propri guadagni in modo autonomo, senza alcun collegamento con la propria produttività. Il secondo fattore è perfino più importante: quando la crescita economica e demografica ristagna, prende il sopravvento la rendita finanziaria, e automaticamente chi ha patrimoni accumulati diventa sempre più ricco.

Ecco i passaggi più significativi del dialogo a tre a cui ho assistito a New York tra il francese e i due Nobel americani.

Thomas Piketty: «Questo studio collettivo è cominciato quindici anni fa ed è composto di due parti. Da un lato abbiamo raccolto dati sui redditi, in quei paesi dov'è esistita da tempo un'imposta personale. Cioè tutti i paesi occidentali e anche Cina, India, molte nazioni dell'America latina. Dall'altro abbiamo raccolto i dati sui patrimoni, usando anche le statistiche sulle tasse di successione. Europa e Giappone sono due esempi illuminanti per capire come si crea una società "patrimoniale", dove contano le ricchezze ereditarie: bassa natalità e bassa crescita economica rendono prevalenti le ricchezze già accumulate. Questa sta diventando la regola nel mondo intero. La chiave di tutto sta nel rapporto tra due variabili: da una parte il rendimento netto del capitale, dall'altra la crescita economica (a sua volta legata anche a quella demografica). Se il rendimento del capitale supera la crescita economica, come sta accadendo, ecco che il XXI secolo assomiglia sempre di più all'Ottocento: si va verso delle società oligarchiche. L'eccezione, l'anomalia più importante, l'abbiamo avuta per un lungo periodo del Novecento, dopo le due guerre mondiali, e in particolare dalla ricostruzione postbellica agli anni Settanta. Le diseguaglianze diminuirono sia per la forte crescita economica e demografica, sia per gli aumenti nella tassazione dei ricchi. Ci furono prelievi fiscali straordinari sui patrimoni, spesso legati allo sforzo bellico. E ci fu un forte aumento della tassazione progressiva sui redditi. A partire dagli Stati Uniti. Oggi può stupire, ma fu l'America a inventare una patrimoniale progressiva, con questa giustificazione: non voleva diventare una società ineguale come quella europea. E gli americani, dopo la seconda guerra mondiale, esportarono la loro elevata tassazione nelle due potenze sconfitte, Germania e Giappone, come un segno distintivo di civiltà».

Stiglitz: «Molti di noi hanno studiato all'università proprio nel trentennio magico, l'Età dell'oro della crescita, e abbiamo finito per credere che quello fosse lo stato naturale. È importante l'attenzione che Piketty rivolge all'eredità come fonte di diseguaglianze. La successione ereditaria riguarda il capitale finanziario, immobiliare, e anche il capitale umano, visto l'accesso sempre più ineguale all'istruzione di alto livello. Noi, qui in America, crediamo di vivere in una società meritocratica per eccellenza, invece stiamo diventando una società di tipo ereditario, con una mobilità sociale perfino inferiore ad alcune nazioni europee. Le diseguaglianze, come dimostra Piketty, non sono il risultato di forze economiche ineluttabili, ma sono il prodotto delle politiche. La politica a sua volta è plasmata dalle diseguaglianze; viviamo in un sistema dove il potere politico è concentrato verso l'alto, e assistiamo a uno svuotamento del ceto medio. Altri fattori che pesano sulle diseguaglianze sono la "segregazione economica" che deriva dagli accessi selettivi alle università o dai matrimoni "endogamici" (tra persone della stessa classe), infine la tassazione del capitale. È importante capire che creando una società più equa, andremmo anche verso un'economia più efficiente e dinamica».

Krugman: «Il lavoro di Piketty apre una nuova frontiera intellettuale. Se il suo libro ci colpisce con tanta forza è perché ne sentivamo la mancanza e il bisogno. Le élite hanno avuto la capacità di imporre un'ideologia che giustifica i loro privilegi. Per esempio, hanno descritto le diseguaglianze come l'ineluttabile conseguenza di livelli d'istruzione diversi: non è affatto decisiva questa spiegazione, tant'è che un professore di liceo e un top manager hanno una preparazione culturale comparabile. Le performance individuali non hanno più un nesso con i guadagni dei top manager, che costituiscono gran parte dello 0,1 per cento degli straricchi. Qui non siamo più nel mondo di Gordon Gekko, la Wall Street di ventisette anni fa; ora noi viviamo in un capitalismo patrimoniale dove i protagonisti sono i figli di Gordon Gekko che hanno ereditato la sua fortuna. Mi colpisce l'analogia ideologica con la Terza Repubblica francese che descrive Piketty. I privilegiati della Belle Époque usavano quest'argomento: c'è stata la Rivoluzione francese del 1789, come possiamo definirci una società diseguale se abbiamo tutti gli stessi diritti? È lo stesso discorso che fanno i privilegiati nell'America del XXI secolo. Mi piace quest'espressione di Piketty: "Il passato divora il futuro". Cattura l'essenza di ciò che è una società patrimoniale».

Stiglitz: «Nei grafici di Piketty si vede che l'imposta marginale Usa scese negli anni Venti del secolo scorso, proprio quando le diseguaglianze erano già estreme e si sarebbe dovuto fare l'esatto contrario per ovviarvi. Questo conferma la forza dell'ideologia. Oggi viviamo in America sotto un'ideologia sintetizzata da una sentenza della Corte suprema secondo cui "le imprese sono come persone", hanno gli stessi diritti meritevoli di tutela».

Piketty: «Non siamo giunti alla fine di questo processo di divaricazione. Le diseguaglianze cresceranno ancora, rendendoci simili alla Francia prerivoluzionaria, dove i nobili rappresentavano l'1 per cento della popolazione. È decisiva l'importanza dell'apparato di persuasione, con cui i privilegiati possono rendere la diseguaglianza accettabile, o inevitabile. Il XX secolo, per invertire la tendenza alle diseguaglianze e imporre un cambiamento di direzione, ebbe bisogno di due guerre mondiali».

Stimato da Obama, Krugman e Stiglitz, per tanti altri invece Piketty è diventato il nemico pubblico da abbattere. L'Internazionale neoliberista si è mobilitata per demolire il suo studio. Dal «Wall Street Journal» al «Financial Times», gli organi più autorevoli del pensiero unico «mercatista», c'è stato un crescendo di attacchi contro lo studioso parigino. «Il Financial Times» è arrivato al punto da mettere al lavoro per settimane una sua task force di economisti e giornalisti. La loro missione: scovare a ogni costo degli errori nel saggio *Il Capitale nel XXI secolo*. Gli attacchi pubblicati dal «Financial Times» – e prontamente rintuzzati dall'economista francese con una risposta molto dettagliata – lasciano interdetti, per la loro futilità. Se non fosse che quelle accuse lasciano intuire ben altro; l'accanimento contro Piketty sembra una resa dei conti, il tentativo di mettere a tacere una voce scomoda screditandola sotto il profilo scientifico. La sua tesi è doppiamente blasfema, per i liberisti. Sia perché individua cause precise dietro le diseguaglianze, sia perché dimostra che queste non sono affatto inevitabili, naturali, congenite all'economia di mercato. Gli «errori» che il «Financial Times» pretende di aver individuato sono marginali e contestabili. Il quotidiano finanziario sostiene, per esempio, che Piketty avrebbe dovuto usare statistiche sulla tassa patrimoniale svedese del 1920 anziché del 1908…

La difesa argomentata da Piketty si avvale del fatto che il suo studio non è un exploit individuale: ci hanno lavorato più di trenta economisti di vari continenti, da quindici anni, inclusi docenti di Berkeley, California. Il libro, già voluminoso, viene accompagnato da sterminate appendici di dati archiviate online per non appesantire oltremodo la lettura. La task force del «Financial Times» non è credibile, nel suo tentativo di smontare in poche settimane un lavoro collettivo di quindici anni.

La vera notizia è proprio questo accanimento. Cosa c'è dietro? La gelosia è uno dei possibili moventi, visto che Piketty si è imposto come un fenomeno da star system nella «scienza triste» (come viene definita l'economia): il suo libro è rimasto a lungo in vetta alle classifiche di vendita negli Stati Uniti.

Ma l'ostilità verso Piketty ha motivazioni ben più profonde. Il francese non è apparso all'improvviso, non è sbucato fuori dal nulla e non è affatto sconosciuto negli ambienti accademici. Enfant prodige della sua disciplina, brillante matematico, insegnava al prestigioso Massachusetts Institute of Technology quando era ventenne. Poi fece un affronto imperdonabile all'establishment accademico Usa: voltò le spalle alle migliori università americane e tornò a lavorare in Francia. Con due accuse pesanti: criticò le facoltà di economia degli Stati Uniti per la loro «deriva matematica» (cioè l'uso di modelli sempre più complessi e sempre meno attinenti ai problemi reali), e anche per i loro latenti conflitti d'interesse. Quest'ultima accusa è stata lanciata anche dal celebre documentario *Inside Job*, con nomi e cognomi di illustri economisti arricchitisi grazie a consulenze per i big di Wall Street, l'industria petrolifera, farmaceutica, assicurativa.

Il «Financial Times» è un ottimo giornale, ma non ha mai preso le distanze dall'ideologia neoliberista, neppure dopo il disastro sistemico del 2008. Il mercato è quasi sempre la soluzione magica dei nostri problemi, a leggere i suoi editoriali. Le energie che il «Financial Times» dispiega per demolire Piketty non le ha dedicate con la stessa intensità e coerenza a individuare tutti gli errori della scienza economica neoclassica e liberale degli ultimi trent'anni. In questo il «Financial Times» e il «Wall Street Journal» si accodano a un comportamento omertoso che accomuna gran parte degli economisti: una scienza colpevole di tanti danni e incredibilmente avara di autocritiche.

Piketty ironizza sul fatto che «secondo il "Financial Times" l'Inghilterra di oggi sarebbe una società più egualitaria di quanto lo sia stata la Svezia» nel periodo di massima redistribuzione sotto governi socialdemocratici. Una tesi che contraddice l'evidenza empirica e sbeffeggia il buonsenso comune. Piketty risulta insopportabile alle poderose armate del neoliberismo, perché lui non è un neomarxista, non è un pensatore utopico e radicale. Dimostra che un capitalismo meno diseguale è possibile, perché in realtà è già esistito: in America, in Europa, negli anni dei Beatles, l'«età del pieno impiego», segnata da meno diseguaglianze.

Che cosa provoca l'aumento delle diseguaglianze? Tra le cause individuate da Piketty ci sono: il potere oligarchico dei top manager che si autodeterminano gli stipendi; le politiche fiscali che favoriscono i profitti delle multinazionali e le rendite finanziarie; il declino dei sindacati. Gli studiosi Lina Khan della New America Foundation e Sandeep Vaheesan dell'American Antitrust Institute ne aggiungono un'altra: il ritorno dei monopoli. Il fenomeno è evidente negli Stati Uniti. Nella sanità, per esempio: un business con 2500 miliardi di dollari di fatturato annuo, i cui costi pesano tremendamente sui bilanci delle famiglie. L'ondata di fusioni tra gruppi ospedalieri privati ha fatto sì che in molte zone d'America chi si ammala abbia poca scelta e debba finire per forza nelle mani di un big ospedaliero. Le tariffe, inoltre, vanno sempre più su, contribuendo all'impoverimento del ceto medio: le cure mediche seguono un trend al rialzo molto superiore all'andamento delle retribuzioni. Un altro settore è la Tv via cavo, dove in seguito a fusioni e acquisizioni restano in gioco solo quattro colossi (Comcast, AT&T, Time Warner, Verizon Communication), e in molte zone d'America la scelta per il consumatore si riduce a uno o due. Risultato: l'oligopolio controlla il 66 per cento del mercato e fissa i prezzi che vuole; le tariffe per l'abbonamento Tv, spesso combinato con l'accesso a Internet, dal 2008 a oggi sono cresciute tre volte più dell'inflazione. Stessa musica nel trasporto aereo, dove sono quattro giganti a spartirsi il 60 per cento del mercato: Delta, Southwest, United, American. Anche qui il potere oligopolistico costa caro al consumatore: i passeggeri hanno subito rincari tariffari fino al 65 per cento per i biglietti aerei sulle principali rotte. Un altro settore è l'agribusiness. Le aziende che producono carne in scatola, pollo surgelato, insaccati suini sono ormai solo quattro: Tyson, Jbs, Cargill e National Beef. Qui le vittime non sono soltanto i consumatori, ma anche gli allevatori. Stritolati dall'oligopolio che controlla gli acquisti di carni all'ingrosso, gli agricoltori hanno dovuto accettare una drastica riduzione del 30 per cento sul ricavato dall'allevamento di ogni maiale.

Il monopolista impoverisce tutti, fuorché se stesso. I consumatori pagano di più, la qualità peggiora, il potere d'acquisto delle famiglie viene ridotto. E anche i salari. A Detroit, ventimila infermiere hanno perso 400 milioni di dollari di stipendio tra il 2002 e il 2006, sotto forma di tagli imposti dal cartello oligopolistico ospedaliero. Chi non accetta i tagli in busta paga resta disoccupato, visto che gli ospedali fanno capo allo stesso padrone. La conclusione che ne traggono i due studiosi americani non è disperante. Anzi, è un invito all'azione. Lina Khan e Sandeep Vaheesan fanno appello all'antica tradizione dell'antitrust negli Stati Uniti che risale allo Sherman Act e a Theodore Roosevelt, che piegò lo strapotere dei «baroni ladri» (padroni delle ferrovie e al-

tri grandi monopolisti). Quella tradizione è stata calpesta-
ta e stravolta, da Ronald Reagan in poi. Il revival degli oligopoli arricchisce solo un'élite.

Il dibattito sulle diseguaglianze investe anche la Federal
Reserve, la banca centrale americana, accusata addirittura
di essere criptosocialista... Dal 2009 la Federal Reserve ha
tenuto inchiodati i suoi tassi d'interesse a livello zero, una
manovra d'emergenza per rianimare l'economia. Insieme
con gli acquisti di bond sui mercati, la manovra ha avuto
successo. Dopo cinque anni di ripresa e con la disoccupazione Usa scesa al 6 per cento della forza lavoro, la Fed è
pronta a decretare la fine dell'emergenza. Nel frattempo,
però, la sua politica del tasso zero – tardivamente copiata
dalla Bce che nel 2014 è scesa perfino al tasso negativo – è
stata tutt'altro che indolore. In America, una schiera di de-
trattori hanno accusato la Fed di lassismo. L'accusa classica, che riecheggia l'ortodossia monetarista, è quella di alimentare l'inflazione. Ma d'inflazione non vi è stata alcuna
traccia. Un'altra accusa che talvolta si ammanta di un linguaggio progressista è quella di affamare le vedove e i pensionati. L'argomentazione è la seguente. Abbiamo vissuto
per cinque anni sotto una «grande repressione», nel senso che la banca centrale ha represso la nostra naturale richiesta di un rendimento. Ci siamo dovuti rassegnare al
fatto che tanti tipi di investimenti tradizionali, prudenti,
da buon padre di famiglia, non rendono più nulla. Certifi-
cato di deposito in banca, libretto di risparmio, libretto postale, buoni del Tesoro, tutti offrono degli interessi ridicoli.
Secondo quest'argomentazione, le vittime che pagano più
duramente sono categorie deboli: gli anziani che dal rendimento dei certificati di deposito o dei libretti di risparmio o dei BoT ricavavano un'integrazione della pensione,
o le famiglie del ceto medio che con quei risparmi cercava-
no di costruirsi un cuscinetto di sicurezza, pagare gli studi
universitari ai figli e così via. Secondo questo ragionamen-

to, la politica ultraespansiva della Fed ha finito per danneggiare proprio i ceti sociali che già erano stati colpiti duramente dalla recessione del 2009.

Krugman smentisce quella tesi e rivela che in America i percettori d'interessi sono prevalentemente ricchi. Nel 2012 gli americani della terza età hanno incassato in media 3000 dollari di interessi. Ma la metà di loro hanno percepito molto di meno: dai 255 dollari in giù. Cioè un'inezia. Insomma, ad avere certificati di deposito o libretti di risparmio sono prevalentemente i pensionati privilegiati, mentre la stragrande maggioranza degli anziani non ha quasi nessun risparmio. La politica del tasso zero ha danneggiato un'infima minoranza, «neppure l'1 per cento, piuttosto lo 0,1 per cento o addirittura lo 0,01 per cento» secondo Krugman. Se si risale al 2007, nell'ultimo periodo precedente la recessione, un membro del «club» esclusivo dello 0,01 per cento (gli straricchi) ha percepito in media 3 milioni di dollari di interessi sui suoi risparmi. Qui si parla solo di interessi su investimenti a reddito fisso, non dividendi azionari né *capital gain*. Nel 2011, dopo due anni di politica del tasso zero da parte della Fed, quello stesso americano stracicco ha visto il suo reddito da interessi decurtato a 1,3 milioni, cioè meno della metà. Una perdita che pesa quanto il 9 per cento del suo reddito totale. Questo, sempre secondo Krugman, spiega i «toni isterici» delle critiche alla Fed. «I ricchi» scrive il premio Nobel «sono sempre convinti che quel che è bene per loro è bene per l'America. E trovano sempre dei presunti esperti che sono pronti a trovare giustificazioni per loro.»

La critica più seria a Piketty è quella che gli dice: tu hai ragione sulle diseguaglianze all'interno di ciascuna nazione, ma non ti occupi di quello che è accaduto «fra» le nazioni, dove invece il divario tra ricchi e poveri è diminuito. Vedi la Cina: poverissima all'epoca di Mao Zedong, stremata dalle carestie, da quando ha adottato l'economia di mercato ha fatto uno straordinario balzo in avanti. Era Terzo Mondo, è diventata potenza emergente e ora sta sorpassando l'America in termini di prodotto interno lordo. Se invece di guardare all'interno di ciascuna nazione allarghiamo l'attenzione allo scenario Nord-Sud, dobbiamo concludere che le diseguaglianze sono diminuite?

Tuttavia, le distanze tra ricchi e poveri continuano ad allargarsi anche in Cina, la più grande nazione del mondo, e anche l'unica superpotenza moderna che si definisce comunista. La Repubblica popolare è il vasto teatro su cui si esibisce una plutocrazia sfacciata, volgare, dai consumi opulenti. I nuovi ricchi cinesi compaiono nelle classifiche dei Paperoni mondiali. Fanno salire i prezzi delle *penthouse* (superattici) nei nuovi grattacieli di Manhattan. Rappresentano uno dei mercati trainanti anche per il lusso made in Italy. Sono tra i migliori clienti della Ferrari, nonostante il reticolo di autostrade attorno a Pechino e Shanghai sia ormai paralizzato dagli ingorghi e dallo smog. Comprano il più raffinato marmo di Carrara per le loro dimore principesche. Cominciano a distinguere i vini della Toscana e del Piemonte. Non sono sempre degli intenditori sofisticati, il kitsch e la pacchianeria abbondano, ma nei loro consumi ostentativi non indietreggiano davanti a prezzi proibitivi.

Qual è l'impatto di questa arrogante esibizione di ricchezza sul resto della popolazione cinese? Dall'inizio della «rivoluzione capitalista cinese», che risale al 1979, si è affermata l'idea che le diseguaglianze non contano se la crescita è forte. Questo è un concetto che non nasce in Cina, ma in Occidente. L'aveva espresso in America una celebre frase fatta propria da Ronald Reagan, il presidente della riscossa neoliberista: «Quando la marea sale, alza tutte le imbarcazioni, sia gli yacht dei miliardari sia le barchette dei pescatori». L'immagine è eloquente. Significa che ai ceti meno abbienti, alle classi lavoratrici, non importa se i ricchi diventano ancora più ricchi, purché ci sia una diffusione generale di benessere e le condizioni di vita migliorino per tutti. Deng Xiaoping, il successore di Mao Zedong che ne smantellò gradualmente il comunismo egualitario, in questo senso era un vero reaganiano. «Arricchirsi è glorioso» fu uno dei suoi slogan shock, con cui segnalava una sterzata non solo nelle politiche economiche e nell'accettazione della proprietà privata, ma anche in un paradigma di valori.

Da allora, per trent'anni la Cina è sembrata la più valida conferma della teoria reaganiana. La nomenklatura ha costruito una vera base di consenso sociale, grazie alla crescita economica più formidabile della storia umana: mai un aumento di tenore di vita e di consumi era avvenuto a ritmi così sostenuti, per un periodo così lungo, e soprattutto per una popolazione di queste dimensioni. Effettivamente, per tutto questo periodo, che riproduce in una dimensione ancora più ampia il «trentennio glorioso» della crescita postbellica in Occidente, è sembrato che ai cinesi importasse poco delle diseguaglianze. Le Ferrari e le Bentley non davano fastidio a un vasto ceto medio che nel frattempo poteva permettersi le Toyota e le Audi per la prima volta nella sua vita. Che il presidente Xi Jinping – e il suo predecessore Hu Jintao – possano mandare i figli a studiare in un'università americana come Harvard con rette annue sopra i 60.000 dollari non è insopportabile, finché tanti giovani cinesi possono laurearsi nel loro paese e con quel titolo di studio hanno una ragionevole certezza di trovare lavoro in tempi rapidi.

Questo «patto col diavolo reaganiano» comincia però a mostrare delle crepe. Lo sviluppo economico cinese continua a ritmi favolosi, se paragonato con quel che accade nel resto del mondo (batte perfino India, Brasile e Sudafrica, potenze emergenti che hanno subito dei rallentamenti). Tuttavia, questa crescita sta producendo tensioni nuove. L'inquinamento di tutte le grandi aree metropolitane infligge dei costi gravi sulla salute dei cittadini. Gli operai di interi settori industriali hanno dato il via a stagioni di scioperi e rivendicazioni salariali. La stessa competizione per i lavori qualificati, tra i giovani neolaureati, diventa sempre più selettiva e spietata. Infine, si scorge all'orizzonte una metamorfosi davvero impressionante: per prepararsi allo shock dell'invecchiamento demografico, il capitalismo cinese ha già imboccato la strada dell'automazione. Un paese da un miliardo e 300 milioni di abitanti, che siamo abituati a considerare come il più vasto bacino di manodopera a buon mercato, si avvia a essere il più grosso acquirente mondiale di robot. Proprio perché guardano lontano, i capitalisti cinesi si preparano a un'epoca in cui la manodopera sarà un po' meno sovrabbondante, più anziana, meno docile, meno a buon mercato. E quindi la sostituzione di lavoro con tecnologie e automi avanza a grandi passi anche in Cina. È lo stesso processo che in America ha contribuito a scavare il divario tra l'1 per cento della popolazione e tutto il resto, accelerando l'impoverimento del ceto medio.

Un'aggravante delle diseguaglianze cinesi, che le rende in qualche modo meno «legittime», è la corruzione. Molte delle grandi ricchezze a Pechino e Shanghai fanno capo a veri imprenditori, di sicuro talento: per esempio Jack Ma di Alibaba (un gruppo di commercio elettronico che equivale a un Amazon + eBay su scala cinese), che si è quotato con successo a Wall Street, un simbolo del capitalismo moderno nella Repubblica popolare. C'è però un'altra categoria, più simile agli oligarchi russi: sono quei capitalisti cinesi la cui ricchezza è legata agli appalti pubblici, alla speculazione edilizia in collusione con le autorità municipali, alle varie «bolle» finanziarie, ai progetti di infrastrutture statali faraoniche, al sistema bancario dove la trasparenza è minima.

La corruzione è una fonte di malcontento popolare, la prima per importanza, secondo i sondaggi segreti che lo stesso governo cinese fa effettuare periodicamente tra la popolazione. Il presidente Xi Jinping, dopo l'ascesa ai vertici, ne ha fatto il suo cavallo di battaglia. La successione da Hu Jintao a Xi Jinping è stata segnata da episodi di «moralizzazione» spietata. Il più clamoroso è il processo a Bo Xilai, capopartito nella zona di Chongqing. Neppure l'ex capo della sicurezza è stato risparmiato da un processo pubblico. A questi colpi esemplari sferrati al vertice del regime si è accompagnato un giro di vite ufficiale contro le spese voluttuarie dei gerarchi di partito: stop ai voli in prima classe, agli hotel cinque stelle, ai banchetti «di lavoro» con ostriche e champagne.

Dietro le apparenze di un taglio ai costi della politica, il tema della corruzione in realtà è stato usato solo per colpire gli avversari interni che ostacolavano Xi Jinping. In quanto al presidente stesso, il suo clan familiare controlla ricchezze pari a 2 miliardi di dollari. Non le ha certo accumulate mettendo da parte gli stipendi governativi. Sempre 2 miliardi di dollari è la ricchezza familiare che fa capo all'ex premier Wen Jiabao. La ragione per cui siamo in grado di assegnare «una cifra» ai loro patrimoni? Sono per lo più investiti in società quotate alla Borsa di Hong Kong, l'isola ex colonia britannica che ha conservato uno Stato di diritto, tribunali indipendenti, mass media liberi dalla censura e un discreto livello di trasparenza societaria. Guarda caso, è proprio su Hong Kong che si stanno scagliando i fulmini della repressione cinese. Il governo di Pechino sta calpestando un impegno già preso, quello di consentire elezioni libere per l'autogoverno di Hong Kong nel 2017. È un arretramento pesante, perfino rispetto allo status quo che si era stabilito dopo il 1997, l'anno in cui Hong Kong tornò sotto giurisdizione cinese. Da allora, l'isola era stata gratificata dal principio «una nazione, due sistemi», lo slogan con cui i governi di Pechino concedevano a Hong Kong di continuare a essere un mondo a parte, con quasi tutte le libertà negate agli abitanti del resto del paese. Lo status di Hong Kong era ammirato in Occidente, agli ottimisti sembrava la conferma della «ineluttabile» evoluzione democratica della stessa Cina.

Una visione economicista della storia, diffusa in America e in Europa tra gli ideologi della globalizzazione, profetizza la graduale transizione dalla Repubblica popolare alla democrazia come conseguenza pressoché automatica e indolore dell'arricchimento dei suoi abitanti. È una teoria che è stata tradotta in una sorta di «indicizzazione delle libertà al Pil»: oltre un certo livello di sviluppo, la democrazia sarebbe destinata a sbocciare come un frutto maturo su un albero. Pechino sta facendo del suo meglio per smentire queste profezie ottimiste. La libera stampa, le libere elezioni, l'alternanza di governo – cioè tutti quegli strumenti indispensabili per una vera lotta alla corruzione – sono incompatibili con l'arricchimento smisurato e incontrollato delle oligarchie.

XIII

# Eleanor Rigby

ELEANOR RIGBY

Ah, look at all the lonely people
Ah, look at all the lonely people

Eleanor Rigby, picks up the rice
  In the church where a wedding has been
Lives in a dream
Waits at the window, wearing the face
  That she keeps in a jar by the door
Who is it for?

All the lonely people
Where do they all come from?
All the lonely people
Where do they all belong?

Father McKenzie, writing the words
  Of a sermon that no one will hear
No one comes near
Look at him working, darning his socks
  In the night when there's nobody there
What does he care?

All the lonely people
...

Ah, look at all the lonely people
...

Eleanor Rigby, died in the church
  And was buried along with her name
Nobody came
Father McKenzie, wiping the dirt
  From his hands as he walks from the grave
No one was saved

All the lonely people
...

*«Guardate tutte le persone sole: / da dove vengono, / a quale luogo appartengono?»*

*Eleanor Rigby* è la canzone su una donna che raccoglie per terra, sul sagrato della chiesa, il riso lanciato nei matrimoni. È un breve racconto insolitamente duro, intenso, su argomenti che la musica leggera degli anni Sessanta di solito preferisce evitare: solitudine, povertà e morte. Il coro di apertura lancia il tema: «Ah, guardate tutte le persone sole». Eleanor è una zitella (oggi si dice *single*) che vive in un sogno mai realizzato, passa le sue giornate alla finestra, e il suo vero volto «lo tiene chiuso in un barattolo dietro la porta, chissà per chi è». Questa invenzione surreale, lo scrittore inglese Ian MacDonald la definisce «la più memorabile immagine che i Beatles abbiano coniato; è il modo con cui Eleanor Rigby nasconde una disperazione inammissibile secondo l'etichetta della *middle class* inglese». Dopo che è morta in chiesa, il sermone che padre McKenzie prepara per il suo funerale «nessuno lo ascolta», e alla sepoltura il cimitero è deserto. Il quadro si chiude col sacerdote che si strofina via la polvere dalle mani, quasi per dimenticare il più velocemente possibile quella morta sconosciuta. Non c'è speranza nella religione, e non c'è l'ombra di uno spirito comunitario, di una solidarietà umana, in questo quadretto di un ceto medio che affonda, abbandonato al suo destino.

Dopo aver composto *Eleanor Rigby*, Paul McCartney si rese conto che non era una canzone come le altre. «Può darsi» fu il suo commento «che quando avrò 30 anni mi metta a scrivere cose serie.»

«Ma da qui si vede uno in mutande.»

Mia figlia Costanza, in visita a New York dalla California, è perplessa di fronte allo spettacolo che osserva dalla finestra di casa mia. No, quello là non è in mutande, è in costume da bagno. Nel grattacielo di fronte, assai più nuovo e abitato da veri ricchi, all'ultimo piano c'è una piscina con fitness. È normale vedere gli abitanti seminudi, mentre escono dalla sauna e si godono la vista su Manhattan tra una nuotata e un massaggio. Da casa mia non si vede, ma probabilmente hanno anche il ristorante privato e il cameriere che gli serve un cocktail a bordo piscina.

Se è rimasta stupita Costanza, figurarsi la reazione degli abitanti di East Harlem, quando si affacciano fra la 109ª strada e la 5th Avenue. Lì sorge lo Stern Building, dove un appartamento si è venduto di recente per 9 milioni di dollari. Lo Stern Building è al confine settentrionale del cosiddetto Museum Mile, la zona dove si addensa la più alta concentrazione di musei newyorchesi (Metropolitan, Guggenheim, Frick Collection e tanti altri). Il Museum Mile è una delle zone più lussuose di Manhattan, e i palazzi con fitness e piscina non sono una rarità. Ma confina proprio con East Harlem, detta anche Spanish Harlem o El Barrio: una delle zone più povere della città, un tempo abitata anche da italiani, oggi prevalentemente da portoricani, dominicani, messicani.

Proprio di fianco al prestigioso Stern Building, sempre sulla 109ª, ci sono le case popolari gestite dalla Hope Community, una Ong non profit che cerca di aiutare i più poveri. A pochi metri da chi abita in appartamenti del valore di molti milioni, ogni mercoledì, giovedì, venerdì e sabato la Common Pantry distribuisce frutta e verdura ai senzatetto e ai tanti «denutriti o malnutriti» di East Harlem. Creata nel 1980, la Common Pantry è arrivata a servire pasti gratuiti per 25.000 persone. Le file alla Common Pantry (che nessuno potrebbe confondere con le code per vedere la *Ragazza con l'orecchino di perla* di Vermeer alla Frick) sono lunghe. Per una scelta dei repubblicani al Congresso, sono stati tagliati drasticamente i *food stamps* o buoni pasto dell'assistenza pubblica federale. Molte famiglie che dipendevano da quei buoni pasto per arrivare a fine mese, ora si accalcano alla distribuzione gratuita della Common Pantry. La domanda di pasti alle mense per i poveri è cresciuta del 20 per cento.

La scena della distribuzione di cibo, a pochi metri dai palazzi di lusso con fitness e piscine, è una sintesi di ciò che ha preparato nel 2013 la vittoria elettorale del nostro sindaco. Bill de Blasio qui in America passa per essere un «comunista». Ma il suo autore di riferimento non è Karl Marx. È Charles Dickens. Un romanzo che de Blasio ha citato durante la sua campagna elettorale è *Le due città*. È ambientato fra Londra e Parigi, la storia ha inizio nell'anno 1775, e prosegue fino alla Rivoluzione francese e al regime giacobino del Terrore. Dickens ammonisce i privilegiati del suo paese: se non vogliono fare la fine degli aristocratici francesi, devono affrontare le immense ingiustizie sociali del loro tempo. *Le due città* è la metafora che de Blasio usa per descrivere la New York di oggi.

Tra la fine dell'Ottocento e l'inizio del Novecento, New York, sotto l'influenza di politici riformatori, volle costruire dei *settlements*, o insediamenti, che portassero a vivere gli studenti di buona famiglia e la nuova borghesia nelle vicinanze dei ghetti per immigrati. I *settlements* dovevano mescolare i ceti sociali, favorire la reciproca comprensione e integrazione. Oggi certe diseguaglianze estreme di New York ci riportano al primo Novecento, se non proprio ai tempi di

Dickens. In uno dei suoi programmi la Common Pantry, oltre a sfamare i poveri di East Harlem, vuole offrire igiene, alloggio, assistenza medica. Si chiama «Project Dignity». È singolare che la dignità di una parte dei newyorchesi debba dipendere dalla carità di quell'altra città.

Al vostro arrivo all'aeroporto JFK di New York, se sopravivete alla fila per il controllo dei passaporti e poi all'attesa dei taxi, una volta saliti sull'auto gialla vi accoglie un messaggio sul minitelevisore installato dalla parte dei passeggeri: il tassista è tenuto ad accettare il pagamento con carta di credito, e dall'aeroporto alla città esiste una *flat rate*, o tariffa fissa, di 52 dollari più il pedaggio. Buona notizia, vi dite voi, e vi sentite tranquillizzati da questa certezza, capite di essere arrivati in un paese civile dove nessuno cerca di fregare il turista straniero. Ma quando giungete a destinazione e tirate fuori la carta di credito, ecco la sorpresa. Sullo schermo del televisore, che ha anche la funzione di Bancomat/Pos per il pagamento, insieme al totale vi appaiono le seguenti opzioni: «Volete lasciare una mancia del 15 per cento, del 20 per cento o del 25 per cento?». Se non siete newyorchesi, né viaggiatori professionali che sbarcano qui di frequente, rimanete interdetti. Vi sorge il dubbio che la mancia sia un optional, ma non capite bene quali istruzioni seguire per l'opzione «zero», o magari per lasciare qualcosa di meno. Sembra di fare uno sgarbo al guidatore, visto che il software è già programmato così.

Benvenuti in America: nell'economia della mancia. Se non vivete qui, ma siete tra i numerosi viaggiatori italiani che si accingono a passare un pezzo di vacanze da queste parti, le righe che seguono vi serviranno. Senza lasciare una mancia, in America non si sopravvive. Per il turista europeo lo shock più grosso avviene al ristorante. Quando arriva il conto, è praticamente obbligatorio lasciare una mancia: dal 15 per cento in su. Noi residenti siamo talmente allenati che il conteggio lo facciamo a memoria. Per lo straniero che non

è a suo agio con l'aritmetica, spesso ci vuole la calcolatrice
del telefonino. Quando dico «obbligatoria», che cosa inten-
do? Semplice: che i camerieri campano di quello. Togliete-
gli l'obolo del cliente generoso, e fanno la fame. Il *tip*, cioè
la mancia, è parte integrante del loro salario. Perciò, di fatto, il costume di lasciare quel 15 o anche 20 per cento è diventato un obbligo di natura morale, se siete consapevoli
di come funziona il business. Se non lasciate quella percentuale (e sia chiaro: avete il sacrosanto diritto di farlo), vuol
dire che siete profondamente insoddisfatti del suo servizio
e con quel diniego volete sottolineare la vostra delusione.
Preparatevi a una discussione, in cui dovrete giustificare il
vostro gesto. Poiché New York è meta di un turismo mondiale, e in altre parti del mondo la mancia è davvero facol-
tativa (in Europa) o perfino anomala (in Cina), alcuni ristoranti molto frequentati dagli stranieri hanno adottato un
accorgimento un po' truffaldino: aggiungono già la mancia al totale. Questo è un guaio per noi newyorchesi: se non
stiamo attenti, in quei locali per turisti noialtri finiamo per
aggiungere un'altra mancia, raddoppiandola.

Ancor più che nel resto degli Stati Uniti, la vita di un abitante di Manhattan, Brooklyn o Queens è un continuo tirar fuori il portafoglio per allungare la mancia: al portiere
del tuo stabile che ti aiuta a caricare i sacchi della spesa
sull'ascensore; al fattorino che porta i giornali sull'uscio di
casa al mattino; al ferroviere (sissignori, l'impiegato federale dei treni Amtrak) che sulla tratta New York-Washington
ti serve delle noccioline. Per non parlare del Natale, quando
nella tua cassetta delle lettere ti arrivano le buste prestam-
pate di tutti coloro che durante l'anno ti rendono dei servizi
di qualche natura, e si aspettano la mancia insieme con gli
auguri. Dare la mancia non è un lusso da ricchi, non è un
gesto di munificenza per ottenere un servizio migliore: è il
minimo indispensabile per non essere trattati male. Dietro
c'è una realtà sgradevole. Molti settori dell'economia pagano salari perfino inferiori al minimo legale. Le autorità

chiudono un occhio sul fatto che, nella ristorazione, i padroncini assumono con paghe da Terzo Mondo, «perché
tanto c'è la mancia». Per l'abitante medio, l'economia della
mancia è una seccatura e un aggravio sul costo reale della
vita; ma per molti è l'altra faccia dello sfruttamento.

Incontrare per strada il cantante Sting o l'attore Denzel
Washington è facile. A me capita spesso. Come anche il chief
executive di Goldman Sachs, Lloyd Blankfein, o l'ex presidente della Citibank Sandy Weill. Così pure Cameron Diaz,
Naomi Campbell e Gisele Bündchen. Basta passeggare davanti a un solo grattacielo. È quello che sta al numero 15
di Central Park West (abbreviato 15 Cpw per noi del posto). Un palazzo così pieno di celebrità che un giornalista
di qui gli ha dedicato un libro, tante sono le storie da raccontare su questo singolo indirizzo di Manhattan. Il titolo: *House of Outrageous Fortune*, cioè «La casa della fortuna
sfacciata». In inglese come in italiano, «fortuna» ha due si-
gnificati, vuol dire anche «patrimonio». L'autore, Michael
Gross, non ha avuto bisogno di fare ricerche molto difficili.
Una parte delle cose che accadono al 15 Cpw sono di dominio pubblico. I torpedoni turistici l'hanno messo nell'itinerario delle visite organizzate, i ciceroni conoscono a memoria l'elenco delle star che ci abitano, senti urlare i loro
nomi al megafono quando gli autobus scoperti passano lì
davanti. Qui a New York i ricchi girano senza scorta – i rischi di aggressione sono minimi, i sequestri di persona ine-
sistenti – per cui molte di quelle personalità le vedi uscire dal portone e chiamare un taxi. No, scusate, il taxi glielo
chiama il concierge.

E qui arriva il vero scoop di Gross, la notizia più gusto-
sa. Indovinate cosa guadagna un portinaio del 15 Cpw. Be',
«un portinaio» è una descrizione generica, visto che lo staff
del condominio include sette concierge, sei portieri, otto
maggiordomi dei corridoi, otto fattorini, tre addetti agli
ascensori di servizio portapacchi, quattro poliziotti priva-

ti, dodici tecnici tuttofare per riparazioni rapide, più qualche impiegato amministrativo. In ogni caso, il capoconcierge a Natale ha ricevuto, solo di mance, 100.000 dollari. Al cambio di 1,30 sono 77.000 euro. Solo mance, ripeto. Sotto di lui, scendendo nella scala gerarchica, l'ultimo portiere ha ricevuto 22.500 dollari di mance di Natale da parte dei proprietari o inquilini del palazzo. Non sono molti i mestieri che offrono una «tredicesima» di quel valore. Certo, fare il concierge al 15 Cpw significa avere flessibilità, non badare agli straordinari, essere pronti a soddisfare a tutte le ore le richieste stravaganti e i capricci dei Paperoni viziati che abitano là dentro. Ma ci sono lavori più umilianti di questo, con capetti insopportabili da assecondare e buste paga molto più striminzite. Scommetto che esiste una mafia dei portieri di lusso: chissà cosa bisogna fare per riuscire a essere assunto in un posto come il 15 Cpw, che è come vincere alla lotteria.

Tra le comodità del 15 Cpw, alcune sono diffuse in tanti grattacieli, come la fitness con piscina. Anche il ristorante interno, con la possibilità di usarlo per servizi a domicilio: la cena a casa servita da camerieri in livrea quando si hanno ospiti. La generosità delle mance è proporzionale al reddito degli abitanti. Uno dei proprietari si chiama Barry Rosenstein, il suo hedge fund gli ha fruttato 140 milioni di dollari in un anno. L'appartamento gli è costato 30 milioni. Neanche uno dei più cari: il record al 15 Cpw è stato raggiunto da un superattico venduto per 40 milioni. Si capisce che una mancia di migliaia di dollari a Natale equivale a un po' di spiccioli. (Per la precisione, né l'attrice Cameron Diaz né le top model Naomi Campbell e Gisele Bündchen fanno parte degli abitanti fissi. Le si incrocia spesso perché al 15 Cpw abitano i loro attuali boyfriend.)

Che cosa succede quando un'intera economia assomiglia al 15 Cpw? La domanda bisogna porsela, perché l'attuale ripresa americana segue questo modello: i ricchi tornano ad arricchirsi sempre di più mentre il ceto medio ha redditi stagnanti. E i consumi languono, anche qui in America. Per riprendere un'immagine usata dall'economista Robert Reich, c'è un limite a quanti pasti può consumare un ricco. O a quanti maggiordomi può gratificare con le sue mance. È per questo che l'economia feudale non fu un modello di dinamismo.

Ecco la ragione per cui non si può parlare di crescita senza occuparsi anche delle diseguaglianze. Un modello di sviluppo dove la ricchezza viene concentrata tutta in poche mani è logorato da una malattia grave. I ricchi, per quanto spendano in beni di lusso e consumi ostentativi – yacht e jet privati, quadri d'autore, cene a base di aragoste e caviale anaffiate da vini pregiati, collezioni di scarpe o di borse firmate da stilisti – riescono comunque a rimettere in circolazione solo una piccola parte di quello che guadagnano. Per usare un termine tecnico, gli straricchi hanno inevitabilmente una «elevata propensione al risparmio». A differenza del ceto medio e dei lavoratori, che devono per forza spendere una gran parte dei loro redditi, i ricchi non ce la fanno neanche con il massimo sforzo. Accumulano. E questo risparmio non viene impiegato necessariamente in investimenti produttivi (quelli che creano aziende e posti di lavoro), spesso anzi si parcheggia in strumenti finanziari di pura speculazione: hedge fund, derivati, oro, opzioni su valute straniere, rendita immobiliare.

Questo è un tema che venne affrontato da Keynes: l'economia capitalista convive con il rischio permanente che il risparmio non si converta in investimento. Questo divario è un freno alla crescita. Genera uno sviluppo debole, dove molte forze produttive – a cominciare dal lavoro umano – sono sottoutilizzate. Il tema delle diseguaglianze non è quindi esclusivamente etico, non interpella soltanto le nostre coscienze, ma è anche un problema economico. L'avidità degli straricchi è stata contrastata con dei sistemi fiscali progressivi – nei periodi più felici della crescita – proprio perché questo era nell'interesse generale. Ed è questa la ragione per cui le imposte patrimoniali sulle grandi ricchezze sono molto più «efficienti» dei prelievi sugli stipendi. Un mondo alla *Eleanor Rigby* è triste per tante ragioni, ma soprattutto per lo spreco irrimediabile di tante risorse umane, intelligenze e talenti immobilizzati, come sogni chiusi in un barattolo, nascosti dietro la porta.

XIV

# Lady Madonna

LADY MADONNA

Lady Madonna, children at your feet
Wonder how you manage to make ends meet
Who finds the money when you pay the rent?
Did you think that money was heaven sent?

Friday night arrives without a suitcase
Sunday morning creeping like a nun
Monday's child has learned to tie his bootlace
See how they run

Lady Madonna, baby at your breast
Wonders how you manage to feed the rest

See how they run

Lady Madonna lying on the bed
Listen to the music playing in your head

Tuesday afternoon is never ending
Wednesday morning papers didn't come
Thursday night your stocking needed mending
See how they run

Lady Madonna, children at your feet
Wonder how you manage to make ends meet

*«Lady Madonna, i bambini ai tuoi piedi / Mi chiedo come fai ad arrivare a fine mese/Come trovi il denaro per pagare l'affitto?»*

Paul McCartney la compone dopo aver visto la foto di una mamma africana che allatta il suo neonato. *Lady Madonna* diventa un omaggio alle madri che lavorano, alle donne oberate da due mestieri, sempre in affanno.

Negli Stati Uniti, tra i nuovi poveri molte sono donne, lavoratrici che hanno un impiego a tempo pieno eppure non guadagnano abbastanza per sopravvivere. Per esempio, quelle dipendenti di McDonald's che nel 2014 sono scese in sciopero in massa, insieme ai loro colleghi maschi, con una richiesta semplice: 15 dollari l'ora. I fast food sono sotto pressione, nella battaglia per alzare i salari minimi, e non a caso. Nei servizi come la ristorazione e la grande distribuzione i salari reali di oggi sono più bassi del 30 per cento rispetto al 1973.

La battaglia del salario minimo è diventata globale. La Germania si è mossa per prima. Il salario minimo tedesco è stato fissato a 8,50 euro l'ora, una concessione di Angela Merkel ai nuovi alleati del Partito socialdemocratico dopo la formazione di una grande coalizione di governo, ed entrerà in vigore entro la fine del 2015. Molti imprenditori tedeschi l'hanno presa male, lamentando danni alla loro competitività. A dargli manforte ci si è messo il Fondo monetario internazionale, «preoccupato» per gli effetti del salario minimo sulla ripresa. Incredibile ma vero: in una fase in cui la stessa Germania soffre per la poca crescita, i consumi languono da anni, gli economisti guardiani dell'«ortodossia» denunciano l'aumento del salario minimo come una mossa azzardata, mentre è proprio l'ossigeno necessario per rivitalizzare un'economia in difficoltà.

E tuttavia la pensa come il Fondo monetario anche la maggioranza degli elettori svizzeri, che nel 2014 hanno bocciato il referendum per fissarlo a 22 franchi (18 euro) l'ora. Sarebbe stato il salario minimo più alto del mondo, è vero (peraltro come tutte le remunerazioni elvetiche, che sono tra le più elevate), ma con quel voto gli elettori della ricca Confederazione hanno confermato la loro allergia per gli interventi statali che «interferiscono» con il libero mercato. Con coerenza liberista, in precedenza gli stessi svizzeri avevano bocciato un altro referendum, che voleva regolare gli stipendi dei top manager, in quel caso per porre un tetto massimo.

Il liberismo rimane un'ideologia forte soprattutto negli Stati Uniti. Invano da anni Obama continua a rilanciare la sua proposta di alzare il salario minimo federale dagli attuali 7,25 a 10,10 dollari l'ora. Perfino tra i suoi compagni di partito, i democratici, non ci sono consensi sufficienti. Obama non si arrende. A ogni discorso pubblico, e nelle «chiacchierate alla radio» del sabato mattina, continua a battere sullo stesso tasto. «Alzare il salario minimo» dice il presidente «è uno strumento importante per aprire nuove strade di accesso alla *middle class*, a un tenore di vita dignitoso, e garantire che in America, se lavori duro, puoi farcela.» In tutti i sondaggi, una maggioranza di americani si dice favorevole a un salario minimo più alto. Obama non esita a sfidare McDonald's: un giorno è uscito dalla Casa Bianca a piedi insieme al suo vice Joe Biden, è andato a mangiare dietro l'angolo dal concorrente Shake Shack: «Ecco un posto che fa degli ottimi hamburger, e paga dieci dollari l'ora». Beccatevi questo, McDonald's e Burger King, una paga decente ai dipendenti non ha mai rovinato nessuno.

Mentre il Congresso è bloccato, soprattutto dai veti repubblicani, la battaglia in America prosegue ad altri livelli. Nei fast food il sindacato cerca di estendere la mobilitazione della base. Ci sono state proteste e picchetti in 150 città. Ma i numeri degli aderenti agli scioperi sono bassi. Le Unions hanno perso molta influenza, la loro base si è ridotta drammaticamente da trent'anni in qua. Inoltre, la manodopera tipica dei fast food è fatta di immigrati: timorosi che uno sciopero possa esporli a rappresaglie, ritorsioni. Il movimento sindacale adotta un nuovo slogan, «Fast Food Forward», e chiede solidarietà all'estero: in quelle aree del mondo dove le organizzazioni dei lavoratori sono più forti e il fatturato dei fast food è in crescita. Arrivano gesti di solidarietà dall'Europa, dal Giappone, dal Brasile, dall'India.

A un altro livello sono i sindaci delle città più progressiste che portano avanti la battaglia di Obama. A New York, Bill de Blasio ha varato un aumento del salario minimo obbligatorio in tutte le aziende che hanno appalti pubblici. Un laboratorio ad alta visibilità è la città di Seattle, punta settentrionale della West Coast, nello Stato di Washington. Il sindaco di Seattle, Ed Murray, vuole un salario minimo locale di 15 dollari l'ora, cioè il 50 per cento in più dell'obiettivo fissato da Obama a livello federale. Seattle è nota come «la San Francisco del Nord»: molto liberal e ad alta concentrazione di aziende tecnologiche. Ha un valore simbolico evidente, perché è la sede di colossi del made in Usa, dalla Boeing a Microsoft. Ma è anche la sede di Starbucks, la catena di caffè che impiega eserciti di camerieri; e di Amazon, un gigante del commercio digitale che non esita a sfruttare manodopera poco pagata nei suoi megamagazzini di deposito e smistamento merci. «Alzare il salario minimo» dice il sindaco Murray «è la via maestra per ridurre il tasso di povertà in questa città. Dobbiamo occuparci del tenore di vita di quei lavoratori che non riescono più a mantenersi con il costo della vita di Seattle.»

Dietro la questione del salario minimo affiora un tema ancora più vasto e drammatico: l'impoverimento dei lavoratori americani, anche in settori e professioni che un tempo erano considerate «ceto medio». Oggi il salario minimo riguarda ben 30 milioni di lavoratori. «Per quarant'anni» denuncia Paul Krugman «gli aumenti del salario minimo sono stati inferiori all'inflazione. Il risultato è che in termini reali, in potere d'acquisto, il salario minimo è molto inferiore a quello degli anni Sessanta. Nel frattempo, la produttività dei lavoratori è raddoppiata.» Chi si è appropriato di quell'aumento di produttività? La risposta: i profitti, la cui quota sul Pil americano è andata aumentando.

La motivazione della destra repubblicana, sempre schierata con le lobby confindustriali: guai a interferire con il mercato, alzare il salario per legge significa spingere al fallimento molte piccole imprese, quindi in ultima istanza ridurre l'occupazione e danneggiare gli stessi lavoratori. Potenza dell'ideologia, oppure degli interessi costituiti? Spesso le due cose convergono. Aggrapparsi a un dogma può avere un tornaconto. A quanto pare, il livello delle retribuzioni non incide sulla competitività delle aziende solo se parliamo di quelle degli alti dirigenti, i cui compensi stratosferici vengono concordati dentro i consigli d'amministrazione e votati da altri dirigenti cooptati, sempre in nome del libero mercato. Alzare i salari nei fast food non danneggia la competitività, perché è un settore non esposto alla concorrenza della Cina: nessun consumatore si sposterà a Shanghai per hamburger e patatine. Ed è falso che l'occupazione ne risenta, dato che negli Stati Usa dove i salari sono più alti la disoccupazione è eguale o inferiore alla media. E proprio come ci si attende che accada in Germania, un aumento dei minimi fa salire tutta la struttura delle retribuzioni. Quindi dà una mano al potere d'acquisto e ai consumi delle famiglie, debilitati da molti anni.

*I'm A Loser*, la ballata del perdente, la canta John Lennon nel 1964, in stile Bob Dylan. È l'epoca in cui John avverte una crisi d'identità, un disagio vero per quell'improvvisa ricchezza che piove addosso ai quattro, proiettandoli in un mondo ben diverso dalla Liverpool delle origini.

«Da quando» si chiede Krugman mezzo secolo dopo «è diventato così normale disprezzare chi non ce l'ha fatta, chi non è diventato ricco, come un perdente?»

Perfino a sinistra c'è stata una strisciante omologazione al culto dei vincitori, nella competizione del denaro. Se si crede al libro-sfogo della sua ex compagna, il presidente socialista francese François Hollande è solito chiamare i poveri «les sans-dents», gli sdentati.

All'opposto dei «loser», c'è un sistema «winner-take-all», dove il vincitore prende tutto. L'espressione coniata dai sociologi americani descrive perfettamente un capitalismo dove la ricchezza è concentrata in poche mani, la piccola minoranza dei vincitori si accaparra tutti gli utili della produttività collettiva, i frutti della crescita, del progresso tecnologico.

Quando arrivano in cima alla piramide, all'apice della loro ricchezza, i Beatles conservano almeno un distacco che gli consente il sarcasmo, e cantano rivolti a se stessi: *Baby You're A Rich Man*. «Bambino, sei un ricco. / Che effetto ti fa / essere uno dei Beautiful People? / Ora che sai chi sei, / che cosa vorresti essere?»

In fatto di sarcasmo e autoironia, chi può battere un potente della finanza che fa il travestito con le paillettes su un palcoscenico da musical di Broadway? «Banchieri, ecco quali lezioni potete imparare dalla gestione di un bordello.» Chi parla se ne intende davvero: è uno di loro.

Comincia così il 15 gennaio 2014 la stupefacente, esilarante, controversa esibizione teatrale di Priscilla Zalm. Imponente e spavalda Drag Queen, Priscilla arringa i dipendenti del colosso bancario olandese Abn Amro (o quel che ne resta) spiegando: «Siamo in un business florido con una tradizione secolare». Il mestiere più antico del mondo, insomma: il bordello o la banca? Trionfo in scena, applausi a ripetizione, risate convulse, perché tutti sanno chi c'è sotto il costume di Priscilla. È Gerrit Zalm, il vero presidente della banca olandese, non nuovo a questi exploit teatrali con travestimenti da Drag Queen.

Priscilla non è sua sorella, come vuole la finzione dello spettacolo, è proprio lui. Un pezzo di bravura, un piccolo capolavoro di satira. Abito lungo, di un blu scintillante come gli occhialoni appariscenti, parrucca rossa, finti seni protuberanti, tacchi a spillo, voce in falsetto. Un attore di prim'ordine, con una sceneggiatura spumeggiante. I doppisensi li spara a raffica come un vecchio teatrante d'avanspettacolo. Esalta la qualità del *front office* (l'equivalente degli sportelli bancari) occhieggiando il proprio petto generoso; poi il *back office* (gli uffici amministrativi della banca che stanno sul «retro») palpeggiandosi le natiche. Sul presunto fratello, la battuta più tenera è questa: «Il presidente ha smesso di lavorare, preferisce dirigere, così guadagna di più».

Il successo della prima performance sul palcoscenico è stato tale che Abn Amro ha promesso «almeno sei repliche». Non bisogna privare del godimento nessuno dei 23.000 dipendenti della banca. Forse non basta un semplice teatro, bisogna affittare uno stadio. Dopo aver depredato i risparmiatori di mezzo mondo, i banchieri vogliono sfidare anche gli incassi dei Rolling Stones? E sì che questo Zalm gli italiani dovrebbero ricordarselo bene, in tutt'altra veste e ruolo: fu uno dei sacerdoti dell'austerity, ministro delle Finanze olandese dal 1994 al 2007, liberale e liberista, uno degli artefici del Trattato di Maastricht, sempre pronto a schierarsi con la Germania nel bacchettare quegli spreconi dei Pigs, i «porcellini» dell'Europa meridionale. Lo avevamo perso di vista, mentre lui si rifaceva una seconda vita nel settore privato. Nella migliore (o peggiore) tradizione delle «porte girevoli», il sistema inventato in America che ha tanti emuli anche sul Vecchio continente, dopo essere stato al timone delle finanze pubbliche è entrato nel mondo ben remunerato della finanza privata. Fino a diventare presidente di una banca che lo stesso governo olandese ha dovuto nazionalizzare per salvarla dal crac. Abn Amro è la sezione rimasta in Olanda, dopo che altri pezzi di quel colosso furono venduti a Santander, Fortis, Royal Bank of Scotland, a loro volta trascinati nel disastro (anche l'Italia fu coinvolta, con il Monte dei Paschi di Siena che strapagò l'Antonveneta, ex filiale di Abn).

Come presidente di Abn Amro, secondo il «Financial Times», prima di inventarsi il sosia Priscilla Drag Queen il nostro Zalm «era noto come un manager grigio e aspro». La metamorfosi trasgressiva, secondo un portavoce della banca, «si inserisce in un'antica tradizione di umorismo olandese». Umorismo beffardo, evidentemente. Chissà se insieme ai dipendenti della banca si sono divertiti a guardare Priscilla su YouTube anche i contribuenti olandesi, che ci hanno rimesso 30 miliardi di euro: tanto è costato il salvataggio pubblico di Abn Amro. Lui si difende spiegando di aver voluto «enfatizzare il bisogno di valori forti in una banca dal passato torbido».

La performance della Drag Queen potrebbe giustificarsi come un'abile trovata di marketing. I precedenti illustri non mancano. Sir Richard Branson, il magnate inglese di Virgin, apparve vestito e truccato da hostess su un volo di Air Asia per pagare il pegno di una scommessa perduta. Steve Ballmer, quando era ancora al vertice di Microsoft, riscattò la sua immagine «noiosa» con un'apparizione talmente esuberante a una convention aziendale che qualcuno credette di sentire l'aroma della marijuana. Steve Jobs, in un ispirato discorso alla Stanford University, invitò i giovani a «essere folli», come una sorta di rito iniziatico nel percorso che conduce verso la creatività.

Anche Wall Street ha una tradizione liberal: il top management di Goldman Sachs versò generose contribuzioni per la campagna a favore dei matrimoni gay. Ma a quando lo stesso spirito progressista applicato ai superstipendi del top management? Perfino il «Financial Times» insinua il tarlo del dubbio, quando si scopre l'euforica performance teatrale di Priscilla. «La verità è che le azioni delle banche sono risalite, i bonus tornano a crescere, e tutta la disciplina mostrata dalle banche negli ultimi anni potrebbe dissolversi.» Di Zalm, gli olandesi forse ora ricorderanno solo la versione Drag Queen. Dimenticando che il suo liberismo a oltranza contribuì a seminare anche in patria i germi della crisi e un'ondata di riflusso antieuropeista.

Escort girl e droghe: cosa vogliamo di più dalla vita? Il messaggio pervade il film *The Wolf* il lupo di Wall Street, di Martin Scorsese e con Leonardo DiCaprio. La qualità non si discute, il ritmo è incalzante, gli attori sono bravi. Il rischio è che, alla fine, quel bandito ci stia simpatico. Tanto più che è una storia vera, orge comprese. Dunque, molti commenti qui in America sono stati di questo tipo: attento Scorsese, tu rischi di «assolvere» un'intera categoria di banchieri-criminali, rendendo attraente il loro stile di vita. E tuttavia le critiche non hanno compromesso il successo del film. Vuol forse dire che quel modello di vita e di valori continua a esercitare un fascino? O, al contrario, corriamo tutti a osservare DiCaprio sfigurato dalle pasticche di droga per una sorta di esorcismo di massa, un po' come gli adolescenti vanno a guardare i film di vampiri?
Vedendolo proprio a New York, nella «tana del leone», cioè nella capitale mondiale della finanza, a me preoccupa un altro difetto della trama. Essendo tratto dall'autobiografia del vero «Lupo» (Jordan Belfort, che dopo avere scontato un paio d'anni di carcere ora fa soldi con conferenze «motivazionali»), la ricostruzione è inevitabilmente parziale. Non è che il protagonista voglia convincerci di essere stato un benefattore, anzi alla fine (ma solo alla fine) c'è qualcosa che assomiglia forse a un ravvedimento. Quello che

però risulta difficile da capire è quanto il Lupo abbia danneggiato degli innocenti. E se risulta difficile per me, che osservo Wall Street per mestiere da tanti anni, figurarsi per lo spettatore medio. Solo spulciando negli archivi digitali dei giornali americani, ho potuto ritrovare l'entità della somma che il Lupo ha sottratto illecitamente, secondo la sentenza del tribunale che l'ha condannato. Sono 100 milioni di dollari. Più difficile è dare un volto alle vittime.

E qui sta un aspetto pericoloso del film. Quando un finanziere senza scrupoli trucca i collocamenti di azioni in Borsa, o sfrutta informazioni confidenziali per arricchirsi (il reato di insider trading), non è detto che necessariamente si riesca a dare un nome alle vittime. Il bottino di 100 milioni può essere «spalmato» su una miriade di risparmiatori che sono stati gabbati. Tant'è che per questo genere di reati finanziari non è necessario che qualcuno sporga denuncia e si costituisca come parte civile, per far scattare l'azione giudiziaria. Nella cultura americana, in parte adottata anche da noi, è lo Stato che deve farsi carico di inseguire il finanziere truffaldino, anche se nessuno si fa avanti presentandosi come vittima.

Manipolare il mercato significa rendere la vita più difficile a tutti. Anche se non ce ne rendiamo conto, perché questi crimini sono complessi e raffinati, alla fine siamo tutti un po' più poveri. Da un lato, potrebbero esserci i nostri fondi pensione tra i danneggiati dai Lupi. Dall'altro, un sistema dove i Lupi scorrazzano è una società più ingiusta e più diseguale, dove i deboli si sentono indifesi e anche un po' stupidi. Stupidi? Sì, alla fine è difficile non sentirsi afflitti da qualche sentimento d'inferiorità di fronte all'astuzia dei Lupi. Allora il vero danno del film forse non sta nell'indurci a simpatizzare con quel delinquente. Non penso che la maggioranza degli spettatori lo ami o lo ammiri, al termine della proiezione. Peggio, però: senza amarlo, senza volerlo emulare, ci si può sentire lo stesso disarmati e impotenti. E l'eroe buono del film, l'agente dell'Fbi che non si lascia corrompere e incastra il Lupo, con la sua vita modesta da pendolare in metrò non fa sognare proprio nessuno.

L'elettore svizzero che di fronte ai top manager strapagati dice «il loro stipendio non mi riguarda, non spetta a me regolarlo», in fondo prende atto di una realtà: il mondo delle imprese funziona sulla base di regole che nulla hanno a che fare con la raccolta del consenso. A differenza dello Stato, al cui vertice siedono dei leader eletti dai cittadini, e che i cittadini possono periodicamente revocare, l'azienda non si fonda su una legittimazione democratica dal basso. Il presidente, l'amministratore delegato, gli alti dirigenti non sono stati selezionati dai loro dipendenti né hanno il vincolo di conquistarne il consenso per rimanere in carica. Al contrario, è il dipendente che deve ottenere l'approvazione del suo superiore gerarchico, il quale a sua volta deve dar conto della propria azione a chi gli sta sopra. E così via, secondo un criterio tipicamente gerarchico. Come l'esercito, dove i generali non sono eletti dai soldati semplici, l'impresa è una piramide dove il potere viene dall'alto, non dal basso. Le richieste si muovono nella direzione top-down non bottom-up, come invece accade in quei sistemi dove conta la volontà della base.

Se si vuol fare un paragone politico, l'azienda è una dittatura, è un regime autoritario. È quasi sempre stato così, anche perché le rare eccezioni hanno dato risultati deludenti, se non pessimi. Nel periodo iniziale della rivoluzione socialista sovietica il «potere ai consigli di fabbrica», cioè alla base operaia, diede esiti disastrosi per la produzione industriale. L'autogestione iugoslava non andò molto meglio. Idem per le fabbriche cinesi durante la rivoluzione culturale maoista; perfino i kibbutz israeliani, nella loro ispirazione socialista, hanno deluso. Le nostre cooperative hanno più saggiamente adottato metodi di organizzazione interna ricalcati in buona parte sulle normali aziende capitalistiche: in un supermercato Coop non sono le commesse a eleggere il direttore.

Il fatto che il mondo del lavoro sia improntato a una logica autoritaria non significa però che le imprese possano ignorare il problema del consenso sociale. Se la grande impresa è circondata dall'ostilità dei propri lavoratori e dell'ambiente esterno, i danni possono essere gravi. In Italia basta ricordare che cosa furono gli anni Settanta, un periodo di diffuso antagonismo verso il sistema delle imprese: dall'elevata conflittualità sindacale fino ad arrivare al terrorismo, che prendeva di mira anche i dirigenti industriali. Fare l'imprenditore o il manager in quelle circostanze era un inferno. E poiché anche nell'opinione pubblica non estremista si era radicata una disillusione sui benefici del capitalismo, in quel periodo il top management delle imprese era in serie difficoltà. I supermanager non devono illudersi di essere onnipotenti: hanno bisogno di un retroterra amico.

Dipendenti, consumatori, fornitori, Stato, autorità politiche centrali e locali, in molti influiscono sul risultato finale del management. I dirigenti delle imprese lo sanno. Non a caso investono sulla propria immagine, sulla comunicazione e le relazioni esterne. Sentono di dover abbracciare una «filosofia» che dia un senso positivo, un'utilità sociale al loro ruolo.

L'ultima grande ideologia che ha avuto il massimo consenso tra i manager è stata il Verbo della «creazione di valore». A lanciarla, un trentennio fa, fu il top manager americano per antonomasia: Jack Welch, allora chief executive del colosso General Electric. In un discorso all'hotel Pierre di New York nel 1981, Welch sancì l'idea che la massima utilità sociale del management deriva dalla sua capacità di aumentare costantemente il valore delle azioni della propria impresa. Il discorso di Welch divenne Vangelo per generazioni di studenti nelle Business School. Uno dei manuali più letti dagli aspiranti manager fu scritto dal guru americano Alfred Rappaport, che nel 1986 consacrò le idee di Welch in questo precetto: «Il test decisivo di una strategia aziendale, l'unico criterio affidabile per misurarne la validità, è se crea valore per gli azionisti». Quel concetto sprigionava un'attrattiva particolare in una nazione come l'America, dove masse di lavoratori, di piccoli risparmiatori e di pensionati investono in Borsa. Un management capace di moltiplicare le quotazioni delle società in Borsa elargiva i suoi benefici alla collettività.

Ben presto alcune nazioni europee si avvicinarono al modello americano dell'azionariato diffuso: l'ondata di privatizzazioni lanciata da Margaret Thatcher in Gran Bretagna negli anni Ottanta, poi seguita da Francia, Italia e Spagna, ha instaurato forme di «capitalismo popolare» anche sull'altra sponda dell'Atlantico (più in Inghilterra che nei paesi continentali). Via via che aumentava la percentuale della popolazione provvista di portafogli azionari, i supermanager capaci di «creare valore» si presentavano come degli eroi. Il culto della performance di Borsa ha generato una mitologia, regalando ad alcuni dirigenti aziendali una notorietà vicina alle popstar e ai campioni sportivi. Ha fatto la fortuna di società di consulenza come la multinazionale McKinsey, specializzate nel vendere nuove ricette organizzative per spremere da ogni azienda il massimo valore azionario.

E qual era la scorciatoia più comune per questa «spremitura» di valore? I licenziamenti di massa. Welch venne soprannominato «Neuron Jack» come la bomba al neurone, quella capace di sterminare popolazioni lasciando intatte le città. A ogni annuncio di nuovi pesanti tagli di organico, il titolo della General Electric schizzava al rialzo a Wall Street. Cacciare operai e impiegati era il metodo più sicuro per scatenare il tripudio dei mercati finanziari. Meno costi salariali uguale più profitti, almeno nel breve termine. Nei costi salariali non venivano mai incluse le munifiche remunerazioni dei capi: al contrario, quelle salivano per premiare il merito di chi faceva salire il titolo in Borsa. Le sofferenze sociali provocate dai licenziamenti venivano giustifica-

te anch'esse in nome di un superiore interesse sociale. Da
una parte, Welch e generazioni di manager spiegavano che
le loro aziende, diventando sempre più snelle, guadagnavano in efficienza. Quindi, in ultima istanza, facevano la
felicità del consumatore: la qualità dei prodotti e dei servizi era destinata a migliorare prodigiosamente. Inoltre, la
«creazione di valore» (azionario) generava una ricchezza
che poi sarebbe stata investita anche altrove. Perciò i posti
di lavoro distrutti nella singola azienda venivano ricreati
altrove, in altri settori dell'economia capaci di espandersi.

Per qualche tempo quella rappresentazione idilliaca è
sembrata vera. Gli anni Novanta sono stati un periodo di
forte crescita economica, soprattutto in America e in Asia,
un po' meno in Europa. In mezzo al boom è vero che i
maxilicenziamenti della General Electric e di tante altre
multinazionali facevano un po' meno male. C'erano sempre una Microsoft, Apple o Google che generavano lavoro
compensando i massacri occupazionali delle aziende trita-
carne. Nell'insieme, in America e in Asia il mercato del lavoro tirava e i dipendenti in esubero da una parte trovava-
no posto altrove. È stata parzialmente mantenuta anche la
promessa fatta ai consumatori. Almeno nella fase iniziale
delle privatizzazioni e delle liberalizzazioni. Lo smantella-
mento di vecchi dinosauri burocratici di Stato ha consentito dei miglioramenti di efficienza e qualità del servizio. I
non più giovanissimi ricorderanno l'epoca in cui in Italia,
per avere l'allacciamento di una linea del telefono a casa,
c'erano liste d'attesa di molti mesi, e chi poteva cercava di
farsi raccomandare da un sottosegretario alle Poste per accorciare i tempi (non esagero). La concorrenza ha portato
dei benefici indiscutibili anche in altri settori, come la riduzione dei costi del trasporto aereo. Sembrava la quadratu-
ra del cerchio: con la «creazione di valore» si facevano con-
tenti quasi tutti. I risparmiatori si arricchivano. La crescita
economica creava più opportunità. Il consumatore aveva
più scelta a minor prezzo.

Quel quadro idilliaco ha cominciato ad appannarsi presto. Cominciando proprio dai consumatori, teoricamente i massimi beneficiari. Già negli anni Novanta qualche segnale in controtendenza era visibile. Ricordo la sorpresa quando mi trasferii a vivere a San Francisco all'apice della New Economy, e le crepe nell'edificio mi apparvero evidenti. Nella Silicon Valley californiana, la culla delle maggiori rivoluzioni tecnologiche del nostro tempo, ho subìto un primo shock di delusione. Venendo dalla vecchia Europa, con il mito della supremazia tecnologica americana, il primo impatto è stato con una lunga serie di disservizi. Telefonini senza ricezione in molte zone della California. Utility come gas, luce, cable-Tv a livelli di arretratezza da Italia anni Settanta (ricordo la lunga estate dei blackout che misero in ginocchio la California). Compagnie aeree con alte tariffe e servizi scadenti. Dov'era finita l'America paradiso dei consumatori? Eppure, nelle mie tante frequentazioni precedenti gli Stati Uniti mi erano apparsi spesso un passo più avanti, nella qualità del servizio al cliente.

Sul finire degli anni Novanta, però, alcuni nodi venivano al pettine. Dopo le prime liberalizzazioni, si stavano ricostituendo degli oligopoli, dalla telefonia alle utility, e le grandi aziende private non appena raggiunta una posizione semimonopolista ricadevano nei vizi tipici degli antichi dinosauri burocratici. L'ideologia liberista – condivisa dai democratici nell'era Clinton così come dai repubblicani sotto Bush padre e figlio – aveva portato a ridurre le regole e la vigilanza su tutti i mercati. Ormai lontane le battaglie di Ralph Nader per i diritti dei consumatori: le authority governative erano comandate da ex lobbisti della grande industria, in smaccato conflitto d'interessi, tutti dediti a proteggere gli interessi del padronato. Le aziende rendevano omaggio alla presunta sovranità del cliente solo nelle loro costose campagne pubblicitarie (e nelle insopportabili formule di cortesia ripetute a oltranza dai messaggi automatici dei call-center, nelle lunghe attese per parlare con un essere umano). Marketing a parte, investivano poco nella formazione interna: con il risultato che l'impiegato medio delle telecom americane – come nelle banche o nelle assicurazioni – era un principiante a digiuno di quasi tutto, incapace di fornire al cliente un'assistenza decente. Così i settori che erano stati all'avanguardia nella liberalizzazione della concorrenza hanno conosciuto un'involuzione tremenda.

La stessa ideologia della «creazione di valore azionario» ha contribuito al tradimento del consumatore. Quando mai si è visto cacciare un amministratore delegato solo perché i consumatori o gli utenti erano insoddisfatti? Certo, in linea di principio contro i prodotti scadenti e i disservizi esiste una sanzione del mercato: i consumatori disertano l'azienda mal gestita a favore di un'altra, e i conti dell'azienda così punita ne risentono con una caduta dei profitti. Ma il giudizio del mercato può esercitarsi solo quando esiste una vera scelta per i consumatori. Spesso, invece, con il ricostituirsi degli oligopoli privati abbiamo assistito a un diffuso peggioramento di qualità che ha abbassato il livello di tutti. Se tutte le compagnie aeree che operano su certe rotte tagliano il livello di comfort o le prestazioni offerte a bordo, la libertà di scelta del consumatore è una farsa. Inoltre, la scorciatoia più efficace per «creare valore» in Borsa è quella di licenziare: ci si risparmia la fatica prolungata, la fantasia, l'abnegazione e lo spirito di servizio che occorre dispiegare per ottenere una durevole soddisfazione dei clienti.

La Grande Recessione del 2008-09 ha dato il colpo di grazia finale, decisivo e irreparabile. Proprio coloro che più di tutti erano stati corteggiati, illusi e vezzeggiati, cioè i piccoli azionisti americani, hanno subìto una distruzione di ricchezza paragonabile al crac del 1929. Una calamità che non ha colpito solo generici speculatori, ma ha impoverito lavoratori, pensionati; le casse dei Comuni e delle università. Da allora la Borsa americana ha ampiamente recuperato le perdite, fino a stabilire nuovi record nel 2014. Però, quella distruzione di risparmio popolare lascerà tracce per anni. Quando eravamo ancora nel bel mezzo della tempesta finanziaria, l'opinione pubblica ha scoperto che gli unici «garantiti» erano i supermanager. Addio vangelo meritocratico: in quel frangente drammatico i «creatori di valore» hanno deciso che per loro – solo per loro – non valeva la regola che il guadagno è legato al risultato. Lo spettacolo dei top manager che continuavano a incassare gratifiche milionarie dopo aver rovinato i loro azionisti ha smascherato l'impostura. I dirigenti del capitalismo occidentale si sono scoperti più socialisti della nostra Cgil, più garantisti dei Cobas del pubblico impiego: solo per se stessi.

Quando parliamo di economia, quanto siamo prigionieri di ideologie? È essenziale capirlo, perché le ideologie accecano, conducono a commettere errori fatali. I casi più estremi, li abbiamo di fronte con i fondamentalismi religiosi che legittimano massacri, ideologie nazionaliste o totalitarie che fomentano le guerre.

La rappresentazione che noi ci facciamo dell'economia è anch'essa avviluppata nei miti. Servono, tra l'altro, a dare buona coscienza a una classe dirigente, a un'élite privilegiata, che si autoconvince della propria funzione positiva. Non c'è dubbio che una parte dei top manager siano in buona fede, persone perbene, certe di essere utili non solo alla propria azienda ma alla società.

Un esempio: Francesco è una persona squisita, amabile, intelligente. Ci penso mentre sorseggio con lui un bicchiere di vino, nel suo salotto, in attesa di andare a tavola. «Salotto» è una parola che non rende bene l'idea. Ci starebbe dentro un'orchestra sinfonica, e l'acustica sarebbe all'altezza di Carnegie Hall. L'appartamento dove Francesco vive con la moglie, nella zona più esclusiva dell'Upper East Side di Manhattan, ha il soffitto alto come quello di una chiesa. Fu disegnato dall'architetto che costruì il grattacielo, per ospitarvi il magnate che aveva finanziato l'intero progetto edile. Extralarge, dunque, con una «volta» alta come due o tre piani normali. Arredato con raffinatezza, perché Francesco è fiorentino e sua moglie parigina. C'è una biblioteca a muro, fatta su misura, che per arrivare fino al soffitto ha scaffali irraggiungibili. Alle pareti, opere di arte contemporanea di sicuro valore. Francesco è un intenditore: la multinazionale del lusso di cui lui è chief executive finanzia uno dei più bei musei di New York. Mecenati generosi, che credono nella cultura.

Francesco è un uomo di ampie vedute, non un reazionario. E tuttavia mi guarda con rammarico, quando parliamo del tema «diseguaglianze sociali». «Tutti puntano il dito contro noi manager» mi dice «ma noi in fondo siamo dei lavoratori. Il mio stipendio è alto, certo, ma vivo di quello, cioè del mio lavoro. I veri ricchi, i patrimoni che sono la fonte delle diseguaglianze più stridenti, vanno cercati nella finanza. È il capitale ereditato e dinastico, quello che andrebbe colpito. Invece il fisco va a caccia dei nostri stipendi, tartassati anche qui in America. Mentre i patrimoni finanziari la fanno franca, beneficiati da aliquote ridicole, o addirittura esenti nei paradisi offshore.»

Lo ascolto e mi guardo intorno. Osservo la sua magnifica casa, i quadri appesi alle pareti, l'eleganza di sua moglie. Non riesco a provare irritazione, tantomeno ostilità, verso una persona perbene. E tuttavia mi chiedo quanto ciascuno di noi sia incapace di vedersi «dall'esterno», con gli occhi degli altri. Francesco non ha tutti i torti. Certo, anche per i ricchi come lui c'è sempre qualcuno più ricco, e perfino di molto. C'è qualcuno sopra di lui, che ha capitali superiori senza aver mai lavorato, ricevuti per successione ereditaria. Non ha torto quando osserva che la rendita finanziaria gode di favoritismi assurdi, mentre uno stipendio milionario da chief executive è tassato a New York con aliquote Irpef quasi «europee» (secondo lui, l'aliquota marginale tra il prelievo federale e quello locale si aggira attorno al 55 per cento e non ho motivo per dubitarne).

Sì, anche tra l'uno per cento dei più benestanti ci sono le persone che hanno faticato tutta la vita, che si fanno un mazzo così, che dedicano anima e corpo al proprio lavoro e alla propria azienda, che sono ammirati e rispettati dai propri colleghi e collaboratori. Resta comunque il fatto che questi chief executive non si rendono conto di essere diventati un'élite predatoria, per il semplice motivo che le loro retribuzioni non hanno più nulla a che vedere con il valore reale che portano all'azienda (per non parlare della società nel suo insieme).

La media dei chief executive americani percepisce uno stipendio di 20 milioni l'anno. Nel 1980, quando Ronald Reagan arrivò alla Casa Bianca, l'America era già un paese capitalista. In quell'anno un chief executive guadagnava in media 30 volte lo stipendio dei suoi dipendenti, il che non è male come «sovrappremio», e certo consente di pagarsi tutti i lussi e tutti i privilegi. Ma trentaquattro anni dopo, lo stipendio del numero uno vale in media 300 volte quello dei suoi dipendenti. Cos'è accaduto in questo periodo, quale straordinario aumento della produttività e bravura dei singoli manager può giustificare che abbiano spiccato il volo verso la stratosfera, abbandonando noi poveri comuni mortali qui a terra? Mentre stiamo per sederci a tavola, capisco dallo sguardo di Francesco che lui non capisce, proprio non capisce, perché qualcuno possa avercela con la sua categoria.

Siamo diventati forse criptonazisti, senza saperlo? Il nazionalfascismo di Adolf Hitler rielaborò, strumentalizzandolo e anche deformandolo, il concetto di «Superuomo» (*Übermensch*) che il filosofo tedesco Friedrich Nietzsche aveva esposto in *Così parlò Zarathustra* (1883). Secondo la storica dell'economia Nancy Koehn, docente alla Harvard Business School, oggi un'ideologia analoga detta legge in tutto il mondo. È l'ideologia che giustifica, appunto, i superstipendi per i top manager. Oltre a Nietzsche, la Koehn cita l'influenza di un altro pensatore dell'Ottocento. È lo scozzese Thomas Carlyle, che rese popolare una versione divulgativa della storia: «the Great Man Theory of History», la teoria della storia fatta dal Grande Uomo. Nel suo libro *The Heroic in History*, Carlyle sosteneva che la storia dell'umanità è decisa da poche figure eroiche, gigantesche: da Maometto a Napoleone.

Da allora molta acqua è passata sotto i ponti e la storia «fatta dai grandi leader» è stata screditata, sostituita da metodi di analisi storiografica ben più completi e raffinati: per esempio, la Scuola parigina delle Annales (Marc Bloch, Fernand Braudel, Jacques Le Goff), che ha investito nello studio delle strutture sociali, dei costumi popolari, delle interazioni tra ambiente, demografia, cultura, valori. Ancor più di recente, studiosi come Jared Diamond hanno aggiunto un sovrappiù di ricchezza interdisciplinare attingendo allo studio delle epidemie, delle migrazioni, della selezione naturale della specie, delle tecnologie. Insomma, la storia è più complessa delle trame dei re e dei generali. A maggior ragione, sostiene la Koehn, non ha senso mitizzare il chief executive di una grande azienda come un Superuomo. Sappiamo, infatti, che «gestire un'impresa è uno sport di squadra, è un'attività che dipende da un lavoro di concerto, dalla cooperazione fra tante persone, a tutti i livelli dell'organizzazione».

Una parte delle diseguaglianze attuali si spiega con questa perversione. Come ricorda la Koehn, se osserviamo lo 0,1 per cento degli individui più ricchi, la punta estrema della piramide sociale nel capitalismo contemporaneo, scopriamo che i due terzi sono top manager, i Superuomini che si sono arrogati il diritto di fissarsi da soli i propri stipendi. Le società capitalistiche avanzate, nonché tante nazioni emergenti, si comportano come se davvero questa oligarchia fosse una razza superiore, alla quale non si possono applicare le regole che valgono per tutti gli altri.

XV

# Nowhere Man

NOWHERE MAN

He's a real nowhere man
Sitting in his nowhere land
Making all his nowhere plans for nobody

Doesn't have a point of view
Knows not where he's going to
Isn't he a bit like you and me?

Nowhere man please listen
You don't know what you're missing
Nowhere man, the world
   Is at your command

He's as blind as he can be
Just sees what he wants to see
Nowhere man, can you see me at all

Nowhere man don't worry
Take your time, don't hurry
Leave it all till somebody else
   Lends you a hand

Doesn't have a point of view
Knows not where he's going to
Isn't he a bit like you and me?

Nowhere man please listen
...

He's a real nowhere man
...

*«Uomo senza terra, il mondo è sotto il tuo potere/Più cieco di così non potresti essere/Vedi solo quello che hai voglia di vedere/Uomo di nessuna parte, puoi riuscire almeno a vedermi?»*

Ian MacDonald definisce così questa tormentata canzone di John: «È una confessione creativa d'inadeguatezza personale. Lennon si sente sempre più tagliato fuori dal mondo reale, vive come un recluso, e i confini della sua identità si dissolvono lentamente sotto una marea montante di droghe».

Quelli a cui penso io non sono sotto l'effetto delle droghe. Non che si sappia, almeno. Tecnocrati ai vertici della Commissione europea, della Banca centrale. Consiglieri del principe, che suggeriscono decisioni ai capi di governo. Sherpa che preparano nell'ombra i G7 e i G20. *Grand commis* dello Stato, non eletti eppure spesso più potenti dei potenti. Le loro decisioni, svincolate da ogni controllo dei cittadini, possono condizionare il reddito e il lavoro di interi popoli. Che cosa li guida? Siamo vittime del feticismo dei numeri imposto da esperti senza nome, «uomini ciechi, che hanno il potere di comandare il mondo»; e non conosciamo la ragione delle loro scelte.
Chi sa dire perché siamo soggetti all'implacabile vincolo del 3 per cento, soglia massima nel rapporto deficit/Pil? La

Francia con Hollande, l'Italia con Renzi hanno – brevemente, timidamente – tentato di spuntare dei margini di flessibilità da Berlino e da Bruxelles, rispetto a quel numero magico e crudele. Ma la validità originaria del 3 per cento non viene rimessa in discussione. In Europa, s'intende: perché negli Stati Uniti la «dottrina 3 per cento» è stata ignorata da Barack Obama, poi pubblicamente ripudiata perfino dal Fondo monetario internazionale.

La storia di quel numero «scolpito nella pietra» è complicata, opaca e misteriosa. Risale al 1991, quando viene firmato nella città olandese di Maastricht l'omonimo Trattato, fondamento per l'Unione monetaria da realizzarsi nel 1999. Economisti e giuristi che lavorano a quei testi, sotto l'autorevole influenza di Tommaso Padoa Schioppa, esplorano le condizioni per «un'area monetaria ottimale». È un termine da economisti, che in sostanza vuol dire questo: si cerca di mettere insieme la sovranità monetaria di varie nazioni che siano abbastanza omogenee tra loro in modo che l'Unione non sia destinata a sfasciarsi. In cerca di criteri di stabilità, gli esperti finiscono per accordarsi sui seguenti parametri per l'accesso di un paese all'euro: la sua inflazione non deve essere superiore a 1,5 punti rispetto ai tre paesi con il tasso d'inflazione più basso; il deficit statale non deve superare il 3 per cento del suo Prodotto interno lordo (Pil); il debito pubblico non deve essere superiore al 60 per cento del Pil; il tasso di cambio della sua moneta nazionale deve avere avuto una certa stabilità nei due anni precedenti l'ingresso nell'Unione monetaria; i tassi d'interesse di lungo termine non devono superare di oltre 2 punti quelli dei tre paesi con i tassi più bassi. Quest'ultimo criterio riguarda il famoso «spread», o divario fra tassi d'interesse dei titoli di Stato di diversi paesi (che spesso si misura in centesimi di punto, per cui una differenza di rendimento dell'1 per cento tra un BoT italiano e un Bund tedesco viene espressa come 100 punti di spread).

Di tutti questi criteri di Maastricht, alcuni non sono mai stati veramente applicati, come quello sul debito (neppure la Germania lo rispetta). Altri hanno perso rilevanza con la creazione dell'euro: dal 1999, i tassi d'interesse e la parità di cambio vengono decisi dalla Bce a Francoforte, e non sono più oggetto di politiche nazionali. È rimasta in piedi, invece, la dittatura del 3 per cento: il rapporto deficit/Pil è il criterio che può far scattare (se non rispettato) una procedura d'infrazione, trasformare un paese in vigilato speciale, e così lanciare segnali d'allarme ai mercati. Fino a quando, con severe terapie di austerity, il reprobo non rientra nei ranghi. Il 3 per cento è diventato l'unico sacro comandamento nella religione dell'austerity.

Eppure i dubbi su quella cifra furono forti dall'inizio. Uno dei più autorevoli venne dal grande economista italiano Luigi Pasinetti. In un importante saggio pubblicato sul «Cambridge Journal of Economics» nel 1998 (un anno prima della nascita dell'euro) Pasinetti attaccò duramente «mito e follia del 3 per cento». Non ci andava leggero, parlando di «regno del simbolismo», a proposito di una soglia deficit/Pil «la cui validità non è mai stata dimostrata». I giudizi di Pasinetti erano implacabili: «Nessuno è mai riuscito a dare una spiegazione plausibile sul perché quelle cifre furono scelte».

Per il 60 per cento di debito/Pil, la spiegazione sembrava essere banale: grosso modo era la media europea (e in particolare franco-tedesca) ai tempi in cui veniva negoziato il Trattato di Maastricht. Anche se di lì a poco la riunificazione delle due Germanie avrebbe fatto sballare il rapporto debito/Pil tedesco, e guarda caso quella cifra, anziché «magica», divenne poco rilevante, e fu interpretata da subito con tanta flessibilità.

Un tentativo molto più recente di dare fondamento scientifico a quelle cifre è finito in un clamoroso infortunio: due noti economisti americani, Kenneth Rogoff e Carmen Reinhardt, hanno dovuto ammettere di avere sbagliato calcoli elementari, omesso statistiche importanti, in un loro studio che doveva dimostrare il nesso tra crescita e rigore di bilancio. Anche in seguito a quell'incidente, il Fondo monetario ha preso le distanze dall'austerity.

Ma il dibattito non è solo teorico. La confutazione del dogma è avvenuta nei fatti. Negli Stati Uniti, tanto per cominciare. Nell'abisso della recessione del 2009, non appena arrivato alla Casa Bianca Barack Obama varò una maximanovra di investimenti pubblici. Riscoprì il verbo keynesiano, l'insegnamento appreso dall'Occidente nella Grande Depressione degli anni Trenta. Nel primo biennio della presidenza Obama il deficit/Pil schizzò fino a sfiorare il 12 per cento, il quadruplo del limite ammesso dall'«euroreligione» dell'austerity. E la cura ha funzionato. Sia nel bilancio federale sia in quelli della finanza locale, i conti pubblici americani sono poi migliorati in modo spettacolare: grazie alla ripresa, non all'austerity. Stati come la California, municipi come New York, si sono ritrovati addirittura alle prese con un dilemma positivo: come usare l'improvviso attivo di bilancio, generato non dai tagli bensì dall'economia che cresce e gonfia le entrate fiscali.

In quanto agli esempi di «successi» conseguiti dalla terapia europea, qualcuno cita l'Irlanda come il caso di un'ammalata che si riprende dopo avere applicato disciplinatamente l'austerity. Ma la pseudorinascita irlandese è in parte un'illusione statistica: il mercato del lavoro sembra in migliori condizioni perché una consistente quota della popolazione attiva ha ripreso la strada dell'emigrazione (verso Stati Uniti, Canada, Australia) come nel primo Novecento. Anche la Spagna viene descritta come un'allieva modello premiata da una ripresa. Davvero? Con un terzo dei suoi giovani senza lavoro? La ripresa spagnola viene descritta da un cinico detto di Wall Street: «Anche un gatto morto rimbalza, dopo essere caduto dall'ultimo piano di un grattacielo». Sì, i dati con un segno + davanti non bastano, bisogna vedere quanto danno sociale è stato fatto prima, quanta distruzione di lavoro.

New Deal o tagli di spesa? Non è solo in Europa che si scontrano la linea dell'austerity (sempre vincente) e quella della crescita (regolarmente sconfitta). Il dibattito era iniziato ancora prima negli Stati Uniti. Lo innescò proprio quella maximanovra di spesa pubblica antirecessiva (quasi 800 miliardi di dollari) che Obama riuscì a far passare nel gennaio 2009, quando la sua popolarità era ai massimi, e il Congresso aveva una maggioranza democratica. La riscossa degli avversari partì con il dibattito sulla riforma sanitaria, quando il Tea Party invase le piazze d'America accusando Obama di imporre il «socialismo» nella patria del libero mercato, e il Partito repubblicano riconquistò la maggioranza alla Camera nel novembre 2010. Due modelli di società: molto più distanti in America di quanto siano diversi in Europa i programmi economici dei governi di destra o di sinistra.

Almeno tre premi Nobel (Robert Solow, Paul Krugman, Joseph Stiglitz), più altri economisti autorevoli come Jeffrey Sachs e Robert Reich, invocano l'urgenza di un New Deal. È costante nei loro appelli il riferimento agli anni Trenta. Torna a far discutere la lezione di Keynes: tocca allo Stato rilanciare la crescita, bisogna spingere sulla spesa pubblica (in deficit!) per colmare il vuoto di domanda privata (consumi e investimenti). Non bisogna credere che questa funzione dello Stato «nasca» con Keynes. Lui ha teorizzato e applicato a un'economia moderna una pratica antichissima. Lo storico greco Erodoto interpreta così la costruzione delle piramidi in Egitto: non solo tombe magnifiche per dare una fama eterna ai faraoni lì sepolti, ma anche un modo per fornire lavoro a una popolazione sempre più numerosa, «grandi opere keynesiane» *ante litteram*.

Se gli economisti keynesiani sono convinti che un debito pubblico creato attraverso investimenti produttivi possa essere ripagato «virtuosamente» quando arriva la crescita, la pensavano allo stesso modo i banchieri di Firenze e Genova nel primo Rinascimento quando finanziavano i sovrani di mezza Europa, certi che le loro conquiste militari avrebbero generato ricchezze per ripagare i debiti. (Quando poi il sovrano non ce la faceva poteva sempre far decapitare i banchieri, se i rapporti di forze glielo consentivano. Altrimenti c'erano quelle che potremmo definire «privatizzazioni» *ante litteram*, vendite di titoli nobiliari e non solo quelli: nel XIV secolo Carlo V vendette letteralmente sua sorella a un Visconti che gli aveva finanziato un terzo del debito pubblico della Francia.) Il New Deal di Franklin Delano Roosevelt fu questo: vasti programmi d'investimenti pubblici, a cominciare dalle grandi opere infrastrutturali, per dare lavoro ai disoccupati e supplire alla latitanza dell'iniziativa privata. Il New Deal fu anche un'altra cosa, complementare: raccogliendo esperimenti sbocciati in Europa (dalla previdenza di Bismarck in Germania alla società fabiana che prefigurò il laburismo inglese, alle socialdemocrazie scandinave), Roosevelt lanciò la costruzione di un Welfare State, che includeva pensioni pubbliche, diritti dei lavoratori, una rete di sicurezza contro la povertà. Anche questa dimensione del New Deal – un patto sociale progressista – torna oggi di attualità in un'America dove le diseguaglianze hanno raggiunto livelli estremi, e i diritti sindacali sono stati limitati in molti settori.

Ancora un'analogia tra il presente e la Grande Depressione degli anni Trenta: la destra accusa un presidente democratico (prima Roosevelt, adesso Obama) di soffocare la libertà americana imponendo lo statalismo; i conservatori premono per la rapida riduzione del debito attraverso tagli feroci ai servizi pubblici e alla spesa sociale. Ottant'anni fa lo spauracchio usato nei comizi era l'Urss di Iosif Stalin. Oggi invece è l'eurozona, che i neoliberisti descrivono come una società sprovvista di ogni dinamismo perché oppressa dalle tasse e lobotomizzata dall'assistenzialismo.

Con una differenza notevole, però: mentre Roosevelt non esitava a circondarsi di consiglieri che erano davvero socialisti, Obama se ne guarda bene. Il «keynesismo radicale» di Krugman e Stiglitz, pur essendo popolare nell'ala liberal del Partito democratico e sui mass media progressisti («New York Times», Msnbc) non ha diritto di cittadinanza a Washington. Nel dibattito politico quelle posizioni sono marginali. Gli equilibri politici al Congresso rendono improponibile un New Deal versione 2.0. A nulla servono i moniti sul pericolo di «rifare un 1937», cioè l'errore commesso da Roosevelt quando cedette alle pressioni per un ritorno al rigore di bilancio, ridimensionò i grandi progetti del New Deal e l'America ricadde nella recessione da cui sarebbe uscita solo con la seconda guerra mondiale.

Oggi, proprio come nel 1937, il «partito dei tagli» non è soltanto repubblicano. Anche tra i democratici c'è una robusta corrente di moderati centristi – si rifanno alla «terza via» di Bill Clinton – i quali predicano moderazione nella spesa pubblica. La prima ragione è la più ovvia: oggi il Welfare State esiste già, sia pure dimagrito dai salassi conservatori somministrati da Ronald Reagan in poi. La macchina della pubblica amministrazione è ben più grande e costosa rispetto ai tempi in cui Roosevelt la «costruiva» partendo da uno Stato minimo. La burocrazia e le tasse sono impopolari anche in una fascia di elettorato democratico. Riecheggiano nel dibattito americano posizioni che sono familiari agli europei. «Se il debito pubblico creasse lavoro, l'Italia con il suo debito record dovrebbe avere da anni il pieno impiego.» «Se indebitarsi per crescere fosse virtuoso, allora non sarebbero esplose la bolla dei mutui subprime in America e bolle immobiliari analoghe in Inghilterra, Spagna, Irlanda» *dixit* Angela Merkel.

Perciò la sinistra americana è costretta a sforzi di innovazione: quando pensa al New Deal del XXI secolo, deve coniugarlo con le riforme del Welfare che tengano conto dello shock demografico, e deve pensare a strumenti di mobilitazione degli investimenti privati (nella Green Economy, nelle infrastrutture, nel digitale) che non comportino una dilatazione dell'intervento statale. Per un New Deal più audace mancano i numeri al Congresso, e i consensi nella società.

In Italia la religione del 3 per cento ha avuto tanti sostenitori in buona fede, per un'altra ragione. Applicare la disciplina dell'austerity sembra un vincolo esterno salvifico, per impedirci di praticare vizi nazionali distruttivi: spese pubbliche parassitarie, clientelari, fonti di sprechi e corruzione. Ma il dogma del 3 per cento impedisce un altro tipo di risanamento: che passa attraverso una consistente riduzione della pressione fiscale sul lavoro, onde restituire potere d'acquisto alle famiglie e rilanciare la crescita.

Dopo cinque anni di ripresa in America, cinque lunghissimi anni nei quali l'eurozona ha continuato invece ad avvitarsi nelle recessioni «fabbricate in casa», un'ulteriore conferma dei terribili errori europei arriva nell'agosto 2014. In quel mese, per la prima volta dopo 55 anni l'Italia si trova in deflazione. I prezzi diminuiscono dello 0,1 per cento, mentre la disoccupazione ufficiale sale al 12,6 per cento. Tutti i giornali italiani titolano *Prezzi giù, Italia in deflazione come nel 1959*. Ma ci sono delle differenze enormi rispetto al '59. Nel bene e nel male, sono due mondi. Ricorda l'economista Francesco Daveri: «In quell'anno l'Italia era un paese ancora povero, con lo stesso reddito pro capite di cui oggi gode l'Uzbekistan. L'Italia era il paese descritto in *Pane amore e fantasia*, *Rocco e i suoi fratelli* e gli altri film di De Sica, Monicelli, Germi e Visconti. Era un paese giovane con grande fiducia nel futuro e anche per questo in pieno boom economico. L'economia italiana cresceva a tassi coreani: nel 1959 il Pil fece registrare un +6,2 per cento. I prezzi scendevano perché la crescita si basava su due ingredienti che oggi non ci sono più, il basso costo del lavoro (con salari tenuti bassi dall'emigrazione interna dal Sud al Nord e una produttività alimentata da alti tassi d'investimento) e il basso costo dell'energia».

Dunque, per quanto riguarda il 1959 sarebbe più corretto parlare di un periodo di «disinflazione». Non c'era quell'atmosfera depressiva che è strettamente legata alla deflazione. I consumi degli italiani esplodevano, si compravano la Seicento, gli elettrodomestici, la Tv. Era in corso anche un New Deal all'italiana con grandi opere come l'Autostrada del Sole. I Beatles dovevano ancora apparire all'orizzonte: Domenico Modugno e Johnny Dorelli vincevano il Festival di Sanremo cantando «C'era una volta poi non c'è più».

La deflazione, quella vera, che cos'è? E, soprattutto, che cosa significa nell'eurozona di oggi? Non reggono i paragoni con la Grande Depressione, quando in *Furore* il romanziere John Steinbeck raccontava l'odissea americana dei disperati della terra, gli agricoltori ridotti alla fame che fuggivano dalla siccità dell'Oklahoma e finivano nelle baraccopoli della West Coast. Per fortuna c'è un contrasto fra le immagini storiche dei disoccupati in fila per la minestra dei poveri nella New York degli anni Trenta e le nostre code ai caselli autostradali al rientro dai weekend. La disoccupazione colpì il 25 per cento della forza lavoro ai tempi di Roosevelt. Nel 2009, nel momento più duro della recessione americana, gli Stati degli Usa più penalizzati dalla crisi, come California e Florida, hanno registrato punte del 13 per cento di disoccupazione.

La storia, almeno in questo caso, non è stata inutile. Oggi l'America ha indennità di disoccupazione e il Medicaid (la sanità dei poveri) che non esistevano quando scriveva Steinbeck. I nostri bilanci pubblici sono degli «stabilizzatori automatici» ben più potenti di ottant'anni fa. La lunga fase di sviluppo seguito alla seconda guerra mondiale ha sedimentato benefici consistenti che diamo per scontati. Nelle pieghe dei nostri bilanci familiari, in tutte le società avanzate, ci sono cuscinetti di riserve accumulate che sono gli ammortizzatori privati della crisi. Non vale per tutti, ci sono eccezioni crescenti e inquietanti, ma la mappa moderna dei nuovi poveri non è paragonabile alla miseria del primo Novecento.

Resta il fatto che per l'eurozona la durata di questa recessione supera perfino quella della Grande Depressione. E, in comune con quell'epoca, c'è la comparsa della deflazione. In

Occidente nessuna generazione contemporanea può ricordarsi con precisione che cosa significhi. Mia mamma, che oggi ha 80 anni, era una bambina e ne ha solo un vago ricordo.

Quel termine un po' misterioso si è materializzato in forma clamorosa il 12 dicembre 2008. Quel giorno la Federal Reserve, la banca centrale americana, ha tagliato i tassi d'interesse a livello zero. È solo il primo atto di una strategia innovativa, quasi «rivoluzionaria» della Fed, che comincerà a stampare moneta (4400 miliardi di dollari!) per irrorare di credito a buon mercato l'economia reale, e svalutare il dollaro. La Bce di Mario Draghi, purtroppo, ci ha messo 5 anni per capire la lezione. Se in quel dicembre 2008 la Fed comincia ad applicare terapie così estreme è perché ha visto il baratro. Cioè lo spettro della deflazione. Nelle aste dei Treasury Bonds (i BoT americani) accadeva l'inverosimile: la domanda di quei titoli sicuri da parte degli investitori era impazzita, fino a far calare i tassi di alcune emissioni sotto lo zero. Va ricordato che il valore di un titolo a reddito fisso è inversamente proporzionale al suo rendimento: quindi, se c'è tanta domanda di quel titolo, il suo valore sale e il tasso d'interesse scende. La corsa verso il titolo pubblico – più sicuro di un conto corrente o di un libretto postale – aveva portato a questo paradosso: in una fase di paura acuta, masse di capitalisti privati e gestori di fondi erano disposti a pagare un interesse al Tesoro Usa pur di prestargli del denaro. Un mondo alla rovescia, il salto dall'altra parte dello specchio.

Il mondo normale, quello in cui siamo vissuti dalla seconda guerra mondiale in poi, è un luogo dove i prezzi aumentano di anno in anno. Chi presta i propri risparmi – a una banca, allo Stato – deve tutelarsi dal fatto che «il tempo è inflazione» e svaluta il potere d'acquisto del denaro, quindi occorre ricevere un interesse adeguato come compensazione di questa perdita progressiva di valore. Ma se improvvisamente i prezzi scendono, il ragionamento si rovescia. La liquidità guadagna valore con il passare del tempo, anche se frutta tasso zero. Un tasso negativo può essere il prezzo da pagare per chi te la custodisce al sicuro, come si paga un affitto per usare una cassetta di sicurezza in una banca.

La deflazione può apparire, a prima vista, come una manna per il consumatore. In America, nel dopo crisi, abbiamo avuto una deflazione molto limitata, settoriale, con effetti benefici: sono caduti velocemente i prezzi delle case, che erano stati gonfiati nella bolla speculativa fino al 2007. Idem con le quotazioni delle azioni. Ma una deflazione generalizzata c'è solo nell'eurozona. Ci sono tante ragioni per cui la deflazione non va idealizzata, anzi deve fare paura. Può portare i consumatori a rinviare le spese, in attesa che i prezzi scendano ancora. Meno le aziende vendono, più sono costrette a licenziare. Scendono i redditi, si riduce il potere d'acquisto. È una magra consolazione vedersi circondati dagli sconti e dai saldi, se non si hanno soldi da spendere.

Per capire un'altra caratteristica cruciale e pericolosa della deflazione, bisogna allargare lo sguardo dai consumi ai risparmi, dai redditi ai patrimoni. Capitale delle aziende, azioni, obbligazioni, immobili: tutti questi patrimoni perdono valore. Per un automatismo perverso e inevitabile, quando tutto si svaluta aumenta proporzionalmente il valore reale dei debiti. Le liquidazioni forzate dei patrimoni conducono all'ulteriore aumento del valore dei debiti. Inclusi i debiti pubblici: è per questo che l'austerity è un cane che si morde la coda, fa scendere il reddito e la ricchezza di intere nazioni, rendendo ancora più «pesanti» i loro debiti statali. Se guardiamo al rapporto debito/Pil, è come una frazione aritmetica. Ci sono due modi in cui il debito pubblico può aumentare: perché lo Stato continua a spendere più di quanto incassa; oppure perché scende il Pil che è il denominatore della frazione.

Che cosa accade quando tutti coloro che hanno capitali e risparmio vogliono trasformarli in liquidità «a tasso zero» anziché finanziare investimenti a lungo termine? Che fare quando la liquidazione simultanea di tanti investimenti crea disoccupazione di massa, la quale a sua volta deprime i consumi e affonda la produzione? Queste erano appunto le trappole micidiali della Grande Depressione. Per Keynes, quando si è in deflazione-depressione, solo lo Stato può colmare l'assenza di domanda privata, e non deve esitare a farlo neppure se ciò comporta un pesante indebitamento.

Allora contro Keynes si ergeva l'ortodossia economica, con pensatori del calibro di Joseph Schumpeter, il teorico della «distruzione creatrice». Questi sosteneva che una ripresa, per essere sana, deve essere spontanea, naturale. Secondo Schumpeter, «se il ritorno della crescita è dovuto a uno stimolo artificiale, l'opera della depressione resta incompiuta, e agli squilibri precedenti si aggiungono nuovi squilibri che andranno sanati con un'altra crisi». L'argomento schumpeteriano è riecheggiato nell'ostinato rifiuto della Germania a seguire l'esempio americano. Rilanciare la crescita facendo nuovi debiti, secondo molti tedeschi è come curare un tossicodipendente aumentandogli la dose di droga. Trapela una visione etico-religiosa della crisi, come se fosse un castigo divino o la necessaria espiazione degli eccessi precedenti. Oppure una «purga», la cura dimagrante necessaria all'organismo.

Keynes lottò a lungo contro tutti coloro che attribuivano alla depressione un ruolo terapeutico, o una forza incontrastabile. Fra i primi, teorici del *laissez-faire*, c'era il presidente degli Stati Uniti Herbert Hoover, repubblicano ultraconservatore. Fra i secondi figurava tutta l'élite intellettuale marxista, fortissima all'epoca anche in America e in Inghilterra, e convinta che la grande crisi fosse l'inizio della morte del capitalismo. Keynes dimostrò che il capitalismo poteva essere rigenerato, che aveva solo «un problema con il motore d'accensione».

Ancora più che nella sfera finanziaria – dove i titoli che perdono valore potranno sempre recuperarlo domani – nell'economia reale la deflazione significa che vengono espulsi dal lavoro decine di milioni di esseri umani. Molti non torneranno mai più in attività, la loro capacità di generare benessere sarà distrutta per sempre. Alcuni economisti hanno teorizzato che «non esistono pasti gratuiti», cioè che le risorse sono limitate e, per ottenere un obiettivo, bisogna sacrificarne un altro. «In depressione» ribatte Krugman «esistono i pasti gratis, se solo riusciamo a procurarceli, perché ci sono vaste risorse inutilizzate che possono essere rimesse al lavoro. La vera scarsità – ai tempi di Keynes come ai nostri – non è nelle risorse ma nella nostra comprensione.»

Nel futuro del Vecchio continente potrebbe esserci la «sindrome giapponese». È lo scenario vissuto dal Giappone dopo la sua lunga depressione-deflazione degli anni Novanta, seguita da un interminabile ristagno. Quella crisi nipponica oggi viene studiata perché molte delle sue cause originarie (bolle speculative e banche malate) prefigurarono vent'anni fa i meccanismi all'opera nell'eurozona di oggi. La lentezza nell'affondare il bisturi dentro un sistema bancario disastrato; la timidezza delle misure per il rilancio dei consumi interni; il rifiuto dell'immigrazione come rimedio alla denatalità. Sono tutti sintomi oggi presenti anche in Europa, sono i fattori che fanno parlare di una «stagnazione secolare» che ci minaccia (il termine lo ha rilanciato Larry Summers, ex consigliere di Obama). La prospettiva di un orizzonte piatto può piacere ai fautori della decrescita, che vedono nello sviluppo la radice di tutti i nostri mali, a cominciare dalla distruzione dell'ambiente. Ma se si realizza il loro desiderio, le delusioni potrebbero essere amare. Nella grande bonaccia dove troveremmo le risorse per investire in tecnologie verdi, per aumentare i fondi pubblici alla scuola, all'università, alla ricerca scientifica?

Quello che era accaduto in America nel dicembre 2008 si ripete nell'eurozona nell'estate 2014. Il fantasma dell'euro-deflazione fa sì che il tasso d'interesse su alcune emissioni di Bund tedeschi scenda sottozero. È il 26 agosto 2014 quando Draghi si decide finalmente ad annunciare una svolta di tipo «americano» nella politica monetaria della Bce. Lo fa proprio mentre si trova negli Stati Uniti, a Jackson Hole, nel Wyoming, una bella stazione sciistica tra le Montagne Rocciose, dove tutte le estati i banchieri centrali si riuniscono. Proprio mentre la Fed si accinge a terminare del tutto le sue operazioni di acquisto di bond, perché la sua missione può considerarsi conclusa dopo cinque anni di crescita e il dimezzamento del tasso di disoccupazione americano, la Bce capisce che ha qualcosa da imparare. A Jackson Hole, Draghi promette una politica monetaria più accomodante e auspica anche un po' più di flessibilità nelle politiche di bilancio, «in cambio» delle riforme strutturali (mercato del lavoro, efficienza della pubblica amministrazione, pensioni).

Se Francoforte si decide a fare una politica finalmente similamericana, le conseguenze sono le stesse che hanno beneficiato i mercati finanziari Usa per cinque anni: tassi minimi e moneta debole. I bond tedeschi, come era accaduto nel 2008 a quelli americani, scivolano verso un rendimento negativo, tipico di uno stato patologico di deflazione. Gli investitori pagano lo Stato tedesco per prestargli dei soldi, in quanto si attendono che domani quei soldi varranno più di oggi (visto il calo dei prezzi); si attendono anche che i rendimenti scendano ancora, alzando il valore capitale dei bond preesistenti. Guai a scambiarli per segnali di buona salute, anzi sono la conferma che l'euro-paziente è comatoso. Inoltre, l'esempio americano insegna che la politica monetaria non riesce a curare tutti i mali dell'economia. Perché Janet Yellen, la presidente della Fed, pur interrompendo gli acquisti di bond ha continuato la sua politica del tasso zero anche quando la crescita Usa varcava il traguardo dei 60 mesi di durata? Perché questa crescita non sta migliorando abbastanza il mercato del lavoro, preoccupazione numero uno della banchiera centrale americana. «Capitalismo ricco, lavoratori e Stato poveri»: così si potrebbe riassumere la fisionomia di questa ripresa made in Usa.

# La fine dell'inverno

L'inverno del 1969 è il più triste nella storia dei Beatles. La fine della loro avventura comune è ormai vicina, e il popolo dei fan lo sa. I rapporti sono così tesi, racconta Harrison, «che andare agli studi di Apple per le registrazioni era una corvée, come andare a scuola; e poi firma qui firma lì, sembravamo dei businessmen, sommersi tra contratti e dispute legali».

Eppure, quando nessuno lo spera più, in mezzo a quel gelido inverno si riaccende una fiamma. Il 30 gennaio 1969 i quattro fanno una follia, un gesto che sorprende, stordisce, elettrizza i loro fan. Nel cuore di Londra improvvisano un concerto dal vivo, all'aperto, sul tetto del palazzo dove ha sede la loro casa discografica. È un blitz, un happening temerario: i quattro hanno smesso di suonare dal vivo tre anni prima, nessuno si aspetta che siano ancora capaci di farlo, tantomeno che ne abbiano voglia. E senza un cachet, senza uno stadio pieno di spettatori paganti. Per di più, quel giorno un vento gelido spazza Londra, il meteo invernale è proibitivo, le dita che devono suonare chitarre e pianoforte sono intirizzite, l'acustica è pessima.

L'apparizione dei Beatles su quel tetto all'aperto crea lo scompiglio nel Business District, il quartiere degli affari dove ha sede Apple. È l'ora del lunch, per la pausa pranzo molti impiegati sono già per strada. Non credono ai loro occhi. Sembra una visione, un'allucinazione. Il gruppo pop più celebre della storia, ormai sparito dalle scene e abituato a lavorare solo nel chiuso degli studi di registrazione, è in mezzo alla città e suona davanti a tutti. Proprio mentre s'intensificano voci o leggende metropolitane sulla loro dissoluzione o sulla morte di Paul, eccoli lassù in carne e ossa, musicalmente affiatati come non mai, scatenati a interpretare pezzi sublimi come *Get Back, Dont'Let Me Down* (tutti pieni di doppi sensi – «torna indietro», «non mi mollare» – che possono essere letti anche come allusioni ai rapporti fra di loro).

La notizia che i Beatles stanno suonando in pubblico nel cuore di Londra si sparge all'istante – malgrado non esistano ancora cellulari né tantomeno Internet... –, per strada affluisce una massa di spettatori, la gente si accalca intorno per guardare e sentire l'inverosimile concerto le cui note irradiano dal tetto. Il Metropolitan Police Service è in allarme, il traffico è paralizzato, ci sono dei fan che per vedere i Beatles fanno di tutto, si arrampicano sui tetti vicini, sui cornicioni, si sporgono dalle finestre. Può succedere una tragedia. Gli agenti cominciano a «scalare» la sede di Apple per mettere fine alla follia. Quando la polizia arriva sul tetto, i Beatles non si scompongono, continuano a suonare ancora per qualche minuto. Finché con i megafoni i poliziotti minacciano di arrestare e portar via tutto lo staff di Apple. Alla fine, l'ultimo concerto dal vivo dei Beatles, il più pazzo di tutti, sarà durato 42 minuti e finirà filmato nel documentario *Let It Be*. Come uno sprazzo di calore nel gelo invernale, un guizzo di vitalità, di amore per la musica e di fantasia, in un periodo pieno di malinconia.

Un altro scatto lo avrà di lì a poco George Harrison. Un giorno, all'arrivo della primavera, invece di presentarsi negli studi di Apple come da programma, sparisce. Se ne va a casa dell'amico e collega chitarrista Eric Clapton. «Per il sollievo di non vedere tutti quegli amministratori e avvocati, passeggiando nel giardino di Eric ho composto *Here Comes The Sun*.» Diventerà, dopo *Something*, la più popolare delle canzoni di Harrison. Mentre i Beatles si stanno separando, l'ultimo frutto della loro collaborazione è proprio questo: fiorisce più che mai il talento del «fratellino piccolo». George, dopo essere vissuto a lungo all'ombra della coppia John-Paul, s'impone a sua volta come un grande autore.

Quante volte hanno già annunciato agli italiani, agli europei, che la crisi è finita. Per poi dover smentire le previsioni ottimistiche. L'inverno è stato davvero lungo e freddo come non mai. Ma quando arriva il sole?

L'eurozona è stata precipitata in una prima recessione «made in Usa» nel 2009; poi è ricaduta in una seconda, quindi stremata da una terza depressione. Queste ultime due crisi in rapida successione sono state fabbricate a tavolino, sono «made in Europe», perché sono il frutto delle scelte dei governi.

Le politiche economiche non spiegano tutto, sia chiaro. I maggiori elementi di forza dell'America sono di tipo strutturale. Il boom energetico, per esempio: gli Stati Uniti, grazie a nuove scoperte e soprattutto al progresso tecnologico, si stanno avvicinando a grandi passi all'autosufficienza energetica e sorpasseranno l'Arabia Saudita nel petrolio e la Russia nel gas. Altro elemento strutturale è la demografia, un fattore di sviluppo legato ai poderosi flussi migratori. E tuttavia, l'errore tragico dell'austerity è un fattore determinante nel bruciare un'intera generazione di giovani europei. È una responsabilità enorme, di cui bisogna chiedere conto a chi queste scelte ha fatto, o non ha saputo contrastare.

La forza delle ideologie può essere micidiale. Come diceva Keynes, uomini che si credono pratici e pragmatici (gli uomini di governo) sono schiavi dei preconcetti di qualche economista defunto da molti anni. È il caso di Angela Merkel e di buona parte della classe dirigente tedesca: insistendo sull'austerity hanno finito per danneggiare perfino la Germania, la cui crescita è stata debole, penalizzata dallo sprofondamento dei suoi mercati di sbocco più vicini (Francia e Italia). Intere classi dirigenti europee, succubi della Germania, hanno continuato a raccontare la favola della Fata della Fiducia: tagliate, tagliate le spese, tagliate i redditi, alla fine questo aggiusterà i conti pubblici e, grazie alla magica fiducia ricostituita, nei mercati finanziari ripartiranno gli investimenti, quindi anche le assunzioni. La Fata della Fiducia è una favola ingannevole e crudele: ha fatto perdere cinque anni all'Europa, ha distrutto risorse umane che è molto difficile ricostruire. Ma le ideologie economiche possono essere come i fanatismi religiosi: impermeabili alla prova dei fatti.

Sulla forza micidiale dei preconcetti, ecco un esempio di «metastasi» dell'ideologia neoliberista che ha pervaso il nostro senso comune: la «deregulation finanziaria». Il linguaggio corrente è un deposito di pregiudizi. Le parole che usiamo non sono mai neutrali, bensì veicoli di valori, visioni del mondo, priorità. «Deregulation» è una di queste parole. Andrebbe messa al bando, per sempre. È un'impostura, la parola stessa. La deregulation finanziaria non esiste, non è mai esistita.

Una dimostrazione convincente viene fornita da Philip Mirowski nel suo già citato *Never Let a Serious Crisis Go to Waste*. Mirowski fa un'operazione di decostruzione del linguaggio economico corrente, per smascherarvi il ruolo dell'ideologia neoliberista. La deregulation finanziaria, a cui anche i critici da sinistra sono soliti attribuire le perversioni della finanza tossica, è un falso. «È in realtà una ri-regulation che non vuole svelarsi, non vuole confessare il proprio nome.» Siamo tutti caduti nell'inganno. Il periodo della grande riscossa neoliberista, che inizia negli anni Settanta con Milton Friedman ed esplode negli anni Novanta, lo abbiamo bollato come l'epoca della deregolamentazione, delle briglie sciolte, che ha consentito una smisurata crescita della finanza. Riforme come quella che, sotto Bill Clinton, abolì ogni separazione tra banche speculative e banche di raccolta del risparmio popolare vanno sotto l'etichetta della «liberalizzazione».

Mirowski attira la nostra attenzione su una realtà che dovrebbe essere evidente. Chiunque lavori nella finanza ha sempre avuto a che fare con una montagna di leggi, regole, documenti formali da riempire, procedure legali, controlli. Non c'è mai stata davvero un'opera di delegificazione. La finanza si è sempre mossa dentro una giungla normativa. Quello che il liberalismo ha messo in piedi è stato un gigantesco cantiere di ri-regolazione, cioè ha riscritto le regole, sempre a un livello di enorme complessità, ma in modo che fossero conformi agli interessi di potenti attori della finanza. Un paio di esempi recenti, in America: Obama ha dovuto ammettere che è difficile incastrare i banchieri colpevoli dei crac del 2008 e mandarli in galera, perché formalmente spesso si sono mossi nel rispetto delle leggi, pur complesse. E quando si è provato a tagliare i loro stipendi, ci si è scontrati con robusti apparati di regole in difesa della «sacralità dei contratti». I banchieri non si sono mai battuti per avere «meno» regole. Hanno ridisegnato le normative non per semplificarle, ma perché fossero funzionali alle loro strategie.

Perché è così importante cancellare dai nostri vocabolari la parola «deregulation»? Perché evoca un'intera rappresentazione, secondo cui esiste un libero mercato che è una sorta di stato naturale delle cose. Deregulation, dunque, significa avvicinarsi a quella situazione ottimale in cui le forze di mercato ci garantiscono la massima efficienza nell'allocazione delle risorse. Sul fronte opposto ci sono gli statalisti, i nemici dell'iniziativa privata, tutti coloro che cercano di ingabbiare la natura dentro la camicia di forza di lacci e lacciuoli, regole e controlli oppressivi. Ecco un esempio di ideologizzazione del linguaggio corrente. In realtà, non esiste in natura un libero mercato. Il mercato è un'istituzione, disegnata dagli uomini. Le leggi che lo stabiliscono e lo regolano consacrano dei rapporti di forze. Oggi, quin-

di, la battaglia non è contro «l'eccessiva libertà del mercato». Così come funziona oggi, il mercato finanziario è un
coacervo di normative sulle quali la voce delle lobby finanziarie ha avuto un peso crescente dagli anni Settanta in poi.
Sono loro, e gli economisti «organici» ai loro interessi, ad
avere ri-regolato il sistema, e le enormi tecnocrazie e burocrazie deputate ai controlli e alla vigilanza.

Economisti «organici»: è un tema troppo poco studiato,
indagato. L'accademia non è un luogo neutro, uno spazio
riservato esclusivamente alla libertà del pensiero. Le università americane sono le migliori del mondo anche per
la ricchezza dei finanziamenti. Molti di questi sono privati, vengono dalle grandi imprese. Così come accade nella ricerca medica, le donazioni sono anche strumenti per
orientare, influenzare, dirigere. Il conflitto d'interessi è
pervasivo nel lavoro degli economisti, molti dei quali ricevono borse di studio e di ricerca da grandi banche e industrie private. Ma negli studi che pubblicano, nei loro
libri, nei loro articoli sui giornali, nelle loro interviste televisive, non compare mai un'avvertenza al pubblico di
questo tipo: «È bene sappiate che io vengo finanziato da
Goldman Sachs, Exxon, Lockheed. Le mie opinioni non
riflettono necessariamente gli interessi dei miei generosi
committenti. Però forse non mi conviene troppo infilargli
le dita negli occhi…».

Il messaggio più incisivo contenuto nel citato studio di
Piketty sulle diseguaglianze è questo: «La storia della distribuzione delle ricchezze è sempre una storia profondamente politica. Le diseguaglianze dipendono dalle rappresen-
tazioni che gli attori economici, politici, sociali, si fanno di
ciò che è giusto o ingiusto. Dipendono dai rapporti di forze tra questi attori, e dalle scelte che ne derivano».

Una distorsione permanente delle nostre «rappresenta-
zioni», del modo in cui leggiamo la realtà, nasce dall'uso
di indicatori economici sbagliati. Il Prodotto interno lor-

do continua a dominare il discorso pubblico sull'economia. Eppure, questo indicatore è screditato da molto tempo. Il premio Nobel Paul Samuelson ne aveva mostrato un aspetto assurdo con il celebre esempio dei lavori domestici. Il Pil (così come una variante più in uso nel passato, il Prodotto nazionale lordo o Pnl) è un aggregato di transazioni monetarie. Misura beni e servizi prodotti in un'economia nazionale, purché vengano pagati. «Se io sposo la mia domestica,» disse Samuelson «automaticamente faccio scendere il Pil.» Perché? Finché la domestica viene pagata per fare le pulizie di casa, il suo salario entra nel calcolo del Pil. Se diventa la moglie di Samuelson e continua a fare gli stessi lavori domestici, ma ora li fa gratis, ecco che il valore economico delle sue fatiche scompare. E la nazione sembra più povera.

Un'altra critica, celebre e appassionata, è quella espressa da Bob Kennedy, fratello minore del presidente assassinato a Dallas e vittima a sua volta di un attentato. Bob era probabilmente il più fine intellettuale in quella famiglia, un avido lettore, un pensatore originale, con valori e convinzioni progressiste più radicate rispetto a John che, da presidente, lo volle al suo fianco come ministro della Giustizia. E Bob guidò un'offensiva contro la mafia che, secondo alcune ricostruzioni, sarebbe poi stata una mandante degli assassini dei fratelli Kennedy. Alla demolizione del Pil (anzi all'epoca il Pnl) è dedicato il passaggio chiave di un discorso pronunciato da Bob all'università del Kansas il 18 marzo 1968, tre mesi prima di essere ucciso da Shiran Shiran durante la campagna elettorale per la Casa Bianca.

«Per troppo tempo e in misura eccessiva» disse Bob Kennedy «abbiamo sacrificato l'eccellenza personale e i valori comunitari sull'altare di una mera accumulazione di beni materiali. Il nostro Prodotto nazionale lordo oggi è di oltre 800 miliardi di dollari. In quegli 800 miliardi sono addizionati l'inquinamento atmosferico, la pubblicità delle sigarette, le ambulanze che trasportano le vittime delle stragi sulle autostrade. Aggiungiamo al conteggio il valore dei lucchetti delle porte di casa, e delle prigioni dove rinchiudiamo quelli che li hanno scassinati. Addizioniamo la distruzione delle sequoie, l'urbanizzazione caotica che distrugge le bellezze naturali. Nel Prodotto nazionale lordo ci sono il napalm [agente chimico defoliante usato nei bombardamenti in Vietnam], le testate nucleari, i blindati della polizia per combattere le rivolte nelle nostre città. Ci sono dentro le pistole e i pugnali, i programmi televisivi che esaltano la violenza per vendere giocattoli ai nostri bambini. Invece il Prodotto nazionale lordo non calcola la salute dei nostri figli, la qualità della loro istruzione, o la serenità dei loro giochi. Non include la bellezza della poesia o la solidità dei nostri matrimoni, l'intelligenza del dibattito pubblico o l'onestà dei funzionari dello Stato. Non misura il coraggio né la saggezza né l'apprendimento, non misura la carità né la dedizione agli interessi del paese. In sintesi: misura tutto, eccetto quello che rende la vita degna di essere vissuta. Ci può dire tutto dell'America, fuorché la ragione per cui siamo orgogliosi di essere americani.»

Quarantasei anni dopo Bob Kennedy, la maledizione del Pil insegue anche Barack Obama. Fra tutti i sondaggi negativi usciti nell'estate del 2014, il più duro è quello condotto dall'autorevole Quinnipiac University: il 33 per cento degli intervistati giudica Obama «il peggior presidente dalla seconda guerra mondiale». Ottengono giudizi meno negativi perfino George W. Bush (28 per cento), Richard Nixon, che dovette dimettersi per lo scandalo Watergate (13 per cento), e Jimmy Carter, distrutto dalla crisi degli ostaggi a Teheran (8 per cento). Mike Allen, blogger di Politico.com e uno dei più acuti analisti politici, sottolinea un altro numero allarmante: «Il 54 per cento considera Obama incompetente come uomo di governo, e questa percentuale va al di là del tradizionale schieramento di destra».

«Con l'economia in crescita da cinque anni, una Borsa ai massimi storici, di solito arrivano alti consensi» constata un servizio della Cnn. «Non questa volta, non con questo presidente.»

Lo stesso presidente vede la «sconnessione» di cui parla Cnn. Il mercato del lavoro americano genera in media più di 200.000 nuovi posti al mese, da anni ormai, «ma troppi americani» riconosce Obama «sono ancora in difficoltà».

A conferma, Hillary Clinton ha preso le distanze dal presidente che la nominò segretario di Stato. «La maggioranza degli americani» dichiara lei «non pensa che la ripresa economica degli ultimi cinque anni li abbia aiutati.» La «sconnessione» di cui parla la Cnn ha qui la sua spiegazione. Qualsiasi leader europeo sarebbe felice di poter esibire una performance economica come quella dell'America durante la presidenza Obama. E tuttavia, questa ripresa è molto diseguale nella ripartizione dei benefici. Il reddito della famiglia media americana è più basso del 3,7 per cento rispetto al livello del 2009, quando la nazione era nel mezzo della recessione. Per questo una parte dei giudizi severi su Obama viene dalla sua stessa constituency di sinistra, da quei lavoratori che si aspettavano molto di più, quelli che la ripresa la vedono nelle statistiche del Pil ma non nelle proprie buste paga.

È possibile che il giudizio futuro sia più clemente verso Obama. A consolarlo c'è questo dato: oggi il secondo miglior presidente della storia (nello stesso sondaggio Quinnipiac) risulta essere Bill Clinton, che invece alla fine della sua presidenza era odiato da metà degli americani, macchiato da scandali e quasi-impeachment. Ma perché il bilancio su Obama possa migliorare in futuro, qualcosa deve cambiare nel capitalismo americano, e mondiale. A cominciare dagli stessi indicatori che ci guidano nella comprensione dei fenomeni economici. Indicatori malati, che ci spingono sulla strada sbagliata.

*Perché il Pil puzza e perché nessuno ci fa attenzione*: con questo titolo colorito il «Wall Street Journal» riassumeva le reazioni delle Borse alla notizia di una presunta «frenata» dell'economia americana nel primo trimestre del 2014. Tra il 1° gennaio e il 31 marzo il Pil subisce una flessione del 2,9 per cento. Un dato pessimo, poi cancellato già nel trimestre successivo, metteva l'America «in rosso», sbattendola provvisoriamente insieme ai malati cronici dell'eurozona. Era il peggiore dato dal primo trimestre del 2009, quando gli Stati Uniti erano ancora nel mezzo della recessione. Ma questo Pil ha lasciato indifferenti i mercati e gli esperti. L'unica vittima? La credibilità stessa del Prodotto interno lordo come indicatore dello stato di salute dell'economia. Negli anni recenti, a contestare il Pil erano soprattutto economisti di sinistra, come i premi Nobel Amartya Sen e Joseph Stiglitz, ambedue autori di statistiche «alternative». Oppure, ancora più radicali, c'erano le critiche dei teorici della decrescita, come Serge Latouche. Adesso agli attacchi contro il Pil si uniscono l'establishment, i mercati, gli organi del neoliberismo.

«L'incidente del primo trimestre 2014», come si può intitolare la vicenda dello scivolone in negativo, è davvero esemplare. Tra i fattori che hanno frenato la crescita Usa, il più potente è la riforma sanitaria di Obama. Nel gennaio 2014 entrava in vigore il nuovo sistema assicurativo. La sua prima conseguenza è stata un calo delle tariffe sulle polizze sanitarie. E qui si tocca l'incongruenza dell'indicatore Pil: se gli americani hanno finalmente speso un po' meno per le assicurazioni mediche questa è un'ottima notizia, ma riduce il Pil che è un aggregato di tutte le spese. Il Pil non dice se stia migliorando la qualità delle cure mediche e quindi la salute vera della popolazione, misura solo la spesa nominale. Una sanità inefficiente e costosa «fa bene» alla crescita, se invece si riducono sprechi e rendite parassitarie delle compagnie assicurative, l'economia apparentemente ne soffre.

L'attacco al Pil trova concorde il «Financial Times». «Come il Pil è diventato un'ossessione globale» è il tema di un'inchiesta del quotidiano inglese, che parte da alcune sconcertanti revisioni nella contabilità nazionale che hanno fatto notizia. La Cina, secondo la Banca mondiale, è molto più ricca di quanto credevamo: sta per sorpassare gli Stati Uniti, se non l'ha già fatto. Anche l'Inghilterra ha un'economia più prospera di quanto si pensava. Perché? Il «riesame» del Pil cinese è stato deciso per correggere errori del passato. Sopravvalutando il costo reale di alcuni generi di prima necessità come gli spaghetti, si era simmetricamente «impoverito» (nelle statistiche) il potere d'acquisto dei consumatori. Errore corretto, e oplà!, di colpo la Cina nel suo nuovo Pil misurato «a parità di potere d'acquisto» diventa uguale all'America. Per quanto riguarda la Gran Bretagna, il suo improvviso «arricchimento» (+5 per cento) nasce dall'inclusione nel Pil di attività illecite e sommerse, come la prostituzione e il traffico di droga. Un'operazione analoga è stata compiuta anche sulle statistiche italiane. È evidente che siamo di fronte a operazioni contabili del tutto discrezionali e arbitrarie. Da un Pil all'altro, non è cambiato nulla per il cittadino, il lavoratore, l'imprenditore di questi paesi. È cambiato solo un numero, deciso dagli economisti. In Gran Bretagna, tutti vedono l'aspetto paradossale di questo massaggio delle statistiche: siamo proprio sicuri che l'inclusione della droga nel Pil sia un indicatore fedele del benessere nazionale?

L'economista Diane Coyle, che è stata consigliera del ministero del Tesoro britannico, ha pubblicato un libro sulla storia del Pil: *Gdp: A Brief But Affectionate History* (Gdp è l'acronimo dello stesso termine in inglese: Gross Domestic Product). Documentato, erudito, ironico, ma anche sferzante. La Coyle ci ricorda che «non esiste una cosa reale che gli economisti misurano e chiamano Pil». Quell'indicatore statistico è un'astrazione, un aggregato di spese dove entra di tutto: dai manicure alla produzione di trattori, ai corsi di yoga. Primo consiglio della Coyle: liberiamoci dall'idea che la rilevazione del Pil sia come la misurazione del perimetro terrestre, cioè un'operazione complessa ma scientificamente rigorosa. Del resto, il Pil è un'invenzione recente, e strumentale. Il primo a lavorarci fu l'economista americano di origine bielorussa Simon Kuznets, negli anni Trenta. La missione gli era stata affidata dal presidente Roosevelt che, nella Grande Depressione, aveva bisogno di una misura dello stato di salute dell'economia che non fosse di tipo settoriale o aneddotico, come quelle usate fino ad allora. Ma lo stesso Kuznets, dopo avere «inventato» il Pil, cominciò a esprimere serie riserve sulla sua validità. Nella maggior parte dei paesi sviluppati bisogna attendere gli anni Cinquanta perché il Pil entri nelle consuetudini.

Un indicatore ben più completo e utile è quello elaborato per le Nazioni Unite da Amartya Sen e altri, lo Human Development Index (abbreviato in Hdi, indice dello sviluppo umano), che misura per esempio la qualità della salute e dell'istruzione. Nel caso della salute, qualità vuol dire, per esempio, aumento della longevità, riduzione della mortalità neonatale, tutti dati oggettivi ma che non coincidono affatto con il volume delle spese. Balza agli occhi che queste sono le statistiche importanti, eppure quanti di noi ricordano di avere mai letto titoli di giornali che inneggiano a un aumento dell'indice di sviluppo umano, o lamentano un suo calo? Perché continuiamo a usare i dati sbagliati?

Ne parlo proprio con Amartya Sen, il padre di questo indice, che è anche uno dei più autorevoli economisti viventi. Un personaggio singolare, indiano ma docente a Harvard, dove è l'unico ad avere insegnato tre materie: economia, matematica, filosofia. A lui chiedo perché il Pil continua ad avere un ruolo dominante. «Che la Cina possa superare gli Stati Uniti» mi dice Sen «o che l'India possa diventare la terza economia mondiale in base allo stesso criterio, io lo trovo poco significativo. Quello che conta davvero è il benessere delle persone. L'indice dello sviluppo umano, pur imperfetto, include l'istruzione, che invece non entra nel Pil. Il Bangladesh ha un reddito pro capite inferiore all'India e tuttavia la speranza di vita è più lunga, la mortalità infantile è inferiore. Perché l'indice dello sviluppo umano riceve meno attenzione? Perché la sua importanza è fondamentale per i ceti più poveri. I ricchi s'interessano del Pil perché la crescita economica misurata con quell'indicatore concentra su di loro i massimi benefici. Usare statistiche alternative significa anche attirare l'attenzione su settori come le Ong, il non profit, la cooperazione, il terzo settore, di cui non si parla abbastanza.»

Qualche anno fa l'India fu la superstar al World Economic Forum, in una fase d'innamoramento degli investitori globali per il «nuovo miracolo asiatico». Nel suo ultimo libro (*Una gloria incerta. L'India e le sue contraddizioni*, edito da Mondadori) Sen descrive il suo paese d'origine come un subcontinente dove coesistono pezzi di California avanzatissima e vaste aree simili all'Africa subsahariana. Per il numero di bambini denutriti, o la percentuale di popolazione costretta a defecare all'aperto per mancanza di fognature, alcune zone indiane stanno perfino peggio dell'Africa. Sen è severo non solo con i governanti ma anche con i mass media del suo paese, per aver privilegiato l'aspetto glamour, i miliardari del software o le star di Bollywood. Denuncia l'assurdità di un paese – e di un modello di sviluppo – dove tutti hanno i telefonini ma non le latrine. «L'India ha degli ottimi giornali» dice il premio Nobel «con un pubblico di lettori di massa, perfino più diffusi che in Cina, e tecnologicamente avanzati. Ma se si guarda alla loro capacità di produrre risultati per il progresso del paese, è deludente. La vita dei tre quarti della popolazione riceve una scarsa attenzione sui media. Narrare le condizioni di vita della maggioranza dovrebbe diventare una missione del giornalismo indiano.»

Nelle sue opere Sen dedica sempre una grande attenzione alla donna. Nell'ultimo libro analizza la reazione popolare dopo un terribile stupro avvenuto nel dicembre 2012: una mobilitazione nazionale che ha portato a nuove leggi.

«Prima di quella terribile vicenda» mi dice «tantissimi stupri non venivano neppure denunciati. E non puoi risolvere un problema se non ne riconosci neppure l'esistenza. In seguito alle proteste è diventato un tema nazionale, la polizia è stata messa sotto accusa, ora le forze dell'ordine sanno che non possono restare inerti. E tuttavia, io noto anche qui una questione di classe. Stupri e molestie sessuali sono crimini che colpiscono anche le donne istruite, le indiane del ceto medio. Chiunque appartenga a queste fasce sociali conosce nel proprio ambiente una donna che è stata molestata, magari dal capufficio. Invece la piaga dei rapimenti di bambine e del racket che le costringe alla prostituzione resta nell'ombra, perché qui le vittime sono le ragazze più povere. Ancora una volta, la diseguaglianza sociale è una lente che distorce l'informazione e la percezione dell'opinione pubblica.»

La lezione di Sen non è rivolta solo all'India, ci riguarda tutti: la democrazia è quello che ne facciamo noi. La sua forza, la sua capacità di risolvere problemi e di fornire risultati, è direttamente legata al nostro livello di attenzione, alle priorità che le assegniamo. La sua è una grande lezione di passione civile, di senso della responsabilità civica. L'economia è una costruzione umana, è il riflesso della gerarchia di valori che decidiamo di imprimerle.

Una parte cruciale delle critiche al Pil, e più in generale al modello di economia in cui viviamo, riguarda le conseguenze ambientali dello sviluppo. Stiamo distruggendo il pianeta, ma i costi di questa distruzione sono largamente assenti dalle nostre statistiche economiche. Il boom cinese sarebbe ancora boom, se il governo di Pechino dovesse «detrarre» il costo della distruzione di foreste e fiumi, calcolare il degrado di salute per l'aria tossica e gli alimenti contaminati? La ripresa americana quanto è debitrice di una nuova «febbre dell'oro nero», con le tecnologie del *fracking* che hanno rilanciato l'estrazione petrolifera dal Kentucky al North Dakota?

Anche questi temi non appaiono all'improvviso. Sono già presenti nel discorso pronunciato da Bob Kennedy nel 1968. E qualcuno li aveva intuiti ancora prima di lui. Noi italiani faremmo bene a rileggerci Italo Calvino. Alla fine degli anni Cinquanta, in un'Italia che concentra le sue energie nella ricostruzione postbellica e getta le fondamenta del miracolo economico, Calvino inizia a concepire una serie di romanzi brevi o racconti lunghi, alcuni dei quali vedranno la luce in forma definitiva all'inizio degli anni Sessanta. Si chiamano *La speculazione edilizia*, *La nuvola di smog*, e i racconti fiabeschi della raccolta *Marcovaldo*. Rileggere adesso *La speculazione edilizia* è un'esperienza che dà le vertigini. Senza alcuna enfasi, con uno stile che ex post forse si sarebbe definito minimalista, Calvino traccia un affresco del clima di quegli anni, partendo dalla frenesia di costruzioni che sfigurano alcuni dei paesaggi della Riviera ligure.

Cos'è che colpisce oggi? Anzitutto, la capacità di Calvino di intercettare un fenomeno agli albori, appena iniziato in quegli anni, e di anticipare una sensibilità sulla tutela del paesaggio che allora era minoritaria e si sarebbe diffusa solo più tardi. In secondo luogo, l'approccio scrupolosamente descrittivo, non predicatorio: anzi, il personaggio narrante spesso sembra identificarsi psicologicamente con i protagonisti e fautori della «febbre edificatrice». In terzo luogo, la forza tranquilla di quella scrittura la rende davvero universale: le sue pagine oggi potrebbero servire a descrivere la psicologia di massa del ceto medio cinese, che si appropria con entusiasmo del sogno di una seconda casa per la villeggiatura. Anche quando questo sogno si realizza a poche decine di chilometri da Pechino, in una «finta» campagna anch'essa sotto una cappa di smog permanente, identica a quella che soffoca la capitale.

Altri capolavori della letteratura del Novecento hanno afferrato il tema del nostro rapporto con il pianeta, trasfigurandolo in visioni originali. Uno dei più inquietanti, quasi profetico, è *La nube purpurea* di Matthew Shiel. Scritto nel

1901, è forse la più allucinante prefigurazione di un olocausto nucleare (quasi mezzo secolo prima di Hiroshima), e al tempo stesso ha la forza di una rilettura delirante e assurda della Genesi biblica. In epoche più recenti, il cinema si è affiancato al romanzo o ha reinterpretato alcuni capolavori letterari, per offrire il suo contributo agli scenari ambientali.

*Blade Runner* (1982), diretto da Ridley Scott e ispirato al racconto *Il cacciatore di androidi* di Philip Dick, è un classico della fantascienza moderna e il precursore del filone cyberpunk. Accanto alla vicenda centrale esso contiene una «storia parallela»: quella di una megalopoli postmoderna, dove il sole non si vede mai, perché la sua luce è oscurata da una spessa coltre di inquinamento, e il clima è segnato da una specie di «pioggia acida» permanente. Il paesaggio urbano da incubo, dove gli strati inferiori dell'habitat pullulano di un sottoproletariato multietnico ispano-asiatico, vuole evocare la Los Angeles del 2019. Rivedere oggi quelle scene ha un effetto curioso, perché sembra fotografare la realtà contemporanea di molte città dei paesi emergenti: il cielo nero di *Blade Runner* io l'ho visto tale quale a Chongqing (30 milioni di abitanti), nel cuore della Cina.

Dopo Calvino o Shiel, dopo *Blade Runner*, si è ceduto alla tentazione del sovraccarico. Il cinema hollywoodiano continua a produrre in modo seriale film sul filone delle catastrofi ambientali: investendo sugli effetti speciali, sulle tecnologie, in una sorta di meccanica gara al rialzo, a chi la spara più grossa. Il risultato è il contrario di quel che serve: la banalizzazione. Non c'è nulla di male a raccontare per la millesima volta la fine del mondo attraverso gli tsunami che sommergono Manhattan, salvo il rischio che l'assuefazione a quelle scene trasformi tutto in un videogame virtuale e stucchevole.

Quando il 29 ottobre 2012 l'uragano Sandy colpì New York, dopo avere seminato in molte altre zone dai Caraibi alla East Coast morte e distruzione, fu soprattutto tra noi abitanti di Manhattan che si avvertì una sorta di cortocir-

cuito tra la fiction e la realtà. Eravamo già saturi di elabo-
razioni immaginarie su un evento apocalittico. La realtà di
Sandy fu al tempo stesso più modesta e più terribile. Gli effetti speciali hollywoodiani sulle onde alte dieci metri che
sommergono la Statua della Libertà ti appaiono improvvisamente in tutta la loro stupidità, quando l'emergenza vera
è l'evacuazione dei malati gravi da un policlinico dove si
sono guastati di schianto i generatori elettrogeni.

«Dove abbiamo sbagliato? La lotta al cambiamento climatico non fa progressi, l'opinione pubblica sembra confu-
sa o stanca di questi allarmi, i governi perdono tempo. La
colpa è anche nostra: la comunità scientifica e gli ambientalisti hanno sbagliato strategia, abbiamo usato messaggi
controproducenti. Tutta la comunicazione su questi temi
va ripensata.» L'autocritica viene da una fonte autorevole.
Questo bilancio severo è opera del più grande centro studi internazionale dedicato al clima, all'ambiente, all'energia. È The Earth Institute, presso la Columbia University di
New York. Un centro con 56 scienziati distribuiti in 12 la-
boratori di ricerca, tre campus tra cui il Lamont-Doherty
Earth Observatory, all'avanguardia nella misurazione degli oceani (fu il primo a rilevare il fenomeno El Niño). Con
600 borse di studio all'anno per studenti/ricercatori, l'Earth
Institute è un polo di autorevolezza mondiale. Per di più è
«fisicamente» vicino alle Nazioni Unite dove l'Intergover-
nmental Panel on Climate Change (Ipcc) è l'arbitro mondiale del consenso scientifico sul clima.

Le risorse a disposizione per far progredire la conoscenza
sullo stato dell'ambiente sono aumentate in modo esponenziale da un decennio in qua, anche grazie alla mobilitazione
di una star accademica come Jeffrey Sachs, che dell'Earth
Institute è il direttore onorario. Ma i progressi sul campo
sono un'altra cosa. Il direttore esecutivo Steve Cohen, un
po' scienziato e un po' economista, mi guida nella visita all'Earth Institute e lancia l'autocritica in cui coinvolge
tutto il mondo dell'ambientalismo. Che i cambiamenti po-

litici siano fermi, è davanti agli occhi di tutti. Il cantiere di un trattato Kyoto 2 a livello mondiale fu sabotato da Cina e India nel vertice di Copenaghen del 2009 e da allora nessuno ha avuto il coraggio di riprovarci.

Per i verdi americani, Barack Obama è una mezza delusione. Ha dovuto mettere nel cassetto i progetti più audaci di limitazione delle emissioni $CO_2$ (il Congresso glieli avrebbe bocciati) e ripiegare su riforme più parziali e modeste, affidandole all'unica authority che può emettere regolamenti senza passare dal voto parlamentare. Così Obama ha varato tetti alle emissioni carboniche per le centrali, usando l'Environmental Protection Agency (Epa). La lobby «fossile» al Congresso lo accusa di avere bloccato progetti che valgono milioni di posti di lavoro.

L'impatto negativo sul clima, che deriva dal revival di petrolio e soprattutto «shale gas», non è un tema vincente. Perciò Cohen è convinto che sia giunto il momento di ripensare radicalmente tutta la strategia di comunicazione. «Fin qui» mi dice «il messaggio era: sta arrivando la fine del mondo, mangiate spinaci e broccoli. Cioè, mi perdoni la battuta, da una parte c'era una profezia dell'Apocalisse; dall'altra una serie di conseguenze sgradevoli, in termini di comportamento virtuosi da adottare. Una strategia di comunicazione che puntava a impaurire l'opinione pubblica ed estorcerle sacrifici non ha funzionato, è evidente. Il messaggio deve cambiare, deve diventare positivo. Molti cittadini hanno avuto la sensazione che noi esperti dell'ambiente volessimo alzare il prezzo dell'energia fossile, per rendere le fonti rinnovabili più competitive. E anche questo è un messaggio negativo, perdente. Una serie di sondaggi Gallup dimostrano che la maggioranza vede il cambiamento climatico come un problema, ma lo colloca prevalentemente nel futuro; non si sente minacciata nella propria salute come accade quando, per esempio, un incidente provoca una contaminazione dell'acqua potabile qui vicino. Sono ragioni forti per abbandonare l'uso di un linguaggio probabilistico che è normale nella comunità scientifica ma non persuade gli elettori. Infine, c'è un senso d'impotenza di fronte ai numeri più drammatici, che si può riassumere così: quand'anche io smettessi subito di consumare energia fossile, la Cina da sola andrà avanti abbastanza da provocare la catastrofe...»

L'arretramento politico su questi temi è impressionante, se si prende come riferimento il biennio 2006-07 quando Al Gore vinse l'Oscar per il documentario *Una verità scomoda* e il Nobel per la pace a pari merito con gli scienziati dell'Ipcc. Di mezzo c'è stata una gravissima recessione, che ha oggettivamente indebolito gli ambientalisti. Il lavoro, anzitutto, è stata la priorità imposta dallo shock del 2008. E allora ben venga oggi la Bengodi di petrolio e shale gas, l'abbondanza di idrocarburi che dà a tutta l'economia americana un vantaggio competitivo formidabile verso il resto del mondo. «Da qui dobbiamo partire per una nuova strategia positiva,» riprende Cohen «al di là del boom di shale gas che stiamo vivendo, i combustibili fossili sono una quantità finita per definizione, come tali destinati a diventare più scarsi e più costosi nel tempo. Il sole invece è lì, sarà sempre gratuito, non ha bisogno di essere trasportato. La tecnologia delle celle solari sta facendo passi avanti nella miniaturizzazione e nell'abbattimento dei costi. I pannelli solari che oggi sono grandi come un tetto presto saranno più piccoli di una finestra. L'avanzata tecnologica è inaudita, sta accadendo nel campo delle energie rinnovabili ciò che abbiamo visto nell'informatica con i computer sempre più piccoli e sempre più potenti. Ecco la strategia giusta, e il messaggio positivo che l'accompagna: sviluppare le rinnovabili è al tempo stesso buono per l'ambiente, buono per le nostre tasche di consumatori, buono per la competitività delle imprese e l'occupazione. Perché sta arrivando un balzo tecnologico che ridurrà in modo spettacolare il costo di queste energie pulite.»

*All You Need Is Love...* John Lennon la compone aggiungendoci in apertura le note della *Marsigliese*, il canto di «liberté, égalité, fraternité», e i Beatles la cantano accompagnati da Mick Jagger, Keith Richard, Marianne Faithfull e Donovan.

«There's nothing you can do that can't be done», non c'è nulla di quello che tu puoi fare, che non possa essere fatto. Non sembra un inno a quello che Antonio Gramsci chiamava l'«ottimismo della volontà»?

Nella storia umana i confini del possibile cambiano in continuazione. Per contro, le dottrine economiche plasmate da potenti interessi costituiti sono riuscite a convincerci che certe regole del gioco sono naturali, immutabili. Ci hanno abituati a pensare «dentro la scatola», in un universo senza alternative vere. E invece i confini del possibile sono determinati da noi. Sono i nostri sistemi di valori, le nostre ideologie, a stabilire «quello che puoi fare».

# Epilogo

Arrivano a gruppetti, si precipitano nell'atrio del music-hall di corsa, in fuga dal gelo esterno. Ragazzi e ragazze, fra i diciotto e i vent'anni. Pieni di allegria, assaporano la serata di musica chiasso birra e spinelli che li aspetta. Qualcuno vede me, e resta interdetto. Sconcertato. Che ci faccio, in mezzo a loro? Dritto impalato, dietro il mio tavolino con i volantini, le coccarde, i distintivi e i fogli della petizione da firmare, il dubbio ce l'ho anch'io: come sono finito qui?

In una serata d'inverno in cui Manhattan è sotto un vortice polare, con 15 gradi sottozero e un vento che ti trafigge le guance, io presidio l'ingresso di un concerto punk-rock. L'attrazione massima della serata è Flogging Molly: una band stile punk celtico, basata in California, con un leader irlandese che viene dall'heavy metal. Sono popolarissimi, la tournée newyorchese fa il tutto esaurito al Roseland Ballroom, sulla 52ª strada all'altezza della Broadway. La comunità dei teenager newyorchesi di origine irlandese è accorsa (occhi verdi, capelli rossi a spazzola: inconfondibili) trascinando anche amici di tutte le razze e i colori. Nell'abbigliamento prevale il filone dark: credevo fosse passato di moda e invece no, sembrano tutti vestiti per Halloween, tanti sosia della Famiglia Addams. Tintinnano quintali di anelli, borchie, piercing, scarponi chiodati. Tatuaggi a non finire. Quelli che non sono dark vestono invece come surfisti californiani: bermuda compresi, roba da morire assiderati. Io, come dire… non mi mimetizzo bene in quella folla. Se fossi nudo, in piedi sul mio tavolino a ballare e urlare ubriaco, mi si noterebbe di meno. Davvero, come son finito qui?

È una storia lunga, in un certo senso risale ai miei quattordici anni. Quando cominciai ad avvicinarmi a qualche forma di impegno sociale grazie a Oxfam, una Ong inglese attiva nella lotta contro la fame nel mondo. Raccoglievo fondi bussando alle porte del mio quartiere a Bruxelles, facevo le marce per la pace. Gli sono rimasto affezionato, a quelli di Oxfam, mi pare gente seria. Sono sui loro indirizzari e leggo tutte le e-mail che mi mandano. Così, quando è arrivato quell'appello per «volontari al concerto di Flogging Molly», mi son detto: perché no? Ci vuol pure qualcuno che faccia la manovalanza. Ho risposto. Mi hanno dato le istruzioni e l'appuntamento. Il compito del presidio è sensibilizzare su una nuova campagna Oxfam: far pressione sulle multinazionali dell'agroalimentare e delle bibite come Pepsi perché smettano di comprare zucchero dai latifondisti dei paesi tropicali che cacciano i contadini dalle loro terre. Una campagna facile da spiegare e girata in senso positivo: sotto pressione, già alcune multinazionali adottano nuovi codici di comportamento e rivedono le politiche di approvvigionamento.

Con rudimentale addestramento, arrivo nel luogo dell'appuntamento, un venerdì sera alle 18.30, quando il pubblico comincia a invadere il teatro. La mia vera lacuna: non ho studiato il contesto antropologico. Una ricerca su Wikipedia alla voce «Flogging Molly» mi avrebbe preparato meglio.

Non sono solo a presidiare il tavolino Oxfam, ma la ragazzina israeliana che fa la volontaria insieme a me è taciturna. Forse anche lei si chiede cosa diavolo ci faccio lì. Di fianco a noi abbiamno una concorrenza formidabile. Un altro tavolino propone il gioco delle freccette con bersaglio: un dollaro a freccetta, chi fa centro conquista una T-shirt di un altro gruppo punk celtico irlendese (Drunken Sailor).

Dalla folla che si accalca per le freccette qualcuno benevolmente s'impietosisce di noi e chiede cos'è Oxfam. La maggior parte, però, mi rivolge la parola per chiedermi dove sono le toilette, o il guardaroba, o l'uscita di sicurezza per andare a fumare. Solo quando l'addetto alle freccette va a sua volta in bagno, e mette il cartello «Torno subito», tutti si rivolgono a me: per chiedere notizie sulle freccette. A fine serata ho ben 18 firme per la petizione. Non sono sicuro che Oxfam mi chiamerà ancora. Forse se c'è da fare volantinaggio a un concerto di Paul McCartney, Mick Jagger o Leonard Cohen.

Ma io quei ragazzi li ho già visti prima. In realtà, li conosco bene. Alcuni di loro erano a Zuccotti Park, sulla punta sud di Manhattan, accampati per manifestare contro i banchieri predatori, nel movimento Occupy Wall Street. Altri simpatizzavano per quelle parole d'ordine «contro un'economia fatta su misura per l'1 per cento della popolazione americana».

Dov'è finito Occupy Wall Street? Come movimento è durato poco. (In senso stretto, due mesi: dal 17 settembre al 15 novembre 2011, quando la polizia evacuò quel giardino pubblico, ponendo fine all'occupazione di Wall Street.) E del resto non è mai stato un fenomeno di massa. All'epoca in cui visitavo quotidianamente l'accampamento di Zuccotti Park l'ho anche scritto: c'erano momenti in cui eravamo più numerosi noi giornalisti dei manifestanti. Ma c'era una buona ragione. Occupy Wall Street catturò l'attenzione dei media, ebbe un impatto quasi sproporzionato sul dibattito pubblico americano. La classe politica al gran completo sentì il bisogno di prendere posizione, per demonizzare Occupy oppure rubargli qualche slogan. La ripresa economica che beneficia solo l'1 per cento, divenne un tema usato da Obama nella campagna elettorale del 2012 per impedire che la destra riconquistasse la Casa Bianca. Occupy preparò il terreno, perché almeno una parte dell'opinione pubblica fosse pronta ad ascoltare la nuova analisi economica sulle diseguaglianze, i Krugman e i Piketty, Stiglitz e Amartya Sen, gli autori che più cito in questo libro. Preparò la strada anche per l'avvento di una nuova generazione di politici. Personaggi come Elizabeth Warren, grande giurista di Harvard, avversaria implacabile dei banchieri, ispiratrice di norme più severe contro la finanza tossica, che si è decisa a scendere in campo, ha conquistato il seggio di senatrice del Massachusetts (quello che fu di Ted Kennedy) e ora prosegue la sua battaglia al Senato di Washington.

Tra i ragazzi che occupavano Zuccotti Park riconoscevo le stesse facce che incontro a Central Park, nel giardino di Strawberry Fields. Hanno l'età dei miei figli, e cantano i brani dei Beatles. Una delle loro canzoni preferite è la più bella che John Lennon compose dopo la separazione: *Imagine*. La ballata dell'utopia. «Immagina un mondo senza nazioni, senza ragioni per uccidere, senza l'avidità e la fame. Tu puoi dire che sono un sognatore. Ma non sono l'unico. Spero che un giorno ti unirai a noi.»

New York, 11 settembre 2014

# Postilla

«Fan: short for FANATIC» (*The American Heritage Dictionary*).
 Come dice la parola stessa, noi fan dei Beatles siamo ossessivi, maniacali, quasi fossimo i custodi di una religione. Da cinquant'anni litighiamo su di loro, la loro vera storia, la genesi e il significato delle loro canzoni. Ognuno di noi si ritiene depositario della verità, o almeno di qualche spezzone di verità. Consapevole che i miei ricordi di adolescente sono tanto intensi quanto traditori, ho cercato di controllare e verificare le notizie su di loro con l'aiuto di varie fonti. Ecco qui i libri che mi sono stati più preziosi.

Hunter Davies, *The Beatles*, 2ª ed., Londra, McGraw-Hill, 1986.
Ian MacDonald, *Revolution In The Head. The Beatles Records And The Sixties*, 2ª ed. riv., Londra, Pimlico, 2003.
Mark Lewisohn, *Tune In. The Beatles: All These Years*, vol. I, New York, Crown Archetype, 2013.
Patti Smith, Jean-Michel Guesdon e Philippe Margotin, *All The Songs: The Story Behind Every Beatles Release*, New York, Black Dog & Leventhal, 2013.
*100 Greatest Beatles Songs*, elenco commentato con notizie storiche, e introduzione di Elvis Costello, in «Rolling Stone», 1° agosto 2010, disponibile anche sul sito online.
Ernesto Assante e Gino Castaldo, *Beatles*, Roma-Bari, Laterza, 2014.

E avendo sentito Paul McCartney di recente, posso confermarlo: non è morto e non l'hanno sostituito con un sosia.

# Crediti